城市社区风险治理的结构张力与韧性重塑

赵时雨　著

华东理工大学出版社
EAST CHINA UNIVERSITY OF SCIENCE AND TECHNOLOGY PRESS
·上海·

图书在版编目(CIP)数据

城市社区风险治理的结构张力与韧性重塑 / 赵时雨著. -- 上海 ：华东理工大学出版社，2025. 3. -- ISBN 978-7-5628-7770-7

Ⅰ. D669.3

中国国家版本馆 CIP 数据核字第 2025B2U685 号

内容提要

面对现代社会风险的扰动与冲击，提升社区韧性是社区风险治理变革的重要路径选择，也是推进新时代基层治理现代化的题中应有之义。本书基于风险社会理论、韧性理论、结构功能理论，建构了由“基础资源水平”“内部协作水平”“外部支持水平”所组成的社区韧性分析框架，并深入 H 市四个社区观测其韧性效果。研究发现，当前有限的社区风险治理能力，并非源于简单的资源储备匮乏、主体参与不足、外部支持梗阻等因素，而是产生于“资源配置结构—主体互动结构—基层治理结构”三个维度中的结构张力。基于此，亟须从“基础配置韧性”“内生互动韧性”“外部支持韧性”三个方面重构社区韧性，促进社区于风险情境下的结构调整与功能优化，化解社区治理结构中的内在张力，系统提升社区韧性水平。

策划编辑 / 刘　军
责任编辑 / 孟媛利
责任校对 / 章斯纯
装帧设计 / 徐　蓉
出版发行 / 华东理工大学出版社有限公司
地址：上海市梅陇路 130 号，200237
电话：021-64250306
网址：www.ecustpress.cn
邮箱：zongbianban@ecustpress.cn
印　刷 / 上海新华印刷有限公司
开　本 / 710 mm×1000 mm　1/16
印　张 / 18.75
字　数 / 257 千字
版　次 / 2025 年 3 月第 1 版
印　次 / 2025 年 3 月第 1 次
定　价 / 98.00 元

序

当今世界正经历百年未有之大变局，全球化与逆全球化交织、技术进步与风险叠加、社会转型与治理挑战并存。在这一复杂背景下，城市社区作为社会系统的微观单元，既是承载风险冲击的“前沿阵地”，也是培育城市韧性的“关键载体”。如何破解社区风险治理中的痛点难点，重塑其抵御风险、恢复活力的韧性能力，不仅是学术研究的核心议题，更是国家治理现代化亟须回应的重大命题。《城市社区风险治理的结构张力与韧性重塑》一书，恰逢其时地以理论创新与实证洞察，为这一领域贡献了富有启发性的思考。

风险社会中，社区亟须从被动承压转为主动求变。现代性带来的“脱域”效应，使得风险突破了传统的时空边界，呈现出高度复杂性、模糊性与连锁性。中国作为快速转型的巨型社会，其城市社区既面临“灰犀牛”式慢性风险的累积，又频遭“黑天鹅”式突发事件的冲击。从公共卫生危机到安全生产事故，从社会矛盾激化到网络舆情失控，风险的复合性特征不断挑战着基层治理的底线逻辑。社区在行政化进程中形成的“重日常、轻风险”惯性，以及多元主体间的权责失衡，进一步放大了风险的破坏效能。本书敏锐地捕捉到这一现实困境，将社区置于风险社会的宏观图景中，揭示其治理结构的内在张力，并提出韧性重塑的实践路径，充分体现了学术研究的问题意识与时代担当。

本书的理论建构颇具创新性，以风险社会理论为基底，融合韧性理论与结构功能主义，构建了“基础资源—内部协作—外部支持”三维分析框架。这一框架跳出了传统治理研究中“资源匮乏论”或“主体缺位论”的单一视角，转而从结构关系的动态平衡中剖析社区韧性的生成机制。首先，基础资源配置的结构性矛盾精准揭示了行政化冗余与风险治理需求间的错位，导致应急物资单一化、人力结构失衡、制度转换梗阻等问题。社区在资源下沉中看似“丰裕”，实则陷入“有储备而无效能”的困境。其次，多元主体互动的避责化倾向阻滞了韧性培育的进程。居委会的“权责不对称”、物业与居民的“被动纠合”、自组织的“参与惰性”，共同构成了一种“责任悬浮”的共治困局。最后，常态与非常态治理的结构性割裂加剧了韧性损耗。运动式治理的路径依赖与常态治理的碎片化并存，使得社区难以为风险应对提供可持续的制度支撑。这一理论框架不仅深化了对社区韧性本质的理解，更将结构张力视为韧性重塑的突破口，体现了深刻的辩证思维。

在研究方法上，本书以 H 市多个社区为田野观察对象，通过深度参与式研究，揭示了风险治理全周期中社区韧性的动态演化。案例显示，一些社区虽拥有充足的基础设施与行政资源，却在风险初期因“制度转换迟滞”而错失防控机遇；另一些社区虽动员了多元主体参与，却因“责任边界模糊”而陷入互相推诿的窘境。尤为可贵的是，作者并未停留于现象描述，而是通过跨案例比较，提炼出“资源配置—主体互动—治理结构”三重张力的相互作用机制，解释了以下问题：行政化冗余如何影响风险治理资源的灵活性？避责化互动如何削弱社区自组织能力？运动式治理的短期效应如何侵蚀长期韧性？这些问题的提出与解答，为理论框架注入了丰富的经验质感。

本书的实践价值在于，它并未止步于批判性分析，而是以建设性视角提出了韧性重塑的系统方案。作者强调，社区韧性绝非简单的“抗灾能力”，而是一种“动态适应—学习进化—协同共生”的综合能力。为此，需从以下三个方面进行突破。其一，基础配置韧性的重构。通过“冗余—弹性”资源体系（如多功能设施、跨场景物资储备）、全周期治理思维（风险预防—响应—恢复的闭环设计）、公共文化惯习培育（如社区认同感、风险共担意识），夯实社区抵御风险的物理与心理基础。其二，内生互动韧性的激活。建立“引领式动员—协同式共治—互惠式共赢”机制，以党建引领凝聚共识，以权责清单明确主体边界，以利益共享激发参与动力，推动多元主体从“被动纠合”转向“主动共建”。其三，外部支持韧性的整合。打破“常态—非常态”治理的二元割裂，构建“纵向贯通—横向联动”的支持网络。例如，通过数字化平台实现政府、市场、社会组织资源的实时对接，通过制度弹性设计促进治理模式的平滑转换，避免运动式治理对基层秩序的破坏性冲击。这些策略既体现了顶层设计的系统性，又兼顾了基层实践的灵活性，为社区治理现代化提供了具有操作性的建议。

社会风险治理没有一劳永逸的方案，需要把握风险特性，持续调适、创新。社区韧性的重塑，也绝非简单的技术修补，而是一场关乎治理理念、制度结构与文化认同的深刻变革。唯有打破结构张力的桎梏，激活社区内生的生命力，方能构筑起抵御冲击、充满活力的风险治理共同体。

是为序。

张广利

2025 年 2 月 9 日于上海

前　言

纵观人类文明的历史实践，相较于传统时期，现代社会处于一个不确定性因素越发凸显的时代。随着工业主义的扩张，人类在创造丰富物质财富、先进技术模式的同时，也释放出了前所未有的危机变量。尤其是在步入 21 世纪后，各类社会风险的发生频次、影响深度、波及广度，已超越人类历史的任何一个时代。如剧增的自然灾害、影响深远的环境污染，以及日益频发的工业事故、影响广泛的金融危机等纷繁复杂的现代风险屡屡涌现，昭示着人类已进入了风险社会。

身处社会结构转型期与全球化境遇的中国社会，同样在工业化、城市化等现代化发展实践中，经受着自然灾害、生产事故与流行性疫情等风险事件的考验。近十年来，频发的风险事件对大众人身安全、城市安定秩序造成了巨大冲击。如 2012 年北京特大暴雨及洪涝灾害、2021 年郑州“7·20”特大暴雨灾害，以及 2023 年涿州暴雨、2024 年葫芦岛暴雨等，这些自然灾害及其诱发的一系列负面连锁效应，对社会秩序的稳定基础、大众生产生活构成了重大威胁，让整个社会付出了沉重代价。值得注意的是，在上述事件中，我们既能感知到自然灾害等传统风险的强大破坏力，又能够寻觅到极少数组织的不负责任等一系列制度性风险或技术性风险的踪迹。这也在一定程度上意味着我国当前面临的社会风险，日渐演变为一种集政治、文化、经济、社会等多种要素于一身的复合型问题。

在风险事件频发的现实背景下，现代城市尤其是城市社区，时常成为社会风险的高发区域。一方面，以北京、上海等为代表的特大城市作为社会发展的核心地带，有着庞大的人口规模、高频次的人口流动及高密度的人口分布，对城市生态环境系统、社会经济系统的良性运行形成了巨大压力。当繁复多样的现代风险来袭时，负荷过重的城市系统所承受的风险冲击存在着被进一步放大的可能。另一方面，社区作为城市系统的基本细胞、城市建设的基础环节，往往化身为社会风险的直接生产者，并且共时性地扮演着风险承担者及风险恢复后的重建者等角色。如在抗击新冠疫情的过程中，社区组织成为取得抗疫胜利的核心要素之一，在风险应急防控、常态化治理中发挥着举足轻重的作用。由此可见，社区单位的风险应对能力，与城市及社会秩序的安定与否密切相关。

近年来，城市社区的风险治理逻辑在党和国家的制度实践及学术界的深入探索中得到了较为显著的发掘与发展。2017 年《中共中央 国务院关于加强和完善城乡社区治理的意见》明确指出："城乡社区是社会治理的基本单元。城乡社区治理事关党和国家大政方针贯彻落实，事关居民群众切身利益，事关城乡基层和谐稳定。"[①]随后，党的十九大报告强调，"加强社区治理体系建设，推动社会治理重心向基层下移，发挥社会组织作用，实现政府治理和社会调节、居民自治良性互动"[②]。显然，城市社区的安全保障、平稳建设及抗风险能力的培育，日益关乎现代城市甚至是整个社会的稳定发展与有序运行。因此，如何提升城市社区防控风险的水平、激活其抵御风险的潜能，引发了学界的广泛思考。诸多学者立足于风险治理、应急管理等理论，为社区提出了一系列具有创见性的解释框架，社区韧性治理同样是众多风险治理思维中的一股重要支流。

社区韧性源自工程学上的韧性概念，它指的是社区在遭受风险冲击后仍然能够在自身力量的作用下，保持一定的社区活力与运行秩序，并且迅速恢复到常态水平的能力。作为一种颇具创新性的风险治理逻辑，社区韧性更加强调社区组织、居民等多元主体的能动作用，这既与宏观政策实践中"社会治理

① 中共中央，国务院. 关于加强和完善城乡社区治理的意见[N]. 人民日报，2017－06－13(1).

② 人民日报社论. 决胜全面建成小康社会夺取新时代中国特色社会主义伟大胜利：中国共产党第十九次全国代表大会上的报告[N]. 人民日报，2017－10－28(1).

重心下移”的趋势不谋而合，又与风险社会理论话语中的风险责任共担理念呈现出较好的契合性。社区韧性如人体的免疫力一般，能够构成城市社区抵御外部冲击的关键屏障，为地方政府组织、社会力量的后续驰援，以及社区自身恢复与重建创造重要的前提条件。因此，社区韧性的建设与运行往往不是单独依靠居委会等社区组织，而是牵涉了诸多主体的合力作用，如基层党组织的积极引领，物业公司、业委会等社区组织的有效带动，以及社区居民的主动参与。唯有在良性互动与有机协作下，方能激活社区多元主体的风险自治潜能，以达到社区韧性的理想状态。近年来，为增强城市社区的抗风险能力、提升社区韧性，我国部分城市社区陆续开展了“综合性减灾示范社区”“韧性社区”的建设，并且在自然灾害、消防安全事件的应对中展现出了一定优势。与此同时，学界有关社区韧性、社区抗逆力的研究也日渐繁多，已形成了丰富的解释框架。值得注意的是，社区韧性这一抽象性的概念构想，与它在日常世界中的现实建设效果存在一定的差距，部分自身资源禀赋较差、综合治理能力较弱的社区难以在短时间内形成强大的社区韧性。

由此可见，以社区韧性切入社区风险治理研究，能够较好地拓宽风险治理视野、强化其风险治理效能。然而不容忽视的是，当前发展阶段，社区韧性面临着一种“资源持续投入—韧性收益式微”的建设怪圈：在治理重心下移的背景下，社区风险治理、社区韧性得到广泛关注，相应的“综合减灾示范社区”“安全社区”“韧性社区”等制度性建设陆续推进，社区的韧性相关建设不断得到推进与落实；但是在自然灾害等风险的冲击下，某些城市社区的实然韧性水平、风险防控效果，仍旧与理想的应然韧性能力相差甚远。当前我国城市社区韧性能力如何？部分地域治理重心的下移、资源的下沉及投入，为何难以稳定地带来社区韧性效果的提升？如何实现社区韧性的逻辑重构与有效落实？针对此类问题，亟须面向城市社区风险治理的现实效果展开深入探究，瞄准其治理实践中的冲突所在，探寻其理论层次的逻辑张力，继而对其具体的建设路径进行系统规划。鉴于此，本书将面向 H 市多个社区于多次风险事件中的防控经历展开实证调查，试图对上述亟待解决的问题进行系统研究。

目　录

第一章　绪　论

第一节　研 究 意 义

当前阶段，我国城乡社区仍然持续遭受着自然灾害、流行性疫情等风险事件的广泛侵袭与严峻挑战，为了维系社会系统的良性运行，推动其高质量发展，迫切需要提升基层社区组织的风险自治能力。社区韧性作为一种以主动、积极姿态应对不确定性冲击的颇具创见性的风险治理思维，与风险社会环境、基层社会治理遥相呼应。因而明确社区韧性的现实水平、强化其实践效能，从而自上而下地强化城市系统的强韧度与抗风险能力，无论是在学理意义上还是在现实层面上，皆显示出极高的学术价值。

一、现实意义

首先，推进城市社区韧性的相关研究与现实建设有利于优化国家应急管理能力体系建设，消减风险对城市系统、公共安全的直接影响在于有着重要的指导意义。

在我国推动社区韧性建设等社区风险治理实践之前，国际社会较早地引发了对社区减灾能力的关注。在1994年第一届联合国世界减灾大会中，《建立更安全的世界的横滨战略和行动计划》中提出将社区作为减灾工作的基础环节；随后联合国于2001年国际减灾日提出“发展以社区为核心的减灾战略”的口号；2005年世界减灾大会中，《2005—2015年兵库行动框架》在勾画全球未来十年减灾蓝图时强调，提升社区层面的抗灾能力并完善其体制机制；2015年第三届世界减灾大会中，《2015—2030年仙台减轻灾害风险框架》将社区提升为减灾能力建设的核心角色，并强调将“社区—国家”的抗灾思维联结起来；在2015年《联合国可持续发展目标》中，“建设包容、安全、有抵御灾害能力和可持续的城市和人类住区”被列为指导2015—2030年世界发展的目标之一，社区主体的减灾作用开始在世界范围内得到关注。在此基础上，英、美等西方国家曾面向城市及社区减灾防灾成立了相关学术团体与专业机构，提出了一系列评估韧性城市、韧性社区的指标体系，2003年布什政府发布的《国土安全总统令》中强调将其作为国家医疗准备与公共卫生的重要环节。奥巴马政府同样沿袭这一理念，将社区韧性置于国家灾难恢复框架、国家安全框架之中。在国际社会倡导社区减灾主体性作用的浪潮下，近年来，我国同样在社区风险治理层面做出努力，如通过颁布《全国综合减灾示范社区标准》《国家减灾委员会关于加强城乡社区综合减灾工作的指导意见》等文件，对社区基础减灾设施、社区应急预案、社区减灾体制机制等工作提出了具体的指导意见。其中，在对全国综合减灾示范社区的创建过程中，包括北京、上海等诸多特大城市的社区减灾能力、应急管理能力得到了增强，城乡社区居民的风险意识、自救水平实现了迅速提升。此后，韧性社区、安全社区等类型的社区减灾创建项目逐步在四川、安徽、浙江等省份的诸多城市中陆续展开，并取得了一定的阶段性成果。纵观社区减灾、社区风险治理的历史实践，可以发现，无论其采用了何种形式的政策或制度，皆旨在强化城市社区组织的韧性能力，强调自下而上地以基层风险治理来提升整个社会系统的风险应对能力。本书则是以直面社区韧性的方式，探究其在现实实践、理论构想中面临的生动样貌，从而系统地回应我国社区风险治理的当前需求与未来建设方向，为社区韧性这一领域的持久发展提供现实依据与理论参照。

其次，作为众多风险治理思维的一种，社区韧性仍属于比较抽象的概念，以致在现实建设中时常与理论构想、制度设计产生诸多出入，面向社区韧性的实证调查与系统分析则能够在一定程度上减少此类逻辑偏差，从而推进理论维度与经验层面的有机契合，实现社区韧性在我国城市社区的稳固扎根。

近年来，社区韧性得到党和政府、社会力量的广泛关注，不少地区以韧性社区、安全社区、综合减灾示范社区等形式培育社区的韧性能力。然而不可忽视的是，社区韧性的建构效果，以及社区韧性于风险情境下的运作模式，往往与理想的韧性水平存在一定的差距。第一，社区韧性的能力分布存在着显著的不均衡性。社区韧性的水平往往取决于社区组织于日常情境下的自治能力，以及基础设施条件等要素。这意味着各种类型的城市社区自身皆存在一定程度的韧性，但是不同地域、区域的城市社区抵御风险的效果却往往存在很大差异。如撤村建居后以老年人为主的老龄小区相对于由中产阶层组成的部分现代城市小区，其社区经济水平、社区活力皆存在较大差距，以至于在疫情等风险事件中不同社区的减灾能力存在显著的差别。第二，常态化韧性水平较高的社区未必能够在非常态化风险情境下呈现出较好的韧性。部分基础设施完备、经济能力较强与文化氛围良好的城市社区理应具备较强的韧性，然而在多次风险事件中，即便是全国优秀示范社区同样可能难以在风险初期展现出较高的风险防治水平。在此现实基础上，清晰认识不同类型社区的基础韧性水平，厘清社区韧性在常态、非常态情境中的转化机制便显得尤为紧迫。通过面向 H 市诸多社区疫情防控实践的实证调查，本书对 H 市城市范围内撤村建居社区、传统社区、混居型社区等类型的社区组织的韧性水平予以测量与比较，探究其韧性构建的现实困境，进而探寻建设我国城市社区韧性、提升社区抗风险能力的一般性逻辑理路。

最后，建设城市社区韧性的意义，并非仅是“就事论事”地、单向度地致力于提升城市基层组织的抗风险能力，更是致力于间接地提升宏观维度上国家与社会的风险治理水平，以及农村社区的风险抵御能力。

一方面，社区韧性的建设是实现城市公共安全的基础保障，更是保证国家公共安全的重要基石。社区组织作为国家与社会治理的基层触角，无论是在公共安全、民生服务抑或意识形态治理中，皆处于直接面对大众的基础环节。同样，在风险治理实践中，社区组织能够在与居民的沟通与协作中实现自上而下的引领作用，在基层风险治理中贯彻党和国家的政策理念与执政观念，保障大众对于政府的坚定信念并协助基层组织抵御风险。此外，社区组织同样可以引导大众形成自治意识，在集体行动中培育公共精神，积极、主动参与基层风险治理，或是在风险沟通中自下而上地传递现实诉求，实现“个人—国家”的信息传输与情感联结。从这个意义上讲，社区韧性的建设为城市韧性、社会韧性的生成提供了可能。另一方面，社区韧性的建设并非局限于城市区域，更是为农村社区的风险治理打下了坚实基础。当前发展阶段，我国韧性社区、安全社区建设等提升社区韧性的举措，往往指向了特大城市里的经济、文化聚集区的社区组织，但这并不意味着农村社区的抗风险能力培育遭到搁置。相较于现代城市社区，农村社区在基础设施、经济能力、组织结构等方面存在诸多不同。然而随着我国城市化进程的迅猛推进，部分地域撤村建居的趋势越发显著，当下的农村社区同样拥有着具备城市社区韧性能力的潜能。在培育城市社区韧性的进程中，诸多宝贵经验与探索成果将成为农村社区提升韧性的坚实基础与现实依据。

二、理论意义

首先，探讨城市社区风险治理中社区韧性的结构张力及其重塑逻辑，丰富了风险社会及社会风险的相关研究。

随着近年来自然灾害、突发事件等风险事件频发，风险社会这一领域的研究成果日渐增多，学者们时常借助这一视角对诸多社会冲突与矛盾的特征、生成因素予以解析。但不可否认的是，既有风险社会研究仍在以下两个维度上存在局限，本书以社区韧性为切入点，在一定程度上能够较好地在理论价值层面上实现推进。一方面，以风险社会为分析手段的诸多研究，往往呈现一种将风险社会“工具化”的、拿来即用的研究旨趣。这不但会造成研究过程的碎片化及缺乏系统性，而且更可能造成风险社会这一理论传统的“内耗”，即研究成果增多却未产生学术价值的增量。本书以风险社会为背景，在将社区韧性作为主要分析对象的同时，也将在对社区韧性的现实困境、生成机理的深刻剖析中挖掘社区风险与风险社会的粘连关系，从而更好地反映转型中中国语境下风险社会理论的发展。另一方面，在有关风险社会的既有研究中，其往往聚焦于宏观的国家权力格局、制度规范，或是较为中观的城市社会系统。相对而言，鲜有学者系统地介入微观日常生活层面，体验基层组织、居民所经受的风险挑战与情绪波动，从而可能导致理论变迁与社会变迁的发展滞差。本书则从风险社会理论出发，借助实证调查以勾勒出日常世界中社区风险的真实面相，还原基层组织风险治理的生动经验，丰富社区韧性与风险社会的理论内涵。

其次，对于社区韧性这一风险治理理论支流的探究，能够较好地回应中国当下及未来风险治理话语的变迁方向，构建符合我国发展旨趣的理论体系。

在社会风险频发的现实背景下，如何有效地应对现代社会风险、化解重大社会危机等问题，曾一度引发学界的广泛争论。诸多学者立足于应急管理、社会风险治理、突发事件治理等领域，致力于最大限度地降低社会风险发生的可能，将其不确定性约束在合理限度内，消减其对社会系统的威胁程度与冲击后果。在这一阶段，对社会风险治理的探讨，往往停留在宏观的国家格局或中观的社会层面，鲜有学者对微观日常生活层面及承受风险的大众本身予以关照。这一凸显诸多局限性的风险研究旨趣，在党和国家的一系列制度实践中不断得到改变。党的十八大以来，风险治理的目标不再仅限于减轻事件本身的负面影响，更是要求在风险常态化治理中消减居民的不安全感，一切以“人民群众健康安全”为主。新的风险治理话语体系立足于公共服务、以人为本的角度，一方面强调了居民的权利、价值与主体地位，注重将广大人民群众等社会力量植入社会风险治理体系之中；另一方面，逐步摆脱了“唯政府”式主导的治理思维，呈现了一种上下互动的风险应对理念。① 在这一逻辑路向下，社区这一贯彻政策理念、整合大众诉求的基层社会组织，开始表现出诊治社会风险、化解重大危机的优势潜能，而如何提升城市社区风险治理能力，也随之成为学界关注的焦点。诸多学者立足于应急管理、风险管理等领域，针对社区提出了一系列具有创见性的解释框架。这种侧重于问题导向的治理思维，往往主张唯政府主导的风险应对逻辑，一定程度上忽视了社区组织的主体性地位。然而在风险事件发生时，社区及居民作为风险的直接承受者，时常由于外部环境的冲击而瞬时陷入困顿，并且往往难以在短时间内获得政府援助与资源输入。因此，如何提升社区组织自身的抗风险能力，减轻风险冲击引发的消极影响便显得尤为重要，而社区韧性的理念便在此背景下应运而生。

然而纵观国内学界的研究进程，我国学者引入韧性思维以研究社区主体的时间尚不超过十年，因此对社区韧性价值的挖掘仍存在较大的提升空间。在这一阶段，我国面向社区韧性的探索存在两个方面的核心挑战：一方面，社区韧性作为一种主动增强社区组织抗风险能力的能动性思维，与风险社会存在较大的亲和性，然而既有研究往往忽视了二者的关联，从而形成“就社区韧性而谈社区韧性”的机械式建构方法，在一定程度上削减了社区韧性在风险情境下维持社区稳定运行的有效性；另一方面，社区韧性作为一种舶来概念，其在本土化实践、现实构建中仍存在有待改变的应用误区。当前阶段，学界对于社区韧性构成的判定标准、评估体系仍旧莫衷一是。在对社区韧性构成元素的认识上，一些学者在借用社区韧性分析现实问题时，对

① 陈振明，薛澜．中国公共管理理论研究的重点领域和主题[J]．中国社会科学，2007(3)：140－152，206．

社区韧性的理论内涵与外延进行了一定的“改造”，以致这一概念的“能指”与“所指”间存在较大的逻辑间隙，这也间接造成了这一问题域中概念混用的可能性。在社区韧性水平测量与评估方面，部分学者以尊重西方理论先驱的韧性话语为由，照搬其社区韧性的测量表与评估体系，导致本土经验与西方理论的隔阂，更是降低了社区韧性的应用效度。本书将以上述两个方向的困局为起点，从社区韧性的理论传统出发，致力于建构出一套与我国现实经验相契合的社区韧性解释框架，并在实证调查中进行理论与经验的对照和反思，从而更好地反映我国社区韧性、社区风险治理的理论变迁。

第二节 概 念 界 定

黑格尔（Hegel）曾强调，“真正的思想和科学的洞见，只有通过概念所作的劳动才能获得”，自此，对概念的科学化、系统化界定便构成了研究的逻辑基点。在探讨有关城市社区风险治理及其社区韧性的研究时，需要从城市社区、风险社会、社区韧性三个方面厘清其核心概念。

一、社区与城市社区

对城市社区这一概念的理解，我们应当从社区向城市社区的演变过程中去把握。在中国历史上，“社区”一词并不存在，这一概念实则源于工业化进程得以迅猛推进的 19 世纪欧洲社会。18 世纪 60 年代工业革命初期，现代意义上的社区逐渐形成，并于 19 世纪末期西方城市化浪潮中迅速发展。

德国著名社会学家滕尼斯（Tönnies）被认为是首位系统性地提出“社区”这一学术概念的学者。在反思欧洲工业化实践的过程中，滕尼斯撰写了著作 *Gemeinischaft and Gesellschaft*（译作《社区与社会》或《共同体与社会》），其中的 Gemeinschaft 一词用来指代共同体或社区。在书中，他对社区与社会作出了明确的区分：社区被视为一种“礼俗社会”，它是一种以地缘、血缘、共同信仰或价值观为纽带而形成的共同体，因此，社区成员具有诸多同质性特征，彼此处于一种守望相助、休戚与共的生活状态之中。而社会则是一种伴随着工业化发展而兴起的生活形态[①]，它通常由异质性人员组成，以法理契约、现代分工、个人利益为基本前提，是一种后天形成的、理性选择的社会结果，故也被称作"法理社会"。滕尼斯通过对社区与社会的划分，表达了对传统社区稳定型模式的怀念以及对现代社会分化型生活的警惕。显然，与社会相比，社区是一种具有稳定性利益关系和情感联结的生活场域。值得一提的是，《共同体与社会》在出版后的一段时间内并未在西方学界得到广泛传播，直至美国学者罗密斯（Romis）在《社会学的基础概念》中将 Gemeinschaft 译为 Community[②]，用以指代"共同体"和"亲密的伙伴关系"，社区这一概念才得到了广泛应用。

步入 20 世纪后，利益、情感联结等社会关系由于工业化、城市化实践的推进而发生了显著改变，这促使西方学界兴起了对社区的研究热潮。这一时期，结构功能理论、人文生态理论等诸多流派的社区研究纷纷涌现，社区概念的内涵因此得到了持续的深化与拓宽。

社区于我国学界而言实则是一个舶来语，这一概念经由中国著名社会学家费孝通于 20 世纪 30 年代翻译芝加哥学派帕克(Parker)作品时引入中国。费孝通先生将 Community 译为社区，意指一种"共同体"或"社群"，并且将其广泛运用于其《江村经济》等著作中。他在沿袭滕尼斯、帕克等学者思维的基础上，认为社区是具有共性的人在一定地域内进行共同生活、形成若干社会组织的大集体，并将其定义为"人们生活的时空坐落"[③]。这一定义也为我国学界对社区概念的后续认知奠定了基础。例如，著名社会学家郑杭生认为，社区是进行一定社会活动的、具有一种互动关系和共同文化维系

① 斐迪·滕尼斯.共同体与社会：纯粹社会学的基本概念[M].林荣远，译.北京：商务印书馆1999：51-54.

② 张康之，石国亮.国外社区治理自治与合作[M].北京：中国言实出版社，2012：17.

③ 费孝通.乡土中国[M].北京：人民出版社，2006：116.

力的人群及其活动区域。① 蔡禾则将社区视为一种以地域为基础的，具有共同利益、认同感、交往关联的生活共同体。② 与之相似，张永理认为社区是一种高同质性的地域性社会共同体，其同质性体现在生存需要、文化、利益、公共事务、社会互动等层面上。③

纵观西方与我国学界关于社区定义的诸多争议，可以发现不同视角下的社区概念呈现纷繁复杂的解释形式。与此同时，诸多社区定义也在以下三个维度上达成了广泛共识：一是社区以一定的地域条件为基础，它是一种依托于某个物理空间的社会共同体；二是社区包含一定规模的人口与群体，居民及其形成的组织构成了社区运行的基础，并指向社区发展与建设的主要方向；三是社区及其成员在一定程度上共享着同质性目标、文化规范、社会互动等要素，它们成为社区秩序得以形成、社区成员间社会团结得以实现的精神纽带。

在对社区定义进行梳理与整合后，城市社区的概念将变得更加清晰。与社区概念相比，城市社区具有以下两个方面的特点：一方面，城市社区包含于社区之内，它与农村社区共同构成了社区的集合；另一方面，城市社区是社区概念的精细化，因为城市社区在我国具有城市基层自治组织这一含义，这也是社区于我国与西方语境中所展现的根本差别。“社区”这一学术用语在 20 世纪 30 年代引入中国时，并不包含国家与社会治理层面的含义，因此实体意义上的社区并未在体制层面有所体现。直至改革开放后，中国特色社会主义市场经济不仅取代了传统计划经济，而且使得国家统一配置资源、管理大众的形式被打破。在单位制解体、政社分离的时代背景下，1982 年 9 月，党的十二大提出了“发展基层社会生活的群众自治”。同年 12 月，第五届全国人民代表大会第五次会议通过的宪法将“城市居民委员会”确定为基层群众性自治组织。1986 年，民政部为了推动社会福利事业，区分社会力量与民政部主导的福利工作，将后者的社会福利事务命名为“社区服

① 郑杭生.社会学概论新修[M].北京：中国人民大学出版社，2003：272.
② 蔡禾.社区概论[M].北京：高等教育出版社，2005：4.
③ 张永理.社区治理[M].北京：北京大学出版社，2014：15.

务”。1998年至2000年间，民政部在设立基层政权、社区建设司、发布《民政部关于在全国推进城市社区建设的意见》等一系列制度和政策实践中，明确表达了对推进城市社区建设的积极态度。

可见，我国的城市社区概念在蕴含西方话语中社区含义的同时，还包含了政权稳定、公共服务等特殊意义。本书所涉及的城市社区概念，同样意指城市中居民委员会辖区内的社会生活共同体。

二、风险社会与社区风险

本书以社区韧性为社区风险治理研究的切入点，因此，对风险社会以及具象化的社会风险与社区风险的概念厘定，是深入探讨相关议题的重要基础。有关风险社会与社会风险这一成对概念的探讨经久不绝，二者之间存在显著的内涵差异，但它们之间仍然存在一定的逻辑关系。

对于风险社会的理解，需要以深入剖析“风险”概念为基础。从词源学上看，“风险”一词的来源众说纷纭，具有一定的争议性，学者们提出了拉丁语说、希腊语说、西班牙语说、意大利语说等观点，但至今尚未达成共识。根据艾瓦尔德（Ewald）的研究，该词最早可以追溯到13世纪的意大利语Risque，有“冒险、行走于悬崖边缘”的含义。直至16世纪，“风险”一词才在德语中出现，并于17世纪运用于英语之中。然而其释义并非单一的“冒险”，也包括“可能遭遇到破坏或者伤害的危险”。这也意味着在数百年的沉淀中，“风险”一词越发展现出与人类理性行为的亲和度。从语义学上看，风险虽构成了风险社会理论、社会风险概念的基础，但它在早期却主要运用于保险行业、航海领域之中，如航海时偶遇风暴的危险情境。因而传统时期的风险概念，往往被置入一种客观的语境中，被视作一种来自自然界的不确定性危险。从学科应用上来讲，风险主要为保险学、统计学等计量学科所青睐，这些学科将某事件中发生破坏的概率称作风险，即“风险＝破坏程度×发生概率”。[①]

① 杨雪冬. 风险社会与秩序重建[M]. 北京：社会科学文献出版社，2006：13.

而"风险社会"这一概念，则由德国社会学家、人类学家乌尔里希·贝克(Ulrich Beck)于1986年首次提出。[①] 贝克将风险视为富含人为性因素的、现代化的直接产物，它导致了环境污染、核泄漏、气候变化等前现代时期前所未有的危机，因此风险意味着"传统与自然的终结"。风险社会，指的则是一组特定的文化、政治、经济、社会的情境，其特征在于人为的不确定性因素的普遍增长，并导致社会结构、制度朝向复杂性、断裂性的形态转型。[②] 贝克认为，风险社会得以形成的深刻背景，在于人类活动的频发和社会生产效率的急速提高，正是现代化环境下社会发展速率的爆炸式增长，将潜在的与现实的社会危机从传统时期的缓慢积累转变为急剧堆积甚至逼近爆发的临界点。[③] 因而风险社会实则是人类文明由早期工业社会所迈向的一个特定阶段或第二阶段，是因为工业化时期出现问题而对其予以反思的新型历史阶段。因此，风险社会是成熟资本主义的特有表现，世界历史的形成以及全球化为其提供了历史条件。[④] 在贝克提出风险社会理论后，随着吉登斯(Giddens)、卢曼(Luhmann)、道格拉斯(Douglas)陆续加入这一论域，有关风险社会的研究在世界范围内日益普遍，并诞生了诸多理论流派，对于"何为现代社会风险"的理解也日渐增多。

在贝克与吉登斯的研究中，现代社会风险被解释为技术性风险与制度性风险。他们认为在现代性发展过程中，由于工具理性、社会理性、科学理性、价值理性发生了分裂，导致现代性朝向其反面发展，诸多技术性、制度性威胁被释放出来。其中，技术性风险即包括化工生产事故、生态灾难等在内的人为性社会危机，它们出现的根源在于人类实践活动及影响范围的无序扩张，以致自然世界、人类社会皆遭到了技术主义扩张的反噬。制度性风险则是人类文明所创造的理性文化制度之间发生矛盾甚至是彼此抵消。如当

① 乌尔里希·贝克.风险社会[M].何博闻，译，北京：译林出版社，2004：13.
② 芭芭拉·亚当，乌尔里希·贝克，约斯特·房·龙.风险社会及其超越：社会理论的关键议题[M].赵延东，马缨，等译，北京：北京出版社，2005：7.
③ 乌尔里希·贝克，郗卫东.风险社会再思考[J].马克思主义与现实，2002(4)：46-51.
④ 钟君.风险社会的历史唯物主义分析[J].马克思主义研究，2014(4)：90-98.

错综复杂的行政制度被设立后，却仍然存在着诸多精巧制度规划间的冲突，以致某些制度安排无法得到有效实践，甚至与制度目标相背离。随后，在拉什(Rush)、道格拉斯的风险文化视野中，社会风险被理解为一种文化或心态。他们强调人类社会发展进程中的风险总量并未发生较大改变，正是由于技术副作用及其造成的负面后果，导致人类风险意识的增强以及对于风险的恐惧加深。

随着我国现代化进程的不断推进、社会转型的加速以及全球化程度的不断加深，中国进入风险社会在一定程度上已成为学界共识。学界对社会风险的理解主要呈现为广义与狭义两种路径。一方面，广义的社会风险往往较为抽象。由于其存在前提是将社会视为一个包含文化、政治、经济等元素的巨大系统，那么涉及社会系统的不确定性危险皆可以被理解为社会风险，因而广义上的社会风险也由于其指代较为模糊而较少得到讨论。另一方面，狭义的社会风险则是较为具象化地指向了引发社会秩序混乱的局部冲突，它是一种与经济风险、政治风险、文化风险、决策风险等相并列的风险类型。狭义的社会风险往往与制度因素、利益因素、群体因素等社会因子相勾连，并得到了学界的充分关注。如宋林飞将社会风险视为国家风险的一种形式，与政治风险、经济风险相并列①，并将社会风险视作可能给社会、个体造成损失的事件的不确定性及其后果。② 夏玉珍将社会风险视为可能引发社会动荡不安和社会冲突的不确定因素。③ 熊光清将社会风险理解为一种引发社会冲突并危及社会秩序稳定的可能性④。冯必扬则是在综合考量社会风险研究的不确定性视角与损失性视角的基础上，对社会风险作出了两种类型的界定：一是将社会风险看作造成社会性损失的不确定性；二是

① 宋林飞．中国社会风险预警系统的设计与运行[J]．东南大学学报(社会科学版)，1999(1)：69-76.

② 宋林飞．社会风险指标体系与社会波动机制[J]．社会学研究，1995(6)：90-95.

③ 夏玉珍．论现代化发展的社会风险与代价：基于风险社会视角的分析[J]．广东社会科学，2009(1)：161-167.

④ 熊光清．当前中国社会风险形成的原因及其基本对策[J]．教学与研究，2006(7)：17-22.

认为社会风险是个体或群体反叛性社会行为所造成的社会失序的不确定性。[①] 其中前者同时适用于阐释广义与狭义的社会风险，后者则主要面向狭义社会风险的应用。

由于本书是依托于风险社会背景下的社区韧性、社区风险治理研究，因而其中的风险社会，指的是一种宏观的社会状态，即充斥着自然风险、技术风险、环境风险等在内的具有不确定性社会损失的境遇，这构成了我们认识社区风险的前提。

对社区风险的解读，往往存在“社区内发生的风险”与“社区面临的社会风险”的“内部风险”与“外部风险”之分歧。第一，内部风险论。这一观点一般是从微观逻辑出发，将社区风险狭义地视为在社区这一日常生活场域内产生的风险。如王晓芸在将风险理解为“面临的伤害或损失的可能性”的基础上，将社区风险看作社区内部可能对居民生命、经济、财产造成损失的危险。[②] 在这一逻辑基础上，社区空间范围内的电梯事故、火灾、纠纷与冲突等由于人为性或自然性因素造成的社会损失，皆可以被视作社区风险。第二，外部风险论。在前一观点盛行的基础上，不乏学者立足于宏观视域，将社区风险广义地视作在社区这一城市基础单元的具象化呈现。因而社区风险治理的目标不再局限于社区秩序的稳定，而是更为宏大的社会结构或城市系统的有序运行。因此秉持该论断的学者往往将社区的风险治理视作社会与城市风险管理的核心环节[③]，并主要将其运用于城市灾害治理等领域的论述中。[④]

不难发现，上述两种论断的侧重点不同，并不同程度地存在一定的局限性：内部风险论忽视了社区外部风险对社区内部的影响，外部风险论则未能对社区主体面临的微观性日常威胁进行有效观照。然而由于本书注重社区主体于风险社会环境中的韧性水平、抗风险能力，因而其中的社区风险用于

① 冯必扬．社会风险：视角、内涵与成因[J]．天津社会科学，2004(2)：73－77.
② 王晓芸．社区风险管理：提高防御灾害能力的基石[J]．求实，2011(S1)：197－199.
③ 陈容，崔鹏．社区灾害风险管理现状与展望[J]．灾害学，2013，28(1)：133－138.
④ 隋永强，杜泽，张晓杰．基于社区的灾害风险管理理论：一个多元协同应急治理框架[J]．天津行政学院学报，2020，22(6)：65－74.

指代社区主体所经受的包括自然灾害、生产事故、社会冲突等不确定性外部冲击,以及其在社区内部的具象呈现。

三、社区韧性

本书立足于社区风险治理论域、社区韧性视野,致力于从学理逻辑、现实路径上对城市社区韧性进行双重建构。因此,对于社区韧性这一核心概念的界定便显得至关重要。从逻辑亲和性上看,社区韧性作为社区研究在广义上的一个分支,本身便蕴含着丰富的社会学意涵。然而从既有研究来看,社会学者对社区韧性的关注却相对不足。因此,在界定“社区韧性”这一概念时,我们不应盲从于过往的学术惯习,也不应局限于单一的社会学视角,需要从多学科、多领域的多元维度进行综合考量。

第一,对社区韧性的过往定义。西方学界对社区韧性的理解主要分为“稳定能力论”与“演进能力论”。其中前者与传统工程韧性的思维类似,认为韧性意味着遭受外部压力后恢复到原先稳定状态的能力,因而社区韧性是指社区在遭到自然灾害等外部冲击后,通过社区内部人力、物资、知识等资源的运用,恢复至原先常态水平的能力。而后者则是与韧性脉络中的演进韧性或社会生态韧性逻辑相似,强调韧性是在适应、吸收外部干扰后达到新的平衡与稳定状态,较之前者它突出了一种可变化的系统,因此社区韧性即社区系统在外部风险状态下借助社会综合资源来适应逆境,创建、重建新型系统以预防未来风险的能力。除上述两种理解外,也有学者强调社区韧性应是一种基于预设性思维的主观建构,或是一种基于多元主体的互动过程。虽然面向社区韧性定义的诸多论说存在分歧,但它们共享着一定的同质性意涵:一是社区韧性注重对内部多样资源的运用以及多元主体之间的协调;二是社区韧性是一种在风险情境下抵抗风险的能力。

第二,对同为韧性衍生词的社会韧性、城市韧性的考量。自韧性理论在工程学、环境学、社会生态学等学科中被提出后,它在近年来受到了社会学、公共管理学等学科领域的广泛关注。在社会学领域内,对韧性的研究始于社会韧性而非社区韧性。如王思斌教授在经济韧性的基础上，为社会韧性赋予了新的社会学含义。他认为社会韧性不是一个孤立的概念，它与社会连带、社会凝聚、社会整合及社会调适等概念密切相关。因而在常态情境下，社会韧性的社会团结性质较为显著，它是社会结构各部分之间具有的连接力。在非常态情境下，社会韧性的调适性、抗冲击性等特质较为凸显，因此它是在遭受破坏性因素破坏时保存自我、调适自身与压力环境关系的机制。他强调，社会韧性的存在既依赖于经济的包容性增强、社会投资的加大、积极的社会政策以及社会心理建设等宏观因素，更有赖于社会关系的连接性。所谓连接性，即从生活共同体的角度来理解各个社会主体在日常生活中的社会性、相依性的共生关系，也可以将其理解为一种生活文化。此外，在强调社会心理建设对于提升社会韧性、增强社会承受巨大破坏力的积极作用的同时，它也提醒我们，社会韧性能力较强的社会也可能面临社会惰性增加、创新能力受阻等问题。在王思斌教授的观点中，连接性被视为解释社区韧性时的宝贵养分，他从社会共同体的视角出发，探索不同社区主体之间的共生关系与社会连带，从而细致地描绘社区韧性在风险社会中的具体表现。除社会韧性外，城市韧性同样能够为社区韧性的定义提供珍贵的思考角度。近年来，城市韧性已经成为城市研究的热点，功能韧性、过程韧性、系统韧性、环境韧性、制度韧性等元素被不断纳入城市韧性的概念框架中。与相对抽象的社会韧性相比，城市韧性更为具象化，为社区韧性概念的内涵拓展提供了更多可能性。

第三，对社区抗逆力与社区韧性的辨析。由于国内对 resistance 一词尚未形成统一的翻译，因而自韧性思维与社区这一概念相结合以来，社区恢复力、社区抗逆力、社区韧性等一系列术语频繁交替使用，这为本书选择“社区韧性”这一术语带来了一定的挑战。然而值得注意的是，上述三个概念实际上反映了不同的研究视角，并且它们的内涵有着显著的差异：所谓社区恢复力，指的是社区遭遇冲击后以补救性措施恢复至原先水平的能力，这与韧性中的“稳定能力论”相契合；社区抗逆力则强调了社区抵御风险的预先性、主动性面向，对社区内部多元主体的能动性、主体性予以肯定；而社区韧性则更为宏观地将上述两者整合起来，既强调了事前防控，又强调了事后补救的连续性与系统性。当本书将风险社会作为宏观背景时，仅注重抵抗的抗逆力或仅关注补救的恢复力在解释力上都显得较为单一，而社区韧性则在整合两者的同时，又兼顾了社会韧性意义上的社会结构连接性与社会群体的共生性，因此社区韧性更符合本书的研究旨趣。

综上所述，社区韧性应当具有以下几种特质：一是恢复性与进步性，社区韧性需要兼顾其恢复至常规水平、适应未来新型风险的能力；二是连接性与多元性，社会学视角下的社区韧性，一方面应当以社区内社会结构的连接性、社区群体的共生性作为主导性的分析逻辑，另一方面需要对社区内部多元主体、组织、部门的抗风险效用进行综合考察。鉴于此，本书在借鉴多个领域研究成果并同时考虑我国社区所处行政环境与政策语境的基础上，对社区韧性作出以下定义：社区在面临风险冲击时，居委会及基层政府组织通过动员或引领居民、物业、自组织等多元主体参与风险治理，整合社区及社会资源，促进多元社会主体联动，以维持社区基础功能与运行活力，防止秩序混乱，并迅速恢复至常态水平的成长性能力。

第三节 文献综述

本书主要以风险社会为宏观背景，以城市社区的风险治理实践过程为主要观测对象，以韧性为考察、提升社区风险治理能力的切入点。因此，本书涉及的主题与内容，不仅包括“社区风险治理”这一基本核心概念，还包括“城市社区”“风险社会”“社区韧性”这三个关键要素：首先，“城市社区”作为社会学的主要研究对象，与之相关的社区建设、社区治理等议题在宏观政策的推动下已成了近年来中国社会科学研究的显学；其次，“风险社会”自20世纪80年代被提出以来，已经成为一种受社会学、政治学以及公共管理等多门学科所广泛接受和研究的经典社会理论，与之相关的社会风险、风险治理等概念在国内外学界得到了持续而深入的研究；最后，"韧性"一词同样是一个诞生于西方土壤的舶来概念，在国外学界已产生了丰硕的研究成果，引入我国后，也受到了众多学者的广泛关注，并在国内的社会研究中逐渐发展成一个重要的分析框架和理论工具。

一、关于社区治理的研究

欲对风险社会背景下的城市社区韧性进行探索，社区这一主体是无法越过的核心对象之一。其中，对当前城市社区治理研究成果的整理，是深入剖析城市社区韧性的必要前提条件。

（1）社区的研究脉络

"社区"一词最早出现在德国著名社会学家滕尼斯的著作《东西方村落社区》中。滕尼斯首次将其作为学术概念进行分析，并于 1887 年的专著《共同体与社会》中对其予以系统论述，从而拉开了近现代社区研究的序幕。

早期的社区研究，历经了从欧洲理论旨趣向美国实用主义的转向。19 世纪末至 20 世纪初，在滕尼斯等学者的影响下，欧洲学界倾向于将社区视作一种生活的共同体，致力于分析其理论意义上的治理方式或生活模式。20 世纪 50 年代，随着世界经济中心由欧洲迁移至美国，社区研究也发生了朝向实用主义的转变。这一时期，社区研究的主流观点来自盛极一时的芝加哥学派，这一流派的代表人物帕克以其开创的人文区位学理论而闻名。帕克等人在综合的实证调查中，对城市社区进行了经验性的观测研究，并提炼出了诸多研究工具。除芝加哥学派外，社会学家林德夫妇（Robert S. Lynd and Helen Lynd）在定量与定性技术的结合运用中开创了对社区变迁的动态综合性研究，并在《米德尔敦：当代美国文化研究》《转变中的中镇：一项文化冲突研究》中归纳出了社区权力的精英论①，在当时的社区研究领域形成

① R. S. 林德，H. M. 林德. 米德尔敦：当代美国文化研究[M]. 盛学文，等译. 北京：商务印书馆 1999：32.

了一定的影响力。

20世纪60至70年代，社区研究旨趣开始出现多元化趋势。美国社会学家沃思（Wirth）于《作为一种生活方式的城市性》一书中提出社区消亡论，他强调社区生活方式在宏观社会急速变迁、人口流动加快的作用下表现出了社会联结弱化，甚至是社区运行难以为继的困境，以至于社区呈现出日趋“消亡”的态势。① 与之不同的是，路易斯（Luiz）等人提出社区继存论，他们认为唐人街、犹太人区等以共同文化、相同社会地位为契机而形成的特殊社区会陆续形成。② 此外，费舍尔（Fisher）提出了社区解放论，以强调社区对于城市社会群体的整合作用。他认为，城市社区的形成不再局限于区位等地域因素，同质性的亚文化规范以及生活方式正在成为构建社会成员价值体系，从而形成开放性、包容性社区网络的关键点。③ 此后一段时期内，西方学界对社区的研究热忱有所衰减。

随着20世纪80年代“后工业社会”的来临，欧洲学界兴起了大量有关社区组织的研究，社区的价值重新得到重视，继而形成了政府失灵论、志愿者失灵论、第三方管理论以及契约失灵论等一系列理论学说。步入21世纪，美国社会学家帕特南（Putnam）在横跨社会学、政治学、公共管理学等多学科的综合视角下，完成了《独自打保龄球：美国社区的衰落与复兴》这一著作。他以数据分析、实证检验的方式考察了美国城市变迁中社会资本流失而导致的公民社会衰落问题，并对此提出了提升公民参与度、重建公民社会的策略。④ 此时以美国学术界为主流阵地的社区研究，更多地聚焦于城市社会的生存境况及未来发展，如怀特（White）的《美国社区与居住分异》、卡尔索普（Calthorpe）的《未来美国大都市：生态·社区·美国梦》以及奥斯本

① LOUIS W. Urbanism as a way of life[J]. American Journal of Sociology, 1938(44): 3-24.

② OSCAR L. Urbanization without breakdown: a case study[J]. The Scientific Monthly, 1952(6): 31-41.

③ CLAUDE S F. Toward a subcultural theory of urbanism[J]. American Journal of Sociology, 1975, 80(6): 1319-1341.

④ 罗伯特·帕特南. 独自打保龄球：美国社区的衰落与复兴[M]. 刘波，祝乃娟，张孜异，等译. 北京：北京大学出版社，2011: 4.

(Osborn)等的《学习型城市：发展包容、繁荣和可持续的城市社区》等著作皆是这一阶段的产物。

我国的社区研究始于20世纪30年代，并以西方社区发展理论、实证研究方法为基础。著名学者吴文藻开启了我国社区研究的本土化与实证调查进程，并通过《现代社区实地研究的意义和功用》《中国社区研究的西洋影响与国内近状》等对本土社区研究的价值与方法进行论证。我国著名社会学家费孝通在针对农村社区开展田野调查的基础上，撰写了《江村经济》《乡土中国》等开创性学术成果，并对我国有别于西方社会的特殊社区类型进行了细致分析。值得注意的是，这一时期的社区仅指代乡村地域中的生活共同体，并未涉及城市因素。此后，作为一个学术词语的社区开始频繁为学界所吸纳，并延展出《清河村镇社区：一个初步研究报告》《战时的乡村社区政治》等学术成果。然而在1949年至1978年间，由于我国实行的人民公社制度、单位制度、街居制等一系列高度集中的管理体制，社区研究的发展空间一度遭受挤压，直至改革开放后方才逐步恢复。步入21世纪，在单位制瓦解、政社分离、政企分离等制度改革背景下，"单位人"开始向"社区人"发生转变，为契合社会转型与经济体制改革的时代要求，倡导居民共建美好生存空间的城市社区建设议程逐步兴起。这一时期，我国社区研究处于蓬勃发展的阶段，并主要集中于以下几个研究方向：一是社区基础要素研究，如对于人口结构组成、社区地域结构分布、社区文化结构变迁的分析，构成了社区研究的常见议题；二是社区治理的比较研究，即以美国等西方国家的社区治理模式为参照对象，从而对本土社区研究予以反思。如张康之和石国亮在《国外社区治理自治与合作》中全景式地介绍了美国社区治理的实践经验[①]，夏建中在对美国纽伯格等地社区的实证调查中解释了其治理制度、社区功能、运作模式等关键特征[②]。总的来讲，我国社区研究规模虽然整体呈现快速增长的乐观态势，但仍处于借鉴西方现实经验、受西方学术话语支配的探索性

① 张康之，石国亮. 国外社区治理自治与合作[M]. 北京：中国言实出版社，2012：40.
② 夏建中. 美国社区的理论与实践研究[M]. 中国社会出版社，2009：5.

发展阶段。何以在充分吸收前沿理论的基础上形成本土化的社区理论体系,是当前学界面临的主要任务。

(2) 社区治理的研究旨趣

诚然,相较于既有的社会风险治理或社区风险治理,社区韧性建设展现出了某种程度的互斥性以及创新意蕴。然而综合地看,以建构社区韧性而展开的风险治理模式,其参与主体、处置方式、行动目的仍旧与社区治理存在着较强的相关关系。因而在厘清社区韧性的相关研究成果前,亟须对社区治理的理论脉络予以系统爬梳。社区治理领域的既定成果可谓浩如烟海,本书将主要从社区治理参与主体与社区治理结构这两个主要领域进行文献梳理。

一是有关社区治理参与主体的研究。国外研究方面,社区治理参与主体主要涉及三种角色:第一,社区治理中的政府角色。西方学界中,政府集权论曾是社区治理研究中的著名论说。如彼德森(Petersen)曾在其著作《城市极限》中借助实证研究方法,论证政府有效统治与社区发展的正相关关系。① 在此基础上,有学者针对集权模式导致的政府失灵进行批判,如奥斯本(Osborn)等人在《改革政府:企业家精神如何改革着公共部门》中提出政府分权论,强调政府应赋予社区自我决策日常事务的权力。② 同样地,帕特南、奥斯特罗姆(Ostrom)等社会理论家皆强调了多元治理主体的重要性,鼓励社区保持多主体自治。第二,社区治理中的居民角色。公民参与构成了西方社区治理研究的重要阵地,如帕特南便在"独自打保龄球"的经验观察中论证了美国社区事务中的公民参与行为、意识与方式。③ 这一领域的诸多学者致力于探究提升居民参与社区事务积极性的关键机制,如希尔斯(Sills)

① 保罗·彼得森. 城市极限[M]. 罗思东,译. 北京:格致出版社,2012:100.
② 戴维·奥斯本,特德·盖布勒. 改革政府:企业家精神如何改革着公共部门[M]. 周敦仁,译. 上海:上海译文出版社,2006:63.
③ 罗伯特·帕特南. 独自打保龄球:美国社区的衰落与复兴[M]. 刘波,祝乃娟,张孜异,等译. 北京:北京大学出版社,2011:51.

强调“义务感”是公民积极、自主参与社区事务的核心影响因素[1]，相同旨趣的研究也包括登哈特(Denhardt)等人的《新公共服务：服务，而不是掌舵》[2]。第三，社区治理中的非政府组织。西方学界较早地对非政府组织推动社区融合的关键作用予以肯定[3]，有学者认为非政府组织在政府失灵、市场失灵以及志愿失灵的背景下，充当着政府部门与社区营利组织间的协调者角色。[4] 这种社区组织能够以共同利益为核心，建立起社区多主体间的良性合作关系。[5] 因而需要保障社区非政府组织的经济、社会资本，以帮助其在社区治理中发挥有效作用。

较之西方，我国学界的社区治理主体研究在学习西方研究方法、理论的基础上，呈现两种特性：第一，更多地强调了政府的主导作用。在居委会、业委会、物业、居民等多元治理主体中，居委会是社区治理的特殊角色。它既通过指导、监督以及建议的形式管理社区事务并服务居民，又作为政府的延伸机构，获得行政拨款并承担大量的行政工作。[6] 如培育社区精英、管理和扶持社区组织、建立社区关系网络等工作，皆由占据主导地位的居委会所负责。第二，更为细化地划分了社区主体。比如有学者将依附于社区的低保居民、作为志愿力量的离退休人员与楼组长、提供活动服务的文体爱好者等人员纳入了社区治理的主体结构之中。[7]

二是有关社区治理结构的研究。所谓社区治理结构，即社区治理主体

---

① DAVID S. Creating good communities and good societies[J]. Contemporary Sociology, 1966, 29(1): 29-42.

② 珍妮特·登哈特，罗伯特·登哈特. 新公共服务：服务，而不是掌舵[M]. 丁煌，译. 北京：中国人民大学出版社，2010：20.

③ SULEIMAN L. The NGOs and the grand illusions of development and democracy[J]. International Journal of Voluntary and Nonprofit Organizations, 2013, 24(1): 241-261.

④ HANMANN H. The role of nonprofit enterprise[J]. Yale Law Journal, 1980(89): 835-901.

⑤ MITCHELL S M, Shortell S M. The governance and management of effective community health partnerships: a typology for research, policy, and practice[J]. Milbank Quarterly, 2000, 78(2): 241-289.

⑥ 王星. 利益分化与居民参与：转型期中国城市基层社会管理的困境及其理论转向[J]. 社会学研究，2012，27(2)：20-34，242.

⑦ 杨敏. 中国社会转型过程中社区意涵之探讨[J]. 武汉大学学报(哲学社会科学版)，2006(6)：878-882.

在公共事务参与中的权力分布。西方学界在这一领域的观点，主要呈现为精英论与多元论两种路向：第一种是精英论，即强调社区少数精英执掌公共事务的决策权，而普通居民则被排除在权力结构外。如亨特(Hunter)以亚特兰大的社区为考察对象，在城市社区变迁的研究中提出了权力研究理论，他认为少数的上层群体统治了社区生活，决定了社区发展的进路①。第二种是多元论，即一种在前一论说盛行下的社区权力结构反思。桑德斯(Saunders)在其《社区论》中提出社区治理是一种个体与群体互动的实践，因而社区治理结构不应仅围绕单个个体、群体而展开。② 这种观点注重多种组织、机制在社区治理中的作用，注重推动多元主体的互动，放弃对唯一主体、单一路径的偏执。

在西方学界多中心治理思维的影响下，我国社区治理结构呈现一种单中心线性治理与多中心复合型治理共存的趋势。在这一背景下，我国著名社会学家郑杭生等人认为，我国社区的治理模式应当以合作治理、复合治理及网格化治理等为重心。③ 在多中心治理思维兴起的过程中，张康之注意到公民参与理论等西方逻辑与我国传统的"中心—边缘"组织结构相斥，因而他认为公民参与未必能够在社区治理中有效解决问题。④ 近年来，一些学者倾向于强调国家、政党主导下的多元主体治理。如田毅鹏等人在实证调查中分析了网格化治理模式的运作及功能，强调这一治理模式下国家、政党、社区组织、社区居民等主体的互动模式将推动我国社区自治的良性发育。⑤ 在网格化治理的潮流下，我国未来社区、智慧社区与韧性社区等新兴社区模式正在萌发，不断丰富的社区治理结构也将带来新的思考与探讨。

---

① FLOYD H. Community power structure: a study of decision makers [J]. American Anthropologist, 1953, 57(4): 917-918.

② IRWIN T, SANDERS. The community: an introduction to a social system[M]. New York: Ronald Press, 1958: 20.

③ 郑杭生，黄家亮. 当前我国社会管理和社区治理的新趋势[J]. 甘肃社会科学，2012(6): 1-8.

④ 张康之. 论参与治理、社会自治与合作治理[J]. 行政论坛，2008(6): 1-6.

⑤ 田毅鹏，薛文龙. 城市管理"网格化"模式与社区自治关系刍议[J]. 学海，2012(3): 24-30.

二、关于风险社会的研究

本书旨在将社区韧性置入风险社会这一宏观结构中，探究社区韧性的建构逻辑与建设路径，因而对风险社会相关既定研究的梳理至关重要。

(1) 风险社会理论的研究

风险社会理论最早由德国著名社会学家贝克提出，并随后得到了国际社会学界的广泛关注，吉登斯、卢曼、拉什等风险社会理论家皆陆续对风险社会提出了系统性的见解，形成了特色鲜明、具备较强解释力的风险社会理论。贝克作为风险社会理论的开创者，从生态环境视角切入，将生态危机视作社会结构变迁引致的风险变量，并致力于探究工业主义的膨胀对人类社会造成的挑战。他强调工业化、全球化等社会发展趋向是生产风险的直接因素，而现代性是风险的发生根源，因而现代风险呈现出均等性、全球性的特征。[①] 与之相似，英国社会理论家吉登斯同样认为风险社会源于现代性所创造的现代文明带来的负面后果。相较贝克的首创性论述，吉登斯对于风险社会理论的贡献，一方面在于通过工业主义、资本主义等多重视角综合性地分析风险产生的多重机制，另一方面在于区分了“外在风险”与“人为风险”。其中前者指的是产生于传统时期可预测、可认识的意外性灾难，而后者则意指发生于现代社会中未曾谋面过的新型、不可预知的危机。与前两者不同的是，德国社会学家卢曼颠覆了贝克与吉登斯基于技术主义、制度主义视角的风险社会认知，他认为风险不再局限于技术领域，而是一种牵涉整个社会系统的系列性危机。他对风险社会秉持一种不可知论的态度，强调现代社会在不断分化的过程中充斥着复杂性与偶然性，其中便夹杂着一定的风险变量。此外，英国社会学家道格拉斯等人以风险文化理论开创了风险社会研究的崭新视角，他们认为现代风险是人类主观意识的结果，因此并非现代社会的风险总量增多，而是人们的风险意识在科技进步中得到了增

① 乌尔里希·贝克．风险社会[M]．何博闻，译．北京：译林出版社，2004：13.

强。除社会学家外，诸多政治学者的研究旨趣同样与风险社会存在显著交叉。如英国政治学家卡斯帕森(Kaspersen)在其专著《风险的社会放大》中提出，文化因素、制度因素、心理因素等多种变量与风险的产生和扩散息息相关，此类因素的重叠、交互作用将可能在一定程度上影响人们对于风险的感知能力①，这与风险文化理论的论述不谋而合。

我国学者对于风险社会理论的涉足始于新旧世纪交替之间，风险社会理论为我国学界提供了一种以风险、灾害为核心来重建现代性理论的思维方式。② 我国学者在风险社会理论的发展上主要采取了两种路径：一是对风险社会经典著作的翻译、整合工作，如杨雪冬等人所著述的《风险社会与秩序重建》、庄友刚撰写的《从马克思主义看全球风险社会的实质：从吉登斯的一个批评谈起》等学术成果，为我国学者深入探讨风险社会理论提供了坚实的基础与持续的引导；二是对风险社会理论本土化的研究，即聚焦于“风险社会理论是否适用于中国社会语境”的探讨。与较早开启工业化进程，从而被部分学者声称步入晚期现代性阶段及风险社会的西方世界不同，“中国是否已进入风险社会”仍是一个极具争议性的话题。其中一些学者持肯定态度，如童星③、李路路④、李诚⑤等学者认为我国已进入风险社会，甚至是高风险社会。他们认为风险社会话语在理解中国社会结构变迁的现代化发展及伴生的社会冲突时，成为一种独特的解释视角并呈现了较好的解释力。与之相反，赵延东⑥等学者认为中国与西方社会所面临的困境、有待解决的难题大相径庭，因而不具备贴合的解释效力，尤其是在面对解释刑法、社会学领域的问题时，风险社会理论不应草率地介入日常生活。

---

① ROGER E K. The social amplification of risk: progress in developing an integrative framework in social theories of risk[M]. New York: Greenwood Press, 1992: 153.

② 周战超. 当代西方风险社会理论引述[J]. 马克思主义与现实，2003(3): 53-59.

③ 张海波，童星. 高风险社会中的公共政策[J]. 南京师大学报(社会科学版)，2009(6): 23-28.

④ 李路路. 社会变迁：风险与社会控制[J]. 中国人民大学学报，2004(2): 10-16.

⑤ 李诚. 转型期我国社会风险及其治理的理论分析[J]. 长白学刊，2011(3): 140-144.

⑥ 赵延东. 解读“风险社会”理论[J]. 自然辩证法研究，2007(6): 80-83,91.

(2) 风险社会特征的研究

过往面向社区风险类型、特征的研究,一般基于对现实经验的归纳。然而不容忽视的是,社区风险的产生实则依托于风险社会背景下社会风险频发的宏观环境,因而社区风险特征与社会风险特征具有同一性。据此,在厘清社区风险类型、特征这一问题上,对社会风险特征的充分认识构成了先决条件。在风险社会中,现代社会风险往往呈现出以下五种特征。

第一,风险的变革性与不确定性。在前现代的传统社会中,风险可以通过法律制度、概率测算、结果预控等方式来规避,从而实现风险的可预测化。然而在风险社会中,一方面现代风险搭乘着社会变迁、科技进步的便车完成了形态变革,呈现一些全然不同于过去的风险属性;另一方面现代风险时常在自然环境、社会环境的交互作用下实现伸展与蔓延,风险的转化条件、传播规律皆充满着不确定性。因此,突发事件、网络风险等现代风险逐步跳脱了传统风险预防控制的有效范畴,如事故保险、医疗保障等针对风险的传统认知与规避法则,已无法适应充满人为性、技术性和制度性因素的社会风险。

第二,风险的全球性与普遍性。与部分传统风险仅在局部区域发生的情况不同,现代社会风险在现代性的动力机制下得到了全球性的广泛弥散。在全球化、工业化的现代性进程中,科学技术的负面效应、人口大量流动及极端文化思潮所引发的风险隐患往往普遍地发生于各个区域:无论是物种入侵、核泄漏式的外部环境冲击,还是诸多公共卫生事件中人口流动导致的人为性传播,抑或近年来民粹主义、极端民主主义与自由主义于网络中泛滥传播造成的意识形态危机,现代风险往往威胁着世界范围内的多个国家。正如贝克所形容的那样,“即使是加拿大的湖泊也正在酸化,甚至斯堪的纳维亚最北端的森林也在消失”。

第三,风险的不平等性与平等性。贝克曾将风险描述为“民主的烟雾”,认为风险即便是在短时间内以传统社会的财富分配方式聚集于底层,但是长期来看,仍旧会不分阶层地弥散开来,即风险的“飞去来器效应”。因而这并不能掩饰风险社会中出现的新的社会不平等,如发达国家的早期环境污染对发展中国家的危害，以及发达国家与高阶层社会群体的资源更加雄厚和风险耐受性分别显著地高于第三世界国家与社会底层。

第四，风险的整体性与共振性。在现代性及其工业主义的作用下，人类社会分工细化、社会结构精密化的趋势越发显著，这也意味着社会系统内部各个部分并不会独立地存在，而是以一种有机体的方式彼此发生作用。从这个意义上讲，经济风险、环境风险、文化风险、政治风险等特定风险往往可能发生连锁性的共振反应，形成“牵一发而动全身”的消极后果。正如民粹主义等文化风险时常造成拉美、欧美国家的民族主义式社会运动，继而可能引发恐怖袭击、社会动荡等政治风险。

第五，风险的内生性与不可感知性。在现代化进程中，不仅生产方式发生着改变，组织模式、社会结构、文化形态也同样潜在地发生变迁。在这一过程中，部分发展中国家对于发达国家政权模式、民主制度的引入同样可能存在隐患。如第三世界国家在效仿欧美民主制度的政治实践中可能面临着诸多本土化困境，但这种内生性的政治危机并不会在短期内显著地呈现出来，而是会在重大公共事件中集中地表现出来，并持续孕育着本国深层次的制度风险。正如贝克所言，“完全超出人类感知能力的放射性物质及空气、水和食物中的毒素与污染物，它们对植物、动物和人类造成了或短期或长期的影响。这些损害在无声无息中发生，具有系统性，并且往往不可逆转，更是难以察觉的”。

(3) 风险社会应对策略研究

在风险社会中诸多传统、现代风险交织共存的背景下，有关如何应对风险的探讨，构成了风险社会研究的另一重要阵地。由于对风险社会的认知与理解不同，国内外学界面向风险的治理策略存在诸多分异。

首先，一些学者立足于制度主义视角，强调现代风险与制度安排存在较大的关联，应当从制度设计入手规避风险。如贝克认为需要确认风险责任伦理，并进行风险意识的启蒙。[①] 杨雪冬强调制度建设是我国风险治理取得

---

① 乌尔里希·贝克，刘宁宁，沈天霄. 风险社会政治学[J]. 马克思主义与现实，2005(3)：42-46.

成效的根本保障，他认为需要巩固国家与政府的合法性以增强国家与社会的联结，并提出“复合治理策略”，以协调中国社会中的利益矛盾与冲突关系，从而帮助中国规避制度的转轨风险与全球性风险冲击。① 李建华认为亟须构建完善的社会制度与规范，以理顺我国的社会交换关系，形成新型伦理秩序来应对风险。②

其次，部分学者立足于风险文化视角，强调健全风险反思机制以消减社会危机。如秦志希等人认为，现代传媒能够增强不同文化背景人群的危机“在场感”与经验的相互交流，因此要尽可能减少话语中心论、传播悖论的出现，在协调与合作中应对风险。③ 李建国等人强调需要建立风险文化培育机制，培养社会成员的理性风险观念，从而形成积极、勇敢直面风险的文化环境，进而削弱风险冲击的影响。④ 毛明芳认为，包括价值观、文化群体归属感、宗教信仰在内的文化属性，在现代技术风险的形成中占据重要地位。因此，有必要通过跨文化的风险沟通、建立科学的风险价值观等措施，提升人们对风险的认知水平，使其与风险的真实水平相匹配，从而在统一的主观与客观风险认知基础上实现有效的风险治理。⑤

最后，不乏学者将应对风险社会的方案与责任归置于政府或社会之上。李萍认为在进行风险治理时，应当从国家主义视角切换为“国家—社会关系”逻辑，在“健全的社会”的营造中赋予社会力量以诊治风险。⑥ 张康之等人认为，工业社会中“中心—边缘”结构中处于中心地带的人具备风险配置权利，应当约束该群体以避免边缘人群承受更多风险，从而建立起共同应对风险的社会结构。⑦ 与前两者不同的是，一些学者认为政府应当承担起风险

---

① 杨雪冬. 改革路径、风险状态与和谐社会治理[J]. 马克思主义与现实，2007(1)：17－24.
② 李建华. 风险社会中的伦理秩序[J]. 中国人民大学学报，2004(6)：62－67.
③ 秦志希，郭小平. 论“风险社会”危机的跨文化传播[J]. 国际新闻界，2006(3)：16－19，65.
④ 李建国，周文翠. 社会风险治理创新机制研究[J]. 中国特色社会主义研究，2017(1)：76－80.
⑤ 毛明芳. 现代技术风险的文化审视[J]. 自然辩证法研究，2015，31(9)：43－47.
⑥ 李萍. 从国家—社会关系看社会风险控制[J]. 理论探讨，2014(6)：53－57.
⑦ 张康之，熊炎. 风险社会中的风险治理原理[J]. 南京工业大学学报(社会科学版)，2009，8(2)：5－9.

治理的主要责任，如张海波认为公共危机治理应成为政府日常工作[①]，张成福等人认为应当在政府引导、社会共担的前提下，以政治、市场、文化、社会等十大战略多管齐下地规避风险[②]。

三、关于社区韧性的研究

既有的韧性研究，呈现了"工程韧性—生态韧性—演进韧性"的发展脉络，对于社区韧性的研究则起始于演进韧性这一范畴。与工程韧性对物理结构的关注、生态韧性对自然灾害的重视有所不同，随着人们对于韧性的认知进入了演进韧性的第三阶段，与韧性相关的研究也不再仅限于单向度的自然科学领域，而是逐步与社会学、社会工作学、经济学等学科发生交叉融合。如社会工作学中所提出的儿童抗逆力、家庭抗逆力等概念便是借用韧性思维以探寻个体或群体、组织在经受挫折时所展现的自我修复、精神愈合机制。又如经济学意义上的经济韧性，也时常被运用于面向宏观社会结构的经济运行能力的分析中。同样地，近年来诸多社会学、社会工作学、公共管理学等领域的学者开始将韧性思维植入社区治理的相关研究中，继而提出了如社区韧性(社区抗逆力)、韧性社区等日渐流行的概念，它们也成了当前社区研究中具有较好解释力的分析工具。

本书着重关注社区韧性。社区韧性(Community Resilience)又被译为社区抗逆力或社区弹性、社区恢复力，相较于社会韧性、经济韧性等较为宏大的概念，社区韧性更多关注社区这一相对微观、具象的单位在应对自然灾害、公共危机等外部冲击时所表现出的风险抵抗能力。有关社区韧性的既有研究，主要分布于社区韧性概念理解、社区韧性的构成要素和测量体系两个维度中。

(1) 对于社区韧性概念的认知

相较国内，西方学界于20世纪中后期开始将韧性思维应用于城市社区

① 张海波.风险社会与公共危机[J].江海学刊，2006(2)：112－117.
② 张成福，谢一帆.风险社会及其有效治理的战略[J].中国人民大学学报，2009，23(5)：25－32.

研究领域，展开了对社区韧性的探索。西方学者对于社区韧性的主流理解，主要分为“稳定能力论”与“演进能力论”两种观点，它们构成了其他社区韧性研究的基础性理念。首先是社区稳定能力论。这一认知与韧性理论传统中的工程韧性思维相仿，即韧性是致力于恢复到原初既定的稳定状态的能力。如蒂默曼（Timmerman）在社会生态演进领域较早地提出，社区韧性是社区抵抗、减缓灾害或负面影响的反弹能力，这种能力能够使得社区系统在压力环境与风险冲击下恢复至原先的常态水平。① 布朗（Brown）和库林（Kulig）将社区韧性视作社区在连续性压力环境中仍旧可以实现自我调适、恢复及学习的集体能力。② 与之相似，盖斯（Geis）认为社区韧性是能够将社区内的危险影响进行吸收从而不改变其既有功能及结构的能力。③ 布雷顿（Brcton）等人则强调社区韧性指的是社区从外部压力、灾害影响中恢复至原先状态的速度和能力。④ 科斯（Coles）与巴克勒（Buckle）提出，社区韧性是城市社区在遭受自然灾害后，社区充分运用自身技能、知识以参与恢复进程的能力。他们将社区韧性视作社区内个体抗逆因素的总和，并提出如果缺乏更为广泛的社会、政治与经济团体的参与，社区韧性的效果就难以得到充分体现。⑤ 相较于其他研究，这一论断创见性地强调了外部社会群体、经济支持对于社区韧性作用顺利发挥的重要性。其次是社区演进能力论。此类观点与韧性理论中的演进韧性即社会生态韧性较为相似，认为具备韧性则意味着能够适应外部扰乱并进行自我调适，从而发展至新的平衡、稳定状态，即强调系统的可转变性。如怀特（White）等人认为，社区韧性是社区系统在

---

① PTTER T. Vulnerability, resilience and the collapse of society: a review of models and possible climatic applications[M]. Toronto: Canada University of Toronto, 1981: 3.

② BROWN D, KULIG J. The concepts of resiliency: theoretical lessons from community research [J]. Healthy and Canadian Society, 1996(1): 29 - 52.

③ GEIS D E. By design: the disaster resistant and quality-of-life community[J]. Natural Hazard Review, 2000, 1(3): 151 - 160.

④ BRETON, MARGOR. Neighborhood resiliency[J]. Journal of Community Practice, 2001, 9 (1): 21 - 36.

⑤ COLES E, BUCKLE P. Developing community resilience as a foundation for effective disaster recovery[J]. Australian Journal of Emergency Management, 2004, 19(4): 6 - 15.

风险环境下进行自我动态调适、适应消极状态并在恢复阶段具有较强可持续发展力的能力。[①] 洛佩兹(Lopez)与钱德拉(Chandra)等学者认为,社区韧性是社区系统在逆境状态下能够维持的一种创建或重建过程的能力[②],从而有效地对抗逆境并形成更高层次的新功能,达至一种跃进性的新状态。[③] 一些学者虽然并未直接描述社区韧性运作中可能进入的新状态,但其观点同样传递了社区适应风险的重要性。如布鲁诺(Bruneau)认为适应力是社区韧性的关键要素,社区韧性体现的正是社区在面临外部风险时,作为社会基础单元所呈现的各种类型的适应能力,从而消减风险引致的消极后果。[④] 一定程度上,这种演进能力论更多地将社区韧性视为一种社区系统在风险环境下的进步契机,社区通过对教育、管理、自然环境、社区环境等因素的整合来提升其对未来风险的抵抗能力。

除了上述两种主流观点之外,也有不少学者专注于探讨韧性构成中的某一个或某几个要素,并就此提出了具有创新性的见解。如费舍尔等人认为,社区在遭受灾害等外力压迫时的自我复原能力、抗逆过程时常被简化甚至是被忽视了。因此,他们着力于发掘社区内部教会团体、体育俱乐部、家庭网络等群体或组织共同抵抗外力压迫的思维与方法,并提出在灾害来临时,相较于个体抗逆能力而言,以社区为单位的抗逆力水平表现出了更好的效果,故而提出社区韧性概念以解释社区应对风险灾害的能力。[⑤] 该观点摆脱了以往社区作为压力承受者的单一被动角色,更多地强调了社区抵抗灾害时所展现的能动性。此外,一些学者将研究视角聚焦至社区个体或群体

---

① WHITE R K, EDWARDS W C, FARRAR A, et al. A practical approach to building resilience in America's communities[J]. American Behavioral Scientist, 2015, 59(2): 200 - 219.

② LOPEZ-MARRERO T, TSCHAKERT P. From theory to practice: building more resilient communites in flood-prone areas[J]. Environment and Urbanization, 2011, 23(1): 229 - 249.

③ CHANDRA A, ACOSTA J D, HOWARD S, et al. Building community resilience to disasters: a way forward to enhance national health security[M]. New York: Rand Corporation, 2011: 9.

④ MICHEL B, STEPHANIE E. A framework to quantitatively assess and enhance the seismic resilience of communities[J]. Earthquake Spectra, 2003, 19(4): 733 - 752.

⑤ SONN C C, FISHER A T. Sense of community: community resilient responses to oppression and change[J]. Journal of Community Psychology, 1998, 26(5): 457 - 472.

的主导作用之上。如沙乌尔(Shaul)认为,社区韧性是社区个体成员对于社区共同体对抗外部威胁的能力的感知。① 费弗尔鲍姆(Pfefferbaum)等人则在强调社区成员主体性的基础上,将社区韧性定义为社区成员通过有效的集体行动抵挡风险冲击影响的能力。② 较之前者,阿曼尼(Akamani)等人则更加注重对社区内部资源的整合与运用,认为社区韧性是社区内相关组织、团体或机构获取社会资本、经济资本等资源以抵抗压力的能力。③ 诺里斯(Norris)等人将社区韧性视为一种实践过程而非一种能力,他们认为社区韧性是社区系统利用动态适应性社区网络来适应干扰或逆境状态的过程。④ 科恩(Cohen)认为社区韧性并非一种既定的社区能力,而是一种主观建构的结果,这种应急准备的预设性思维能够使得社区在风险来临时展现出较好的稳定状态。⑤ 此外,部分学者摆脱了以往对物理因素的过度依赖,指出社区居民的参与感、认同感、地方依附感以及对政府治理能力的信任感与评价度等因素构成了社区韧性发挥作用的主要基础。⑥ 由此可见,除稳定能力论、演进能力论等主流观点外,也不乏学者将社区韧性理解为一种互动过程。

相较于国外,我国社区韧性的相关研究起步较晚并处于初期阶段,因此国内学者对于社区韧性这一概念的认知往往基于西方社区韧性理念之上。

---

① SHAUL K. Community resilience and the impact of stress: adult response to Israel's withdraw from Lebanon[J]. Journal of Community Psychology, 2004, 32(4): 439 - 451.

② PFEFFERBAUM B J, REISSMAN D B, PFEFFERBAUM R L, et al. Building resilience to mass trauma events[M]. New York: Springer, 2007: 347 - 358.

③ AKAMANI K, HALL T E. Determinants of the process and outcomes of household participation in collaborative forest management in Ghana: a quantitative test of a community resilience model[J]. Journal of Environmental Management, 2015, 147(1): 1 - 11.

④ FRAN H N, SUSAN P S, BETTY P, et al. Community resilience as a metaphor, theory, set of capacities, and strategy for disaster readiness[J]. American Journal of Community Psychology, 2008, 41(1 - 2): 127 - 150.

⑤ ODEYA C, DIMA L, MOOLI L, et al. The conjoint community resiliency assessment measure as a baseline for profiling and predicting community resilience for emergencies[J]. Technological Forecasting and Social Change, 2013, 80(9): 1732 - 1741.

⑥ LEYKIN D, LAHAD M, COHEN O. Conjoint community resiliency assessment measure-28/10 items(CCRAM28 and CCRAM10): a self-report tool for assessing community resilience[J]. American Journal of community psychology, 2013, 52(3): 313 - 323.

朱华桂曾于2012年较早地将社区抗逆力(社区韧性)概念引入我国学界。他认为,个体心理抗逆力与社区抗逆力虽然在主体上存在较大不同,但是它们同样强调主体在外界压力状态下恢复的特质、能力及过程。他在归纳诸多西方学者的社区抗逆力定义后,遵循与社会风险管理之“损失最小化”的基本原则,认为社区抗逆力是社区运用诸多资源有效适应、应对风险,并保持基本功能、迅速恢复至过往水平的能力。① 在后续研究中,他又基于灾害危机情境的应急管理视角,对社区抗逆力进行重新阐释,认为这是社区在应对泥石流、火山爆发以及地震等自然灾害时,所表现出的快速反应、自救、恢复、重建及预防灾害的能力。他认为社区抗逆力于灾前、灾中、灾后皆有所体现,这种能力考量的是社区如何运用自身资源进行抗灾减灾。此外,他着重强调了社区抗逆力与脆弱性的相关性,并认为脆弱性是某个体系容易被破坏与扰乱的特性,它与系统受损的可能性大小有关,脆弱性的存在将对系统的抗逆力产生负面效应。② 这一论断将“抗逆力—脆弱性”这一关键范畴的关联性凸显出来,也对学界后续的社会韧性、社区韧性等研究产生了一定影响。

在此之后,随着对社区韧性概念理解的逐步深化,以及近年来社会风险治理范式的演进、社会治理重心的下移等,社区韧性在国内学界的关注度得到了迅猛提高,相关研究成果也日益丰富。当前我国学界对社区韧性的理解主要分为三种类型,这与社会韧性建构的方向即风险类型紧密相关。

在第一种类型中,诸多学者将社区韧性所对应的风险理解为突发公共危机与自然灾害等事件的集合。有学者针对现代城市社会面临的外部风险提出社区韧性,如刘佳燕立足于面临多元化、复合化风险的城市社会背景,提出将韧性视为风险的社区治理中的一个重要方向。她认为对社区韧性的建构既是风险治理重心下移趋势下的关键方向,又能够对社区主体建设、社

---

① 朱华桂.论风险社会中的社区抗逆力问题[J].南京大学学报(哲学·人文科学·社会科学版),2012,49(5):47-53,159.

② 朱华桂.论社区抗逆力的构成要素和指标体系[J].南京大学学报(哲学·人文科学·社会科学版),2013,50(5):68-74,159.

区可持续发展力进行有效关注，而这正是传统风险治理框架中所忽视的。① 又如郑雨婷等人从中国在转型过程中所面临的自然灾害、事故灾难等威胁出发，在利益相关者视角下将社区抗逆力视为一种社区利用自身资源所表现出的抗灾防灾能力，因而社区抗逆力涉及社会组织、经济组织、行政组织等多元主体在内的相关者。② 在此类研究中，社区韧性主要被理解为缓冲或抵抗自然灾害或城市公共危机的创新性路径，即通过强化社区系统的韧性，致力于将其打造为一个如同“堡垒”的共同体。

在第二种类型中，社区韧性与公共卫生事件紧密地联系在一起。诸多学者将公共卫生事件视作社区韧性所应对的风险与冲击，如王世福等人将社区韧性视为一种综合能力，即社区凭借自身力量抵抗自然或人为性灾害时迅速调配资源、恢复常态，并能够学习灾害知识的主动创新能力。他们认为，除了应当关注一般韧性理论意义上的冗余性、稳健性等系统自身的特征外，社区韧性需要发掘其所处的城市整体环境。③ 赵宝静等人在社区生活圈规划的相关研究中，提出了韧性社区共同体的概念。她在该语境中将社区韧性视为社区在遭受急性震荡或长期压力下所具有的生存、适应与增长的能力，并从推进公共资源下沉、提升社区风险应对能力、强化社区治理效能等几个维度出发思考社区韧性对于社区生活圈建设的关键意义。④ 蓝煜昕立足于社会治理现代化视角，将社区韧性理解为一种社区治理体系在常态下承受风险冲击，在非常态下维持治理功能的潜力。他认为，社区韧性强调的不仅是非常态情境下社区治理体系不至于崩溃并仅依赖外部力量实施救援、实现秩序重建，而且是社区治理体系仍旧能够表现出积极、能动、自主的

---

① 刘佳燕，沈毓颖．面向风险治理的社区韧性研究[J]．城市发展研究，2017，24(12)：83－91．

② 郑雨婷，朱华桂．利益相关者理论视角下的社区抗逆力提升路径探索[J]．天津行政学院学报，2019，21(6)：87－95．

③ 王世福，黎子铭．强化应急治理能力的韧性社区营造策略：新型冠状病毒肺炎疫情的启示[J]．规划师，2020，36(6)：112－115．

④ 赵宝静，奚文沁，吴秋晴，等．塑造韧性社区共同体：生活圈的规划思考与策略[J]．上海城市规划，2020(2)：14－19．

特征，发挥协调、动员、组织、领导的效能。① 樊佩佩认为社区韧性是社区在突发事件情境下所表现出的稳定力、恢复力、适应力等能力的集合，从而保证社区系统在对风险的积极应对中尽快恢复常态功能。② 唐明凤等人在韧性社区建设的建构中，将社区韧性视为社区依赖各种资产、能力以及利益相关者的共同行动从而形成的预防、抵抗意外扰乱或灾害的自我组织、适应、恢复并能够可持续发展的能力。③ 一望可知，相较风险内涵较为模糊的社区韧性研究，在具体化的公共卫生事件风险分析中，社区韧性的内涵得到了更为明晰的界定。

在第三种类型中，一些学者借用社区抗逆力或社区韧性概念，立足于不同类型的现实性、常态性困境进行抵抗外界压力的分析。如诸多学者以社区抗逆力作为治理单位制社区、棚户社区、流动人口聚集区中多元风险的创新路径，继而对社区韧性这一概念形成了不尽相同的认知。如芦恒在总结我国转型期单位制社区经受外部改造后所面临的社区衰败化、内部异质化、阶层分化以及居民原子化、参与动力不足等公共性危机的基础上，认为社区抵御风险的"内生性"动力较为匮乏，继而以社区抗逆力作为预防与管理社区公共危机的创新思维。他将这一语境中的社区抗逆力，看作社区抵抗风险或是衰败的能力。他从社区内部居民、社区外部支持力量、社区资源储备三个维度具体分析了衰落社区抵御风险、完成重建的治理路径。④ 随后，他又在有关城市棚户区治理的研究中提出，一般意义上，我国单位制瓦解后的城市棚户区时常存在低保户、老年人以及残疾人等弱势群体集中的问题，故而暗藏着一定的社会不安定因素。然而，他在长期调研中发现，一些棚户社区管理者能够以不尽相同的"土方法"来化解社区冲突、提升社区动员能力，

① 蓝煜昕，张雪. 社区韧性及其实现路径：基于治理体系现代化的视角[J]. 行政管理改革，2020(7)：73－82.

② 樊佩佩. 社区韧性：赋权赋能的"平战结合"[J]. 决策，2020(7)：63－65.

③ 唐明凤，吴亚芳. 基于创新生态系统视角的韧性社区建设与治理研究[J]. 湖南社会科学，2021(1)：96－103.

④ 芦恒. 以内生优势化解外部风险："社区抗逆力"与衰落单位社区重建[J]. 社会科学，2017(6)：71－80.

从而抵御各类风险。他将这种社区消减风险、抵抗逆境的内生秩序称作社区抗逆力，并且认为社区抗逆力的作用机制是一个复杂的、主动适应的过程。但是社区抗逆力得以存在的基本前提假设是，个体、家庭、社区等抵御风险的主体都是一个复杂的适应性系统。① 刘玉兰在针对流动人口聚集区的研究中发现，此类社区广泛面临着流动人口的身份认同模糊、社区管理松散及社区组织碎片化等多重困境，而社区抗逆力则能够克服社区治理的行动困境、激发边缘社区的内部优势与潜能。在这里，社区抗逆力被理解为一种过程，并非社区能力或社区资本，而是社区系统通过自组织与集体行动进而促进社区福利与社区发展的复杂性社会过程。② 不难发现，在这一系列研究中，"风险"更多地被理解为常态风险的集合，如经久存在的原子化、公共参与不足等问题，而非一般意义上与社区韧性紧密相关的灾害、事故等突发事件，这也为我们理解社区韧性提供了一种重要的补充性思维。

(2) 关于社区韧性的构成要素及测量体系

在对社区韧性概念内涵予以充分认识的基础上，国内外诸多学者就社区韧性的构成要素及其精细化测量方式展开了细致研究。虽然"社区韧性的构成要素"与"评价社区韧性的测量体系"是指代内容不同的两个研究方向，但是两类研究中却存在诸多关联，如测量体系需要以组成要素作为基础，因而在这里我们将二者一并进行梳理。在当前有关社区韧性构成要素与测量体系的诸多研究中，国外学界与国内学界对于社区韧性测量的侧重点各有不同。

国外学者所建立的社区韧性测量体系，更多地来源于物理学、工程学、环境学等自然科学领域，提倡通过设定指标，建立起综合性、系统性的社区韧性测量标准与体系，进而用以测量具体的社区韧性水平。这种实证主义

① 芦恒. 时间性与适应性：城市棚户区治理中的"单位管理逻辑"与社区抗逆力[J]. 广东社会科学，2019(5)：180－188,256.

② 刘玉兰，彭华民. 社区抗逆力培育：流动人口聚居区治理的社会工作策略研究[J]. 人文杂志，2019(8)：114－122.

色彩浓厚的测量方式之所以能够日渐风行，不但与自然科学模型所展现的精准测量效果有关，也是由于相关研究往往是基于对自然灾害等生态冲击的考量建立起来的，精准的测量数据往往能够对社区系统的抗灾效果进行有效反映。由于诸多社区韧性测量研究者所关注的侧重点不同，相关研究具体可分为以下两种类型。

第一，注重定量数据的社区系统测量框架。在这种测量思维中，诸多学者往往将社区系统划分为若干个子系统，分析其不同子系统在韧性体系发挥作用中的权重比。如卡特(Cutter)及其团队曾就社区韧性进行了持久的社区韧性策略框架的探索。他在20世纪90年代便立足于社会脆弱性视角，建立了一套包括社区生态、社区基础设施、社区组织、社区经济、社区社会与社区资本六个维度要素的社区韧性指标体系。① 此后，卡特等人从生态因素、经济因素、社会因素、制度因素、基础设施、社区能力等维度出发，建构出了DROP(The Disaster Resilience of Place)模型。② 在后续研究中，其项目组又从社会文化维度对社区韧性测量体系作出了补充③，并从社会制度、生态环境、建筑物等维度出发，对地方社区承受灾害的韧性能力进行了测评。④ 与之相似，托宾(Tobin)也较早地开展了社区韧性的测量研究。他在通过对佛罗里达州等地区案例的比较分析中，从历史背景、社会与文化要素、农业、旅游、经济、保险业等维度出发思考社区韧性，发现性别结构、人口结构、受教育程度、政治背景、社会资本、收入水平等因素在社区抵抗灾害时发挥了

---

① CUTTER S L, BORUFF B J, SHIRLEY W L. Social vulnerability to environmental hazards [J]. Social Science Quarterly, 2003, 84(2): 242-261.

② CUTTER S L, BARNES L, BERRY M, et al. A place-based model for understanding community resilience to natural disasters[J]. Global Environmental Change, 2008, 18(4): 598-606.

③ CUTTER S L, AHEARN J A, AMADEI B, et al. Disaster resilience: a national imperative[J]. Science and Policy for Sustainable Development, 2013, 55(2): 25-29.

④ CUTTER S L, BURTON C G, EMRICH C T, et al. Disaster resilience indicators for benchmarking baseline conditions [J]. Journal of Homeland Security and Emergency Management, 2010, 7(1): 1-24.

显著作用。[①] 福克斯(Fox-Lent)等人认为既有的社区韧性评估方法缺乏对破坏性事件的即时性关注及通常使用的度量方法的应用,因而缺乏了普遍适用效用。他们从物理因素、认知因素、信息因素、社会因素四个维度出发,对沿海社区面临灾害时的社区准备力、吸收力、恢复力及适应力进行评估,从而形成了 RM(Resilience Matrix)社区韧性测量体系。[②] 科恩等人从工程、生态、经济、社会等维度出发构建起了联合型社区抗逆力评估体系(CCRAM, Conjoint Community Resiliency Assessment Measure)。[③] 布鲁诺等人在应对地震灾害事件的背景下,借用工程学思维中的快速性(Rapidity)、冗余性(Redundancy)、资源多样性(Resourcefulness) 和鲁棒性(Robustness)四类指标形成了一套关注社区关键基础的社区韧性评估体系,即 4R 模型。[④] 诺里斯从经济发展、社会资本、社区信息沟通与社区能力四个维度对社区韧性进行评测。[⑤] 值得注意的是,此类测量方法虽然一般能够直观地感受各个子系统抵抗风险的能力,但也时常忽略了各个子系统之间复杂的相互联系与作用效果。

第二,注重社区内多主体关系及互动测量体系。在充分认识到前一种测量方式的局限性的基础上,一些学者开始广泛地挖掘社区系统内成员、领导者、组织在韧性机制发挥作用时的社会联结状态。如科恩等人在原先 CCRAM 的基础上,着重强调了领导力、集体效能、准备因素、社区依附因素

① TOBIN, GRAHAM A. Sustainability and community resilience: the holy grail of hazards planning[J]. Environmental Hazards, 1999, 1(1): 13 - 25.

② FOX-LENT C, BATES M E, LINKOV I. A matrix approach to community resilience assessment: an illustrative case at Rockaway Peninsula[J]. Environment Systems and Decisions, 2015, 35(2): 209 - 218.

③ ODEYA C, DIMA L, MOOLI L, et al. The conjoint community resiliency assessment measure as a baseline for profiling and predicting community resilience for emergencies[J]. Technological Forecasting and Social Change, 2013, 80(9): 1732 - 1741.

④ MICHEL B, STEPHANIE E C, RONALD T E, et al. A framework to quantitatively assess and enhance the seismic resilience of communities[J]. Earthquake Spectra, 2003, 19(4): 733 - 752.

⑤ FRAN H N, SUSAN P S, BETTY P, et al. Community resilience as a metaphor, theory, set of capacities, and strategy for disaster readiness[J]. American Journal of Community Psychology, 2008, 41(1 - 2): 127 - 150.

和社区社会信任五个要素对社区韧性的影响，并对原先的 CCRAM 模型进行了重新界定。[①] 在后续研究中，他们又对既有的五个评价要素进行了检测，发现紧急事件情境中的社区储备力、社区领导能力与集体行动力三个因素在增强社区成员感知力上具有显著作用。[②] 谢莉（Sherrieb）等人利用密西西比县的抗灾数据，发现社区个体的灾害应对力是社区韧性的重要组成部分，继而建立起了以个体抗灾能力、社会资本、信息传递、社会支持、经济发展等要素为基础的社区韧性网络模型。[③] 费弗尔鲍姆等人从利益相关者的角度出发，以社区干预思维来对社区问题进行评估与整合，并在设定联系和关爱、资源、变革能力及疾病管理能力等指标的基础上提出 CART（Communities Advancing Resilience Toolkit）模型。[④] 佩顿（Paton）等人以新西兰鲁阿佩胡火山爆发事件中的相关灾区社区恢复为背景，通过问卷调查等测量方式建构出了由个体自我效能感、社区归属感、年龄结构、危机应对能力所组成的社区灾害韧性体系。[⑤] 不难发现，这一类型中的社区韧性测量更加强调对传统实证分析、数据至上思维的补充。

随后，在西方研究的基础上，我国的社区韧性测量体系建构研究也逐步展开，主要有以下两个方面。

一方面，我国部分学者致力于对西方社区韧性测量体系相关研究进行归纳与整合，并分析了西方学者进行社区韧性测量的工具。如胡曼等人对 6 种具有代表性的国外社区抗逆力测量标准进行整理，对诸多测量体系的适

① LEYKIN D, LAHAD M, COHEN O. Conjoint community resiliency assessment measure-28/10 items(CCRAM28 and CCRAM10): a self-report tool for assessing community resilience[J]. American Journal of community psychology, 2013, 52(3): 313 - 323.

② DMITRY L, MOOLI L, RAN C, et al. The dynamics of community resilience between routine and emergency situations[J]. International Journal of Disaster Risk Reduction, 2016, 1(8): 125 - 131.

③ KATHLEEN S, FRAN H N, SANDRO G. Measuring capacities for community resilience[J]. Social Indicators Research, 2010, 99(2): 227 - 247.

④ PFEFFERBAUM B, PFEFFERBAUM R L, VAN H R L, et al. Building community resilience to disasters through a community-based intervention: CART applications [J]. Journal of Emergency Management, 2013, 11(2): 151 - 159.

⑤ DOUGLAS P, MARIAN M, DAVID J. Community resilience to volcanic hazard consequences [J]. Natural Hazards, 2001, 24(2): 157 - 169.

用边界、测量指标进行分析，并提出我国社区抗逆力测量的理论框架应当从社会资本、信息沟通、灾难管理情况、社区资源、经济发展能力等维度出发进行构建。① 向铭铭等人则是在对照英国、美国以及日本的社区韧性的理论研究与实践表现的基础上，对我国社区韧性建设进行反思。② 彭翀等人对国外社区韧性理论的概念内涵、社区韧性评估体系进行了系统梳理，从现实实践层面、政策层面以及理论层面三个维度上提出了社区韧性的提升路径，并从社区规划、社区发展、社区管理三个方向对我国的社区韧性评估进行了展望。③ 崔鹏等人则是从社区韧性的概念界定、构成要素、评价体系三个维度出发，对国内外社区韧性相关研究进行了系统性整合，并认为相关研究需要从时间与空间的融合、明确利益相关者责任以及建设关键指标体系等方向进行推进，从而增强社区韧性分析的深度、广度与宽度。④

另一方面，我国学界中有关社区韧性的定量测量方式相对较少。而更多学者更加倾向于采用定性研究方法对社区韧性框架予以搭建。定性测量方式往往是在通过对社区韧性的组成要素予以清晰论证与理解的基础之上，建立起一套具有社会性意涵的解释框架。由于不同学者有不同的研究出发点，相关研究主要分为以下几种类型。

第一，一些学者以突发公共事件的应对作为社区韧性的建设目标，并提出一系列社区韧性测量模型。如朱华桂在强调社区韧性之健壮性、冗余性、快速性、外部支持性等特征的基础上，认为社区个体、社区环境、社区外部支持环境是社区韧性得以有效运行的关键元素。⑤ 他在后续研究中补充了社区抵抗灾害能力、社区重建能力、社区灾害预防能力的重要性，并提出了由

① 胡曼，郝艳华，宁宁，等.应急管理新动向：社区抗逆力的测评工具比较分析[J].中国公共卫生管理，2016,32(1)：27－29.
② 向铭铭，顾林生，韩自强.韧性社区建设发展研究综述[J].美与时代(城市版)，2016(7)：117－118.
③ 彭翀，郭祖源，彭仲仁.国外社区韧性的理论与实践进展[J].国际城市规划，201732(4)：60－66.
④ 崔鹏，李德智，陈红霞，等.社区韧性研究述评与展望：概念、维度和评价[J].现代城市研究，2018(11)：119－125.
⑤ 朱华桂.论风险社会中的社区抗逆力问题[J].南京大学学报(哲学.人文科学.社会科学版)，2012,49(5)：47－53,159.

物理因素、制度因素、经济因素、人口因素四个维度构成的社区韧性指标体系。[①] 唐明凤等人认为对于韧性社区的建设是社区应对可能性突发事件的有效方式，但既有韧性社区建构中存在空间体系设计不合理、相应财政政策支持力度不足、自组织匮乏与社会网络系统不活跃、社区治理体系与社区治理能力的模糊性等诸多困境。因而她们基于创新生态系统（Innovation Ecosystem）思维，提出从原则、参与者、内容和工具四个维度提升社区韧性。[②] 在这一类型的研究中，学者们主要是在自然灾害应对的导向下建立、评估社区韧性。

第二，部分学者立足于综合性的城市公共安全维护的思维，建构起了诸多社区韧性评估体系。如周霞等人出于对多种公共安全风险的预防考量，从工程学思维出发，将复杂适应系统理论（CAS）运用于对雄安新区韧性社区的构建路径分析中，认为韧性效果较好的社区具备自适应性、网络性、多样性等特征，并且一般在设施环境、成员自有资源、制度及组织环境、经济及公共服务、社会资本这五个子系统中保持较好的自我调适韧性。[③] 他们对于极端灾害等不可抗拒外力因素的考量，也为既有研究作出了重要的补充。又如吴晓林等人出于城市公共安全维度考量，认为社区韧性指向了社区物理抗逆力、社会生态恢复力、社区成员自制力三个重要层次，并提出了一套包含社区资源要素、社区内部增强机制、社区外部整合机制的社区韧性构建体系。[④] 此外，也有一些学者在致力于城市防灾减灾规划的研究中提出社区韧性评估，如马超等人在思考灾区不同情境下灾民现实需求的基础上，从对于生产质量的持续修复、对于社区多元资源的整合与收缩、对于巨灾保险制

---

① 朱华桂. 论社区抗逆力的构成要素和指标体系[J]. 南京大学学报(哲学. 人文科学. 社会科学版)，2013，50(5)：68－74，159.

② 唐明凤，吴亚芳. 基于创新生态系统视角的韧性社区建设与治理研究[J]. 湖南社会科学，2021(1)：96－103.

③ 周霞，毕添宇，丁锐，等. 雄安新区韧性社区建设策略：基于复杂适应系统理论的研究[J]. 城市发展研究，2019，26(3)：108－115.

④ 吴晓林，谢伊云. 基于城市公共安全的韧性社区研究[J]. 天津社会科学，2018(3)：87－92.

度的引入、对于社区救灾中心的设立等维度建构社区韧性分析框架。①

第三，应对社区自身主要矛盾的社区韧性分析及测量。在这一类型中，学者们往往依据不同类型的社区所面临的具体问题，提出消解其内部风险的社区韧性框架。如刘玉兰等人在流动人口聚集区所面临的治理困境中提出，评估与发掘系统和个人的资源与潜能、搭建“社区为本”的多系统服务框架、重新定位以“社区需要满足”为中心的治理目标体系，是形成社区韧性的重要方向。② 芦恒立足于棚户区社区可能面临的多重公共性危机，提出社区抗逆力能够在社会风险管理精细化与社会治理科学化、推动社区内生性发展等方面发挥优势效用。他强调社区内部集体性优势的重要性，认为社区内部有活力的主体性能力、自组织动员与权力结构，是社区实现多方共治、形成韧性的重要前提。他在吸收西方 CCRAM 等权威性社区韧性测量模型的基础上，提出了涵盖社区储备资源、社区单位人抗逆力、社区内部环境、社区外部支持的单位社区抗逆力指标模型。③ 一些学者注重强调社区内主体的作用，如郑雨婷等人从利益相关者的角度，将社区韧性所涉及的利益相关者分为社会组织、经济组织、行政组织等主体，并认为社区抗逆力主要由人口、制度、经济、物理四个维度构成。④

第四，不乏学者直接就公共卫生事件中的社区防控实践发起有关社区韧性评估框架的思考。如于洋等人基于韧性理论视角，归纳出我国社区在公共卫生事件中暴露出的空间韧性、设施韧性、环境韧性、治理韧性、资本韧性的欠缺之处，以及社区疫情防控中的脆弱性表现。他在把社区韧性内涵区分为物质空间韧性与社会空间韧性的基础上，构建了涵盖多元主体、多阶

① 马超，运迎霞，马小淞. 城市防灾减灾规划中提升社区韧性的方法研究[J]. 城市规划，2020，44(6)：65－72.

② 刘玉兰，彭华民. 社区抗逆力培育：流动人口聚居区治理的社会工作策略研究[J]. 人文杂志，2019(8)：114－122.

③ 芦恒. 以内生优势化解外部风险：“社区抗逆力”与衰落单位社区重建[J]. 社会科学，2017(6)：71－80.

④ 郑雨婷，朱华桂. 利益相关者理论视角下的社区抗逆力提升路径探索[J]. 天津行政学院学报，2019，21(6)：87－95.

段、多层次的平疫结合式社区韧性评估框架。① 吴晓林在后续研究中，基于对疫情防控期间“综合减灾示范社区”的疫情防控实践反思，进一步指出了城市社会在经济、组织、空间、社会四个维度上所面临的风险，继而以空间韧性、制度韧性、自治韧性作为社区韧性评估体系建构的多重进路②，从而推动“综合减灾示范社区”向“韧性社区”转变。蓝煜昕基于基层治理体系与能力现代化的视角，认为社区韧性是社会治理现代化领域中的一种关键性的非常态治理思维，并强调在社区韧性认知中需要明确“常态治理与非常态治理”“科层治理与多中心治理”“社会资本与社区领导力”“社区治理体系与社区治理能力”这四对概念的关系。③ 他认为社区韧性至少包括敏捷性、冗余性、能动性这三个方面的特征，并提出由结构韧性、过程韧性、能力韧性、文化韧性四个维度所构成的社区韧性分析框架。④

四、文献评述

总的来看，有关社会风险、社区风险治理及社区韧性的研究，已经形成了丰富的研究成果，这些成果为社区风险治理范式创新、我国社会治理现代化进程的有效推进提供了坚实的理论支撑与多样的宝贵视角。然而，既有研究仍存在一定的局限之处，并主要呈现在以下几个方面。

首先是关于社区治理的研究。在工业革命的宏观背景下，社区研究随着欧美社会现代化、城市化进程的不断推进而成为显学。凭借滕尼斯、帕克、帕特南等几代理论家的推进，社区研究的相关旨趣经历了从传统理论研究到实用主义的转向，并催生了社区权力精英论、社区消亡论、政府失灵论等诸多理论流派，为当代社区治理分析打下了坚实的理论基础。我国社区

① 于洋，吴茸茸，谭新，等. 平疫结合的城市韧性社区建设与规划应对[J]. 规划师，2020，36(6)：94－97.

② 吴晓林. 城市社区如何变得更有韧性[J]. 人民论坛，2020(29)：19－21.

③ 蓝煜昕. 社区韧性：基层治理体系与能力现代化的新命题[J]. 中国非营利评论，2020，25(1)：25－28.

④ 蓝煜昕，张雪. 社区韧性及其实现路径：基于治理体系现代化的视角[J]. 行政管理改革，2020(7)：73－82.

领域相关研究始于20世纪30年代，从早先的吴文藻、费孝通到近年来的郑杭生、张康之与田毅鹏等人，在诸多领域学者的不懈努力下，国内社区治理研究紧随社会发展与政策变迁的脚步，对社会转型、社区建设与大众生活所面临的严峻挑战，进行了积极、有效的回应。近年来，在社会治理重心下移的背景下，黄晓春、吴晓林等青年学者从组织社会学等视角出发，深刻省思了社区组织的行动逻辑、社区风险治理中的既定困境，并且提出了系统性的优化策略。

不难发现，我国社区研究规模整体呈现快速增长的乐观态势，相关解释框架、治理策略已浩如烟海。但是不容忽视的是，相关研究仍处于借鉴西方现实经验、受制于西方学术话语支配的探索性发展阶段。正如作为社区治理重要组成部分的社区韧性研究，学者们往往立足于行政管理、公共管理等领域，对于韧性能力的总体评判与测量框架设置，仍热衷于以西方话语体系中的定量技术作为主要分析逻辑。而这有可能错失了捕捉我国社区治理中文化、主体、结构的独特意涵的机会。因此，目前我国的社区研究仍缺乏一种社会学视角统领下的系统性社区韧性、社会风险治理研究，由此难以对社区内多元主体、多样要素予以充分关照。

其次是针对社会风险及其治理的研究。在贝克提出风险社会理论后，国内外学者便迅速对现代风险剧增这一世界性难题予以深入探究，并且揭示了现代社会风险所具备的不确定性、普遍性、共振性、内生性，以及平等性与不平等性等特征。在吉登斯、拉什、卢曼等学者的推进下，形成了制度维度、文化维度及系统维度的风险理论观。我国学者在西方理论的基础上，创造性地为风险社会赋予了诸多本土性意涵，提出了具有一定解释力的风险分析框架，对转型期中国社会所面临的风险挑战予以有效回应。比如杨雪冬、张康之等人，分别从制度视角、文化视角以及“国家—社会”联动视角，提出了国家、社会、市场、文化等关涉多个维度的社会风险共治理念。

显然，随着社会转型速度的加快、全面改革的深入，以及全球生态环境挑战的加剧，中国进入高风险社会的认识已经成为理论界的共识。这一共识促使学术界和实务界对社会风险治理进行了广泛而深入的探讨，形成了一系列丰富的和系统的理论成果。但值得关注的是，当前社会风险治理研究依然保持了传统风险理论观的宏观思维，热衷于立足社会系统、国家治理视角，针对突发公共事件等风险冲击进行抽象的思考。相较之下，面向社区这一较为微观场域所进行的风险分析及治理策略研究，在当前的风险治理范畴中仍处于相对边缘的地位。即便部分学者以社区作为考察社会风险的研究对象，但以实证调查方式进行的深入性研究仍较为匮乏。在此基础上，作为社会风险治理体系重要组成部分的社区风险治理研究领域，仍有待学界持续投入更多关注和研究热情。

最后是关于社区韧性的研究。自韧性概念出现伊始，其概念内涵与外延皆经历了多次流变。从纵向时间轴上看，学界对于韧性概念的内涵认知，呈现“工程韧性—生态韧性—演进韧性”的转向过程。在工程韧性认识阶段，系统在可预测性扰动下恢复单一性平衡状态的速率代表着韧性能力的强弱。在生态韧性认识阶段，系统的多样化平衡状态被充分发掘，韧性意味着系统能够在外界压力下展现出调适性的多样平衡状态，且内部结构不发生彻底改变的能力。到了21世纪，在社会学、环境学等多元论域的共同努力下，一种富有整体性、综合性意涵的韧性分析范式——社会生态韧性——被整合而成，这种韧性强调系统需要与不断变动的外部环境和冲击保持动态平衡与自我调节，在适应、转换、学习、创新等机制中摆脱既定结构与运作机制，从而达至一种系统的可持续发展力。如今，韧性研究已经摆脱了自然科学的传统分析框架，并向社会学等社会科学领域发展，形成了社会韧性、社区韧性等理论概念。

相较而言，社会生态韧性比工程韧性、生态韧性具备更为丰富的内涵、较强的理论解释力以及现实解析力，这一范式的出现与持续发展也为我们细致分析社区韧性打下了坚实的认识论基础。相较于国外学界，国内学者更多基于西方韧性认知的第三阶段展开韧性探索，并将其广泛地运用于诸多社会领域，形成了心理抗逆力、社会韧性、城市韧性等多样的分析工具。

而学界对于心理抗逆力、社会韧性、城市韧性的认知，皆在一定程度上构成了以韧性理论认识社区系统的基础。其中，心理抗逆力更多地关注个体层面的抵抗压力能力，如分析安全风险、健康风险、家庭作用对于个体的影响，这为我们认识社区韧性中家庭、个体等社区主体的自救实践提供了积极视角；社会韧性关注社会结构在风险冲击下的稳定性，与之相关的社会结构的连续性、社会团结、社会连带等概念，也成了建构社区韧性解释框架的理论基石；城市韧性概念的提出，则为具体测量城市系统的韧性水平提供了可能，而有关城市社区韧性的认识、测量标准和框架也与城市韧性不无关系。

然而不可否认的是，既有的社区韧性研究存在以下两个维度的不足之处。一是概念认知的不充分。我国学界将社区韧性视作社区在自我调适下适应外部冲击、恢复常态的能力，这一观点主要沿袭自国外学界，对本土治理环境的特殊属性认识不足。二是测量标准的不规范。近年来，我国学者往往立足于社会治理现代化、公共安全、风险治理等不同论域，在借鉴或移植科恩、布鲁诺与费弗尔鲍姆等人的CCRAM、4R、CART等测量体系的基础上观测社区韧性水平，对我国社会治理需求作出回应。值得注意的是，西方学界的社区韧性测量标准，往往是基于社会资本等视角的定量研究，国内学者则往往基于此类测量体系面向本土社区场域展开定量或定性研究。作为其结果，一方面，西方测量体系中对于社区组织、机构、主体的定义，难以与我国社区内独特的政治意涵、角色定位进行有效对标，从而可能造成社区测量方式的“水土不服”与精准度缺失；另一方面，将西方定量研究指标机械化地套用于质性研究等非定量研究之中，不但可能造成研究框架的系统性、科学性缺失，更有可能无法还原我国社区场域中风险治理实践的丰富社会意蕴。

第四节 理论基础

本书所依据的理论基础，主要指向了风险社会理论、韧性理论及结构功能理论三个维度：其一，由制度主义、文化主义等流派构成的风险社会理论，能够从不同侧面引领我们认识社会工业化、市场化过程中的不确定性因素，这构成了我们审视社区风险治理、探访社区韧性水平的思维基石；其二，发源于工程学领域的韧性理论与其衍生物社区韧性密切相关，它们构成了构建社区韧性框架和评估社区韧性水平的逻辑基础；其三，结构功能理论的植入，能够使我们以更为科学性、严谨性、系统性的结构性思维，审视社区韧性的构成要素、内在张力以及强化路径。

一、风险社会理论

自乌尔里希·贝克于1986年系统性地提出风险社会理论后，吉登斯、拉什、道格拉斯、卢曼等社会理论家陆续加入对风险社会的探讨序列。由于研究视角、理论假设以及认知取向等差异的存在，逐步诞生了制度论、文化论、系统论三个风险社会流派，形成了多元化的风险社会理论谱系：在制度论上，贝克、吉登斯等风险理论家在客观主义立场上认为现代社会风险是现代性的客观结果；在文化论上，道格拉斯、汉森、拉什等人以主观主义视角论证了现代社会风险实则是人类意识主观建构的结果；在系统论上，卢曼创见性地认为社会系统由于现代性的注入而不断产生分化，复杂性与偶然性的风险不断增加。此外，艾瓦尔德的风险治理理论以知识权力视角来揭露风险生产与政府权力规训的关联性奥秘。

(1) 风险社会研究的制度维度

与其他类型的风险认知相比，制度主义的风险社会理论更为系统、深刻与全面，这一流派的代表人物为德国风险理论家贝克与英国社会理论家吉登斯，二者的风险社会论述具有一定的互补性：贝克强调技术性风险，带有浓厚的生态主义色彩，其著作《风险社会》在1986年出版时虽反响平平，但在1992年被转译为英文后得到了西方学者及公众的广泛了解；而吉登斯则侧重于制度性风险，具备社会政治理论的底色，其理论内涵的丰富性、理论框架的系统性、理论视角的综合性，较好地普及、完善了风险社会理论。他们的研究旨趣虽然存在一定差异，但也共享着相似的风险认知逻辑：他们都界分了传统社会、现代社会的风险结构，认为简单现代性或早期现代性在解决传统风险的同时，造成了工具理性、科学理性、价值理性的分裂，科学技术、理性文明被无节制地投入生产，引致了技术性风险与制度性风险等现代性副作用。诸多现代风险的积累，牵引出了高级现代性或晚期现代性，而风险社会便是这一社会发展阶段的表征。

首先是贝克的风险社会理论。贝克的风险社会理论更多的是一种生态主义视角下的技术性风险解析，这与其所处的生活时期、生存境遇不无关系。20 世纪 50 年代，西方社会工业化进程如火如荼地推进，相伴而生的是环境污染等工业主义副作用频现以及引致的生存恐慌与威胁，西方社会生态主义运动随之日渐风行。与此同时，美苏冷战下的核竞赛引发了“核冬天”的时代恐惧，直至 1986 年切尔诺贝利核泄漏事故的爆发，更是将现代危机猜想转化为现实。在这一背景下，世界范围内的社会理论家逐步开始关注现代风险。贝克创立风险社会理论的目的在于揭露现代社会的新型风险，引起人们对于现代性及其副作用的政治性反思，从而在批判、改造早期现代性以及作为其表征的资本主义社会的同时，推动社会制度的变革。总的来看，贝克对于现代风险持乐观的态度。

贝克对风险社会理论的论述，始于对早期现代性与晚期现代性的区分。一方面，所谓早期现代性又被称作古典现代性或简单现代性，指的是由 17 世纪至 18 世纪西方启蒙运动带来的一种强调目的合理性、进步主义的发展观念。自启蒙运动以来，启蒙思想家们以理性作为武器，试图将人们牵引向摆脱宗教束缚的自由世界，继而掀起了对宗教神权的祛魅浪潮。因而过往被压抑的理性，一举跃现为西方社会文化发展的主导逻辑。作为理性思维蓬勃发展的结果，现代民主制度、民族国家思维、自由平等正义理念、高效率行政架构、个体化生活方式等现代性产品大幅推进着人类文明的进阶速度。另一方面，晚期现代性又被称作自反性现代化，指的是现代性的自我对抗与消解，这与理性主义的兴起息息相关。伴随着理性的勃兴，启蒙时期的传统理性产生了“工具理性—价值理性”的内在分化与张力。贝克认为，现代社会对于线性发展观的向往，触发了对工具理性的盲目崇拜，人类知识、科学技术水平得到了迅猛发展的同时，却也造成了现代性精神的扭曲、社会关系的物化与异化。如将客观世界作为征服的对象，将科技力量视为推进文明的工具，将资本视为追逐利润的利器，继而引致了核事故、基因变异、生态污染等现代灾难的频发。这一状态也被贝克诠释为“人化环境”“社会化自然”，以及“自然与传统的终结”。

正是在自反性现代化消解现代性的这个过程中，现代性在自身的科技进步、文明更迭的巨大力量作用下形成了对本体的反噬，这意味着企图以现代理性挣脱束缚、引领人类走向自由的现代化，反而造成了逐步将人们牵引向解构现代性基础与成果的意外性后果。值得注意的是，“挖自己墙脚”的自反性现代化过程，并非以显著的、传统社会变迁的方式进行，而是以工业社会的形态实现悄无声息的脱嵌与再嵌入，并且在现代化进程中顺势展开。因此自反性现代化导致的消极后果是未经计划的，也是意料之外的、看不见的，这种不明确的、无法预料的后果便被称为风险。在对风险的后续论述中，贝克提出了数个著名的命题来串联起风险社会的构想，支撑起风险社会理论。

第一，知识与权力的共谋。贝克以知识与权力的共谋，来回答“谁来定义风险”的问题。他认为，知识与权力存在天然的共生关系。作为知识分子的专家，唯有在官方权力的授权与经济支持下方能获得声望、权威、利益等资源。而官方权力组织欲实现决策合法性，同样有赖于专家的合理性维护与科学性解读。因而两者存在天然的亲和性，权力与知识的双向合作与共谋便由此产生。一方面，决策者的权力政策实践时常在专家知识的科学性、合理性的伪装下隐蔽地进行，即以技术性实践掩盖政治性实践；另一方面，政治精英、技术精英、商业精英等主体的结盟与垄断，形成了制度化的专家系统，彼此的话语权威得到强化，行动目的得以实现。在这一基础上，现代社会中只有官僚与技术精英拥有风险决策的权力以及对风险的鉴别权与发言权。政策制定者、技术专家正是以建立一套社会制度或规则的方式，将科技生产的副作用隐瞒、遮蔽起来。

第二，有组织的不负责任。在风险社会中风险事件频出的背景下，“谁来制造风险、谁来为风险负责”同样是一个亟待解答的问题，贝克在《解毒剂》中给出了答案。他认为现代政策制定者、专家、商业公司在生产危险的同时，以精英联盟的形式建立了一套将危险转化为风险的话语体系来推卸责任。贝克借助有组织的不负责任，进一步对知识与权力的共谋景象进行了具象化的描绘，并提出了两方面的风险治理困境。一方面，在现代风险环境下，“负责者”难以被精准确认，各个风险生产主体都能够在精英结盟、知识权力的掩护下蒙蔽大众、洗清嫌疑，将风险转移、扩散向他者。另一方面，在有组织的不负责任环境中，谋划出的制度化风险治理方式冗杂繁多，它们覆盖了人类生活的绝大多数领域。但是也存在着制度性风险治理的失灵窘境，这使得社会危机来临时难以得到有效预防或应对。

第三，风险的飞去来器效应。历史地看，如自然灾害等传统风险仅作用于局部区域或群体。而现代社会的风险则被贝克形容为“民主的烟雾”，它能够击穿社会群体、阶层、种族、国籍、性别、民族等边界，公平地分布在世界的各个角落。如经济危机、政治冲突、环境污染、生态灾难等风险，皆是不同于往日的全球性风险。如切尔诺贝利核泄漏事件、亚洲金融危机、疯牛病等风险，便是最先发生于苏联等国境内并迅速向全球扩张的世界性灾难。因此，微观上看，无论是生产风险的人抑或风险的受益者，皆会遭到风险的冲击，施害者与受害者共同分享着风险承受者的角色。宏观上看，既有的发达国家将工业生产造成的生态破坏风险转移向后发展国家时，风险虽然不发生于自身国家，然而生态掠夺制造的代价同样会以全球性水、空气、能源污染的形式将世界链接起来。因此，风险制造的“国际不平等”也会以回旋镖的形式，将第三世界的污染、贫困化风险传递给富有者。

第四，风险下层聚集与平均分配。面对“谁来承受风险”这一问题，贝克给出了两条逻辑。一方面，现代风险在短期内以传统社会的财富分配逻辑于社会底层聚集。贝克认为风险和财富的分配同样与阶层挂钩，不过是以截然相反的方式，即财富在顶层积聚，风险在底层聚集。因而对大众而言，受教育程度、权力层级、财富地位等决定阶层的因素意味着人们的风险承受能力与安全系数，而无权无势者则需要被迫接受这种风险的强权逻辑。对于国家来讲，后发展国家与第三世界国家也无法在短期内抵抗发达国家的生产风险转移与污染压制。另一方面，现代风险在长期视野中以整体性的分配形式平均散落在社会各个阶层。即囿于风险的飞去来器效应等规律的存在，宏观视野下的风险分配仍会以“共享”的形式存在。

第五，再造政治。对于“如何应对风险”的思考，贝克认为传统民主国家的大众由于体制原因而较少参与公共事务决策，从而无法在风险社会中选择合适的策略来抵挡危机。他提出了五条路径以再造政治、规避风险：一是破除专业知识的垄断，告别传统风险定义的错误观念；二是开放社会团体参与的管辖权，破除既有的专家标准；三是保证风险决策结构的开放性，提升社会成员的决策参与意识；四是保障多元能动者的公开性风险沟通；五是形成一致、规范的决策过程，实现自我立法与约束。

其次是吉登斯的风险社会理论。与贝克相似，吉登斯同样在制度主义的视角下探讨现代性与风险社会的关系，并以“现代性的断裂”为分析基点。吉登斯在《现代性的后果》中提出，现代性是发端于 17 世纪欧洲的社会生活或组织模式，而当代社会则处于一种被称作反思性现代性或晚期现代性的状态，即当代社会是现代性高度发展的产物。但是他所处的现代资本主义却没有渐进地达到现代性的最高点，而是进入了一种与预期社会秩序存在巨大差距的社会环境中，甚至是走向了传统社会的对立面，这与先前的社会秩序之间并未保持连续性。现代性的变迁速度与波及范围是前所未有的，因而无法在过去的经验中认识新的社会变迁，它将人们抛入了一个未知的轨道中，带来了一种“全球体系”的新兴社会秩序。

现代性为何走向了当前的风险境地？吉登斯认为现代性具有三条动力机制，并产生了制度性风险形成的连续性思维，即“时空分离—社会制度的抽离—制度的反思性—现代制度风险”。第一，时空分离。在前现代社会中，“时间—空间”并非割裂的概念，二者往往粘连在一起。随着工业社会中机械钟的出现，时间逐渐从空间中剥离而出，日历、时间表实现了世界范围内的标准化。现代时空意义上的“缺场”逐渐能够替代传统意义上的“在场”。第二，社会制度的抽离。在时间与空间分离的前提下，吉登斯认为社会关系能够从既有的地域性互动中脱离而出，这也导致了脱域，即“社会制度的抽离化”。“象征符号”与“专家系统”是脱域的两种类型，其中前者是如货币等形式的抽象中介系统，后者是以知识为核心的专业评判体系。二者共同造成了脱域下的社会制度的抽离，即不在场的制度也能够发挥同样的社会实践效用。这种与前现代社会截然不同的信任、安全系统，建立在人类认知不全面的基础之上，故而是一种携带风险性的现代性的后果。第三，制度的反思性。反思性即人类与其行动的基础保持的联系，是行事的内在要素。如现代科学的建立，便是一种反思性建构的结果。反思性的生产同样体现在了现代性维度上，现代性的反思性实践产生于社会制度的抽离化基础之上，它是一种制度化的反思性。它不单单指涉个体能动者，而是体现为一种以不在场专家系统、专业知识为中介的反思性监控。简单地讲，现代性便是在人们运用专业知识的反思性实践中建构而出的。而现代风险的出现，也是人类知识的反思性运用、抽象系统指导下的行动所带来的不确定性后果。因而吉登斯将传统时期的自然灾害等灾难称作“外部风险”，将伴生于人类决策及制度等反思性实践的不确定性后果称作“内部风险”。

作为三条动力机制连续作用的结果，一系列制度性抽象体系构建起了以现代性为根基的现代社会，并主要表现为“资本主义”“工业主义”“监督机器”“暴力工具”四个维度的制度特征。四者的存在使得人类现代生活的便捷、高效、安全成为现实，但吉登斯也同时警示大众，它们在全球层面表现出的“世界资本主义体系”“国际劳动分工”“民族国家体系”“世界军事秩序”可能在彼此的勾连、强化中引发冲击人类现存秩序稳定的制度性风险，如国际劳动分工造成的环境污染，世界资本主义体系带来的劳工纷争或经济危机，民族国家体系导致的种族极权主义，以及世界军事秩序引发的世界性核战争。

在这一背景下，风险一方面将不断涌入普通大众的日常生活层面，形塑其生存方式与价值观念，另一方面将渗入社会决策中影响社会环境与社会结构。吉登斯认为，这种变化了的风险社会环境造成了风险的个人化结果。一方面，在工业化浪潮、社会分工趋势下，个体在传统宗族等社会组织的消解下愈发独自承受风险；另一方面，每个人都有生产风险的可能，如试管婴儿、整容手术，因而每个人遇到的风险都不尽相同。吉登斯并不以贝克的悲观式目光审视风险，他认为人们在现代性的挑战中提升了风险意识，这种觉悟来自个体、社会及制度的反思性实践，并且能够带领人们作出规避风险的有效抉择。他认为风险反思性的提高，能够实现从解放政治到生活政治的转变。所谓解放政治，即将个体、群体从生存束缚中解放出来，实现宏观意义上的独立、公正与自由，这是一种阶级意义上的政治。而生活政治则更多地关注了解放政治所忽视的微观个体的日常生活面向，以及生存中的社会团结。吉登斯认为生活政治关注的是个人的选择与决策，它是一种生活方式的政治，是自我认同、自我实现的政治。

然而即便如此，吉登斯同样强调现代人在风险认知上的两重困境。一方面，风险的增长仍快于风险认知的增长，这意味着即使我们总是能够在经验性反思实践中获得风险认知以应对既有风险，然而风险社会环境中未知的风险仍然会以更快的速度、更丰富的形式出现。另一方面，人们对于专家系统的模糊判读使得人们陷入了另一重困境。现代个体愈发由于制度性风险的弥散而挑战专家话语，作为现代性生成基础的专家系统饱受质疑，这与贝克意义上的有组织的不负责任遥相呼应。与此同时，个人在风险判定时又不得不依赖现代性的专家系统，然而专家系统又往往存在论断上的内在分歧，以至于个体不断徘徊在“失信的专家系统”与“专家系统的内在分歧”之中。

(2) 风险社会研究的文化维度

风险文化理论是风险社会研究中的另一个关键方向。事实上，在制度维度的风险社会理论出现之前，文化维度的风险社会研究已经由英国社会学家道格拉斯于 1982 年开启。随后，在拉什等人的陆续加入之下，风险文化理论流派得到了广泛关注。与贝克、吉登斯的制度主义风险观不同，风险文化理论更多地选择了一种建构主义认知取向，并作出了“第二种现代性”的理论预设。他们强调现代风险是在何种文化背景中被建构而出的，他们强调道德标准、价值判断在风险生产中的作用。风险文化理论对于现代风险的论述，主要分为以下三个维度。

第一，现代风险是主观认知的结果。风险社会理论中经久存在着“现代风险是客观后果还是主观意识”这一争论，而道格拉斯是西方学界中首位从文化人类学角度解题的社会学家。她在《风险与文化》中描绘了现代公众对于科技风险的关注及风险意识的增强，并创见性地提出当代社会风险的总量并未增加，也未呈现出递增趋势，而是人类的风险意识得到增强。与之不同的是，拉什则是以风险文化作为解题视角。但是他们的风险文化理论皆强调现代风险产生与扩散中的文化机制，并认为这与现代性密切相关。拉什对于现代性有着独特的理解，并通过对“第一现代性”“第二现代性”的辨析来追寻现代风险的生成。他认为第一现代性即传统意义上强调进步性、理性、技术性的启蒙现代性，它追求经济发展、科技进步，在为我们带来了工业革命的同时引发了全球性大规模风险，甚至反向威胁人们的生存。因而正是启蒙现代性的无序扩张导致了现代风险，这便是贝克、吉登斯的制度主义风险观。在此基础上，拉什提出以第二现代性对抗第一现代性。第二现代性即审美现代性，它主要是面向人自身的深刻、有意义的探索，企图以提升文化自主性的方式增强人们的反思能力，从而实现社会理性对于工具理性的颠覆。在风险文化意识提升的基础上，风险社会来临时人们能够对既有制度与组织产生反思性认知。由此可见，审美现代性是作为启蒙现代性的对立面而存在的，拉什的风险文化理论也正是立足于审美现代性的基础之上的。

第二，现代风险是文化建构的产物。与制度主义风险观不同，道格拉斯、拉什等风险文化学者皆是站在建构主义的立场上强调风险是被“建构”出来的。道格拉斯等人认为，一个群体对于风险的认知基于其文化能力的建构水平。在此基础上，不同的文化背景、受教育程度也代表着参差不齐的风险感知能力，那么不同社会个体、群体对于风险类型的认知、风险责任的划定也同样存在着巨大差异。拉什的风险文化理论便是在承继道格拉斯风险建构论这一逻辑，并批判贝克等人风险社会理论的基础上展开的。一方面，拉什强调了贝克、吉登斯之制度主义风险观的局限性。他指出制度主义者对于风险的论断，是基于一种以制度性结构为依托的风险社会。这种风险社会的核心建设逻辑是自利性的个人主义，其社会结构呈现出垂直特性与等级秩序，因此是规范且有序的。因此当社会中出现一个众人关注的焦点事件时，社会公众便根据自身与事件的利益相关度而呈现出等级秩序，也同时会伴生一个制度化的、规范性的风险治理范围。然而拉什强调这种风险社会构想无法对当前的现代风险产生较好的解释力，因为风险并不是有明确指向的、有序排列的，而是混乱无序的。现代风险呈现出一种去结构化的、横向的分布样态，这与制度主义者的论断截然相反。这一观点始发于拉什对“确定性判断—反思性判断”的辨析。拉什借康德的《判断力批判》而引出了这一对概念，他认为确定性判断是以社会现实为基础的客观性判断，它假定了“主观—客观”的二元论，反思性判断则是依据个人感觉作出的主观判断。人们往往无法基于客观现实作出纯粹的客观判断，而是将可能的损失置入一定的客观分析框架中进行判别，即以人类主体对风险客体进行考量，因此人们一般借助反思性判断来界定现代风险。也正是由于这样，现代人进行风险判断时往往注入大量直觉、感觉等主观因素，结果是使不同主体形成了差异性较强的风险认知。拉什在继承道格拉斯等人观点的基础上，提出了三种类型的风险文化，他把社会政治风险看作最大风险的等级制度主义文化、把经济风险看作最大风险的市场个人主义文化，以及把自然风险看作最大风险的社会群落边缘文化。其中的等级制度主义文化、市场个人主义文化占据社会结构的中心位置，而社会群落边缘文化则意味着社会边缘文化群体对中心群体的威胁。这种文化观念、社会群体的对立，极有可能引发社会解组与秩序失灵。一望可知，从道格拉斯到拉什，诸多风险文化学者都将风险视作一种产生于客观社会文化背景的主观心理认知结果。不同群体对于风险有着不尽相同的构想，以至于产生了混乱的风险文化结构与复杂的风险治理难题。

第三，风险的文化认知是一种治理取向。与制度主义风险观不同，风险文化理论认为风险治理不能基于社会规范或法律条例，而要依靠对风险意识的强化。在风险文化视角下，现实风险并不是有序、垂直排列的，等级森严的秩序与思维定势无法有效治理风险。反而是那些游离于社会边缘的社群相对于社会结构中心者而言更具备特定的文化观念与风险意识，正是他们建构的边缘文化警示了生态发展、科技进步引致的负面效应，提升了社会的风险认知水平。因此风险文化理论认为，在治理无序排列的风险时，只有具备象征意义的信念与意识才能够规避风险。拉什等人便以此作为批判贝克等制度主义者的契机，驳斥通过制度性实践抑制风险的做法，而是选择以环境保护等社会亚政治运动来化解、规避风险。此外，拉什还将边缘文化群体视作最具备现实主义精神的风险文化主力军，主张以主观性文化判定标准来构建被称作“风险文化时代”的反思性社会，依靠风险文化反思来自我引导、走出风险困境。

诚然，道格拉斯、拉什等人在批判并发展风险社会理论的基础上，提出了第二现代性、审美现代性等创见性概念，有效地拓宽了风险社会研究的视野。然而不可否认的是，主观主义维度的风险文化理论由于过度依赖文化视角来审视风险，从而可能忽视专家系统的关键作用、夸大边缘文化群体的社会功能，陷入一种理想主义的逻辑误区。

(3) 风险社会研究的系统与环境维度

系统理论是风险社会研究的另一个重要流派，以卢曼为主要代表。他的系统理论认为，现代社会系统不断发生着功能分化，并在这个过程中释放出社会结构层面的复杂性、不确定性因素，继而引发了现代风险。而唯有增强风险自省的能力，抑制增长的利益、权力冲动，方可规避风险。

卢曼对于风险社会的认识同样始发于对现代性的理解，尤其是对于传统现代性理论的批驳。他发现传统现代性理论往往将社会事物的发展进程视作一种线性发展模式，以至于在分析社会发展效果时一般在时间结构内追溯其中的决策原因。同样地，当风险或危机出现时，这种单一性的因果链条也会将事发因由归结为决策失误，而只要保障决策安全便意味着社会风险及损失能够得到控制。然而卢曼则犀利地指出了这一论断的缺陷，他认为由于社会结构的决定性作用，一方面社会多元主体对于风险的认知能力与理解水平存在较大差异，另一方面现代世界本身同样存在较大的多元性、变动性、不可预测性。他在此基础上区分了风险与危险：风险即由于决策而产生的可能性未来损失，它是基于对系统内部的观测，只有在系统的内部沟通实践中方能理解未来的可能性损失；危险即由于外部要素而产生的可能性未来损失，它是系统外的环境所造成的后果，因而对于系统来讲充满了偶然性与不可预知性。因而治理风险问题时，并不能简单思考系统怎样处置风险，而是要考虑多元功能系统如何根据自身基础而作出归因的过程。

因此卢曼并没有过多地关注风险本身，而是在聚焦“系统—环境”关系的过程中思考风险。卢曼认为二者间存在一种结构性关联，并呈现较大的复杂性。其中系统的复杂性低于环境的复杂性，这也意味着系统经久地被周围环境的复杂性所环绕。因此系统为维持自身功能的长效运转，从而采取诸多对复杂环境的处理方式，即通过选择性的简化来维持系统自身特征，剔除那些无助于系统运行的因素。这种基于抽象论断下的风险社会认知，也使得卢曼的风险系统理论具备一种浓厚的不可知论底色，人们面对的风险世界与社会系统是一个深不可测的对象，即便能够在反思中处理复杂因素，也总会由于现代性的推进而出现新的风险、陷入新的风险观察盲区。

在风险应对上，卢曼并没有给出直接性的风险治理计划，而是提出了一个规避风险的可能性方向，即在强化系统的反思能力的前提下，使得系统社会分化的功能转移相对化，从而使得利益、权利的增长欲望得到控制。一望可知，卢曼立足于"风险—环境"视角，提出了风险的来源及应对措施。他将社会系统内不同子系统的功能分化视为现代风险的发生根源，并且认为现代性的不断推进将造成系统不断分化、释放出愈发繁多的风险。这是由于他认为现代性与复杂性本身便在概念内涵上存在交织，它们共同指向了多层次性及异质性，这也正是现代社会系统在功能分化中所带来的后果。因而较之其他流派的风险社会观点，卢曼的风险系统理论较为悲观。

二、韧性理论

若要建构起系统化的社区韧性解释框架，亟须对社区韧性概念发起细致的挖掘与探索，而这些工作首先需要建立在充分认识韧性这一概念内涵的基础之上。韧性(resilience)这一概念属于舶来品，又时常被译为弹性、恢复力以及抗逆力等，主要用以表述各种主体在面对外界破坏或扰动(disturbance)时所呈现的抗压力、恢复力以及可持续发展力等能力。从词源学上看，韧性一词最早源于拉丁语 resilio，意为恢复到原始状态。[①] 16 世纪左右，法语借鉴该词并以 résiler 表示撤回、取消之意，随后又逐步演化为现代英语中的 resile。在学术研究中，韧性最早被应用于物理学领域，用于指代处于变形状态中的物质材料不易发生破裂及损坏的能力。随着 19 世纪中叶工业革命洪流袭来，韧性概念开始出现于工程学、机械学中，表示金属等物质材料在外力作用下发生变形时，未产生断裂并迅速恢复原状的能力。20 世纪 50 年代，韧性概念开始频繁显露于西方心理学界的研究中，用于分析精神创伤后的恢复能力。20 世纪 70 年代初，加拿大生态学家霍林(Holling)将韧性概念引入系统生态学的分析领域，现代韧性理论研究由此拉开帷幕。如今，韧性研究业已逐渐从生态学、物理学、工程学等自然科学的分析框架中跳脱出来，广阔地延展向经济学、社会学等社会科学领域，并

① ALEXANDER D E. Resilience and disaster risk reduction: an etymological journey[J]. Natural Hazards and Earth System Sciences, 2013, 13(11): 2707 - 2716.

形成了经济韧性、社会韧性以及社区韧性等理论分析工具。总的来看,韧性这一概念自诞生于西方社会以来,与之相关的研究范式在历史实践中发生了数次流变。

(1) 韧性概念的内涵流变

有关韧性概念的研究主要呈现为对韧性内涵的理解与对韧性外延的伸展两个维度。西方学界对韧性概念内涵的认知,主要经历了"工程韧性(Engineering Resilience)—生态韧性(Ecological Resilience)—演进韧性(Evolutionary Resilience)"的认知转向过程。

首先是有关工程韧性的研究。工程韧性代表着最为传统的韧性论点,即将韧性视作一种恢复原状的能力,这种理解在一定意义上也是日常语境中人们对于韧性的共识性认知。这种观点来源于工程力学思维,但这与将韧性理解为物质之弹性水平的简易理解有根本不同,工程韧性更多地关注系统整体及其内部结构的恢复能力。在工程韧性的相关研究中,霍林最早将工程韧性描述为系统在经受外部扰动(disturbance)后,吸收扰动并恢复到最初平衡状态的能力。[①] 与之相较,福尔克(Folke)等人更加强调了工程韧性在平衡状态中的稳定性,认为系统抵抗外部扰动、恢复平衡的速度代表着韧性强度。[②] 随后,布莱克莫尔(Blackmore)等人在此基础上以系统抵抗扰动的低失败率、快速恢复常态水平的能力作为对工程韧性内涵的补充。[③] 总的来讲,在工程韧性的视角下,系统内部的平衡状态是唯一的,系统所经受的外部压力或扰动也处于可预测范围之内,因而系统的发展与变化历程是线性的、有序的。在这种视角下,具有韧性的系统在遭到预料之内的冲击后,能够通过其内部结构快速恢复至原始、稳定的平衡状态。由此可见,工

① HOLLING C S. Resilience and stability of ecological systems[J]. Annual Review of Ecology and Systematics, 1973, 4(1): 1-23.

② BERKES F, FOLKE C. Linking social and ecological systems for resilience and sustainability// Linking social and ecological systems: management practices and social mechanisms for building resilience[M]. Cambridge: Cambridge University Press, 1998: 13-20.

③ WANG C H, BLACKMORE J M. Resilience concepts for water resource systems[J]. Journal of Water Resources Planning and Management, 2009, 135(6): 528-536.

程韧性更多地关注外部干扰的可预测性，以及系统的稳定性、效率性、低故障性。因而系统恢复至常态水平的反弹速率，是衡量韧性强弱的主要标准。

其次是有关生态韧性的研究。传统的工程韧性理论曾于20世纪80至90年代一度成为主流的韧性观点，但随着学术界对系统内部结构、系统外部环境影响因素认识的逐步深化，工程韧性论中对系统之唯一平衡状态、外部扰动之可预测性的单一性与僵化思维的局限性开始凸显。先前的工程韧性领域学者霍林开始在有关生态系统稳定性的研究中强调生态系统的韧性，从而对最初的韧性概念的内涵予以修正。他通过生态韧性来描述生态系统吸收外界变化、维持自我稳定状态的能力。[①] 在这一认识过程中，他又认为，韧性应当涵盖系统结构在变化并进入另一个平衡状态前吸收的扰动能力。[②] 霍林的这一观点便是对工程韧性论中系统唯一化平衡状态的认知发起挑战，这种颠覆性的论断也促使诸多学者开始觉察到系统不但可以在变化中重归于原始平衡状态，更是能够形成新型平衡状态。如学者阿杰(Adger)将生态韧性视为系统在外界扰动下保持既定结构、反馈作用、承受水平的能力。[③] 他在此更多地强调了系统在面临不可预测性的外部压力时所展现的内部变化与自我调适，因而这种系统自我调节后的平衡状态也并非唯一，而是走向多样化。同样地，福尔克等人也对先前秉持的论点作出了补充，他们认为外部压力的存在能够使得系统从一种平衡状态向其他类型的平衡状态发生转向。[④] 廖(Liao)提出，与工程韧性关注系统维持稳定性、避免发生较大波动与变化的能力不同，生态韧性主要突出了系统的适应与

① HOLLING C S. Resilience and stability of ecological systems[J]. Annual review of ecology and systematics, 1973, 4(1): 1-23.

② HOLLING C S. Engineering resilience versus ecological resilience[M]. Washington DC: National Academy Press, 1996: 31-44.

③ ADGER W N. Building resilience to promote sustainability[J]. Newsletter of the International Human Dimensions Program on Global Environmental Change, 2003(2): 1-3.

④ BERKES F, FOLKE C. Linking social and ecological systems for resilience and sustainability[M]. Cambridge University Press, 1998: 13-20.

生存能力。[①] 一望可知，相较于工程韧性，生态韧性强调系统内存在多种而非一种平衡状态，其发展与变化的过程是非线性的、复杂化的。由于这种韧性思维主要是萌发于对生态系统运行机理的认识之中，故而被称作生态韧性。

最后是有关演进韧性的研究。21世纪以来，社会环境的迅疾转换、生态系统的日渐恶化开始引发环境危机，频发的自然性灾害、人为性事故使得人们不得不对人与自然的交互关系进行深刻反思。若想要保持人类社会文明与自然环境系统的和谐共存与良性互动，亟须以统一性、整体性思维发掘二者间相互依存、交互作用的联结关系，从而摆脱社会系统与生态系统的割裂、对立性状态。在这一背景下，诸多学者开始将“社会—生态”思维应用于韧性研究领域，并形成了社会生态韧性。沃克尔（Walker）等人基于生态系统的互动逻辑提出了社会生态韧性（Social-Ecological Resilience），这种观点认为外部扰动是持续发生的，因而系统需要保持一种运动的发展状态予以应对，而不是保持一种平衡状态。因而韧性能力指的是复杂化的社会生态系统在面临压力状态时产生的变化、适应与改变的能力。[②] 皮克特（Pickeet）等人在分析社会生态系统的韧性时，认为韧性是在环境变化与人类活动压力背景下，社会系统为人类生产生活提供自然、社会资源以承载外部冲击并维持长期平衡的能力[③]，即社会生态韧性的现实效能有赖于社会与生态机制的合力维系。与这些观点相似，福尔克等人也认为现阶段的社会生态韧性思维应当是指社会生态系统应对扰动时所表现出的动态与可持续的适应、学习、变化及创新能力。[④] 在此基础上，也有学者警示，社会生态韧性视角的

---

① LIAO K H, LIN H, YANG W. A theory on urban resilience to floods — a basis for alternative planning practices[J]. Urban Planning International, 2015, 17(4): 388 - 395.

② WALKER B, HOLLING C S, CARPENTER S R, et al. Resilience, adaptability and transformability in social-ecological systems[J]. Ecology and Society, 2004, 9(2): 5.

③ PICKETT S T A, CADENASSO M L , GROVE J M . Resilient cities: meaning, models, and metaphor for integrating the ecological, socio-economic, and planning realms[J]. Landscape and Urban Planning, 2004, 69(4): 369 - 384.

④ FOLKE C. Resilience: the emergence of a perspective for social-ecological systems analyses[J]. Global Environmental Change, 2006, 16(3): 253 - 267.

优势正是在于对社会系统、生态系统的统合，因此需要避免对于二者中某一维度的过度关注而造成对另一维度的忽视。若只关注社会系统的适应性与组织性能力或是生态系统的变动性，都可能引致失之偏颇的决策思维，将社会生态系统引入运行窘境。[①] 总体来看，社会生态韧性这种焕然一新的系统认知理念跳脱出了对系统平衡状态的传统理论思维，转而注重系统发展与演进过程中的非平衡状态。正因如此，它又被称作演进韧性。

（2）韧性概念的外延伸展

较之国外，由于我国学界中有关韧性（抗逆力）的研究起步较晚，因此近年来国内社会科学学者对于韧性概念的理解一般建立在西方韧性认识的基础之上。我国学者对于韧性的理解与应用主要分布于心理抗逆力、社会韧性、城市韧性等领域之中。对于上述概念的系统性爬梳与认知，同样能够为我们充分认识社区韧性打下坚实基础。

首先是对心理抗逆力的认知。田国秀等人于2006年时较早地将心理抗逆力概念引入我国学界，认为对于心理抗逆力的重构是应对"问题少年"心理抗逆力消退的有效策略。[②] 随后，吴帆等人在留守儿童的心理问题分析中，强调了这一群体所面临的健康风险、安全风险、学习风险、社会交往风险等外部压力，并将提升留守儿童心理抗逆力作为风险防范机制。[③] 此外，也有学者聚焦于灾害等风险情境下社会群体的心理问题，如孙瑞琛等人对汶川地震后灾民心理抗逆力的水平进行了比较分析。[④] 在这一研究领域中，对于韧性的理解只停留在个体层面，尚未涉及组织层面。

其次是对社会韧性的探索。王思斌教授认为，社会韧性与经济韧性是相辅相成的一对概念，前者更多地作为后者的基础而存在。他在比较物理

① SMIT B, WANDEL J. Adaptation, adaptive capacity and vulnerability [J]. Global Environmental Change, 2006, 16(3): 282-292.

② 田国秀. 从抗逆力视角对"问题青少年"实施干预[J]. 中国青年研究，2006(11)：5-9.

③ 吴帆，杨伟伟. 留守儿童和流动儿童成长环境的缺失与重构：基于抗逆力理论视角的分析[J]. 人口研究，2011，35(6)：90-99.

④ 孙瑞琛，刘文婧，贾晓明. "5.12"汶川地震后抗逆力的个案研究：来自精神分析视角[J]. 北京理工大学学报(社会科学版)，2010，12(5)：153-156.

学、心理学中韧性内涵的基础上，将社会学意义上的社会韧性视为一种存在于社会结构中的特质，并认为它能够在社会系统遭遇冲击时维持社会整合力。[①] 这一观点当前成为我国学界的共识，国内学者对于社会韧性的后续探讨也往往建立在这一论断的基础之上。彭勃等人将社会韧性思维与理念应用于转型期中国社会风险治理领域中。他们立足于风险社会理论视角，将对于社会脆弱性的分析以及社会韧性的建构，视为一种化解“中国式风险社会”所面临的风险转移、风险叠加等治理窘境的创新途径。[②] 张原等人在对汶川地震后少数民族地区的田野个案考察的基础上，归纳出了社会韧性概念，致力于构建我国少数民族减灾防灾的长效机制。他们认为社会弹韧性是一种内嵌于社会组织结构与关系格局中的机制，社会弹韧性的灾害恢复效果取决于日常生活中社会交往、人际关系的紧密程度。[③] 随着近年来公共卫生事件等重大风险频繁出现，也有少量研究立足于社会韧性以思考公共事件危机的化解路径。如邓锁从社会工作角度出发，认为在社会风险日益增长且充斥不确定性的背景下，跨专业的应急管理协作、社会信任关系提升、脆弱性韧性的需求积极回应，是构建社会韧性、增强风险治理效能的关键所在。[④] 芦恒则立足于社会学视野，将社会韧性的建构视为重大公共危机应对的反思性应对理念。他认为社会韧性主要由抗逆性与公共性二者构成，其中前者负责缓解风险治理前期的外部冲击，后者致力于维持应急资源的公正性分配。[⑤] 关于社会韧性的一系列研究，开始将韧性分析的对象由个体层面延展至国家与社会结构的宏大维度，但却对中微观层次的组织结构的风险抵抗机制造成了一定程度的忽视。

---

① 王思斌．社会韧性与经济韧性的关系及建构[J]．探索与争鸣，2016(3)：4－8，2.

② 彭勃，林铭海．团结抵御风险：韧性安全城市的社会治理之维[J]．理论与改革，2024(6)：105－119.

③ 张原，汤芸．赈灾抢险中的社会弹韧性机制：汶川 5·12 大地震中阿尔村应急赈灾行动的人类学考察[J]．云南社会科学，2018(5)：10－16，185.

④ 邓锁．疫情危机中的社会韧性建构与社会工作定位[J]．社会工作，2020(2)：62－69，111.

⑤ 芦恒．重大公共危机应对与社会韧性建构：以“抗逆性”与“公共性”为中心[J]．南开学报(哲学社会科学版)，2020(5)：97－105.

最后是对城市韧性的分析。由于国内学界对于城市韧性的研究仍处于起步阶段,因而诸多学者主要致力于整合西方城市韧性既有研究。如邵亦文等人在系统地归纳西方学界城市韧性观点的基础上,提出城市韧性是城市系统和区域通过准备、缓冲和应对不确定性扰动,保障公共安全、社会秩序和经济建设等正常运行的能力,并将城市韧性视为一种基于传统规划理论之上的、指导现代化城市可持续发展的崭新路径。此外,也有学者强调了城市文化空间与城市韧性的交互性关系,创见性地认为城市及社区中的文化宣传、归属感等多元角色,同样构成了提升城市韧性、应对城市危机的关键要素。[①] 相较于社会韧性,国内学界对于城市韧性研究已逐步降维至城市社会组织、社区机构与成员等单位之上,既带来了更为具体化的韧性图景,又为我们认识社区韧性提供了前提条件。

三、结构功能理论

纵观学者们对韧性或社区韧性的既有阐释,可以发现,其往往建立在某一"韧性结构"的基础之上,如城市韧性往往被划分为过程韧性、能力韧性、组织韧性等多个维度,社区韧性又时常被划分为经济韧性、治理韧性、结构韧性等部分。不尽相同的韧性结构一般被视为一个整体的系统,各个子系统所承担的功能与职责不同。然而值得注意的是,既有的社区韧性研究往往以一种"拿来即用"的方式套用结构性思维,这一方面将造成对"结构"概念的混淆认知,即万事万物皆可以被置入结构的思维之中;另一方面,对于结构有限的认知所导致的误识,也将使得被构筑起的社区韧性框架经不起推敲,更难以产生有效的理论解释力与鲜活的现实生命力。在此基础上,本书以社会学理论传统中的结构功能理论作为构建社区韧性解释框架的重要理论基石。

纵观传统社会学的发展历史,结构功能论与符号互动论、社会冲突论构

① 詹一虹,龙婷.城市韧性视角下城市文化空间参与城市危机应对的探索[J].理论月刊,2020(7):90-99.

成了社会学这一学科的理论基石，其中结构功能论曾一度被视为社会学研究的“正统”。结构功能论自创立以来一直致力于解答一个基本问题，即社会系统为了维持其存在，需要满足哪些基本条件以及如何满足？结构功能理论家认为，任何社会皆具备一定的基本结构与制度模式，它们彼此间建立联系、发挥功能、产生支持，继而保障了社会系统的生存。因而与其说结构功能理论是一种理论，不如称其为一种认识社会结构的方法论，它为社会科学提供了一种全新的系统分析方法，因而其方法论意义在一定程度上超越了其理论贡献。结构功能论得以被诸多学者认可，不但与其较强的解释力和生命力息息相关，更得益于其深远、系统的理论渊源与连续性的传承脉络：早期社会学阶段，诸多社会学先贤以物理层面的有机体系统类比社会系统，继而创立社会有机体论；步入近代社会学阶段后，帕森斯(Parsons)在美国发展的黄金时期以“功能—需求”的思维理解社会结构，并提出著名的结构功能主义；随后亚历山大(Alexander)等人在反思、重建结构功能论后，掀起了新功能主义的理论思潮。与此同时，吉登斯等人在试图融合微观、宏观研究范式的基础上，提出了化解个体与社会、行动与结构二元对抗的结构化理论。上述理论的系统梳理，对于系统地理解社区韧性、剖析其组成结构而言至关重要。

(1) 社会有机体论

在社会学初创时期，一些实证哲学家受自然科学方法论影响，以物理学或生物学的认知方式来理解社会结构，从而直接地将生物有机体类比为社会有机体。这种社会有机体论的主要代表人物为孔德(Comte)、斯宾塞(Spencer)与涂尔干(Durkheim)。

法国实证主义哲学家孔德作为社会学创始人，率先将社会视作生物有机体。他提出社会结构是由种群与家庭等多种不同元素所构成的、具有内在规律的有机整体，不同要素间以人性为基础从而实现“普遍的和谐”。孔德强调，家庭这一“社会细胞”将赋予个人以“爱的本能”，人类社会将随着这种本能的不断拓宽而形成秩序与和谐。在此基础上，象征“社会组织”的种族与阶层也将出现,并最终形成作为“社会器官”的社区与城市。[①] 孔德较早地发起了对于整体与部分间关系的思考,为后续学者思考社会、秩序、人性等社会学主流研究对象奠定了基础。

英国哲学家斯宾塞在孔德的基础上,深化了对社会有机体的认识。他认为有机体与社会极为相似,二者内部皆呈现出功能性、结构性以及相互依赖性,并在生长过程、结构进化、功能分化以及相互依赖这四个维度上具备同样的规律性。他强调,社会有机体内部如生物有机体一般存在着营养支持、分配循环、神经调节三个子系统。[②] 但是斯宾塞同样警示道,生物有机体的内部结构紧密而固定,通过物理、化学作用来维持生长,并且只有神经系统存在意识。社会有机体的内部结构相对松散、稳定,它通过依赖符号而维持部分与整体的互动,并且其社会意识往往弥散地分布于其中。其社会有机论的意义主要在于,在一定程度上对生命有机体、社会有机体的共性予以阐释,确立了系统性的社会发展观,并为社会发展朝向更高层次发展提供了系统方法论。此外,他为后续的结构功能研究提供了结构与功能、整合与分化、同质性与异质性、功能相互依赖等基本概念。

法国实证主义哲学家涂尔干在继承与反思斯宾塞社会有机体论的基础上,对社会有机体论提出了三个理论前提:第一,人类社会与生物有机体不同,是一个不可简化的实体性存在;第二,社会的不同构成要素与组织部分发挥着各自的功能,满足着不同层次的社会需求;第三,社会结构自身便具备某种功能,而这种功能所对应的需求便是社会的需求。[③] 涂尔干十分注重社会的整体性,认为社会整体层次的需求,必须由内部组成部分之间按照共有的规范模式保持相互合作来满足。此外,涂尔干否定了斯宾塞“社会竞争形成社会秩序”的论断。他将社会结构视作社会关系的组合形式,认为社会有机体的凝结有赖于常态的社会分工,继而提出机械团结与有机团结并进

---

① AUGUST C. System of positive pofity[M]. London: Longmans Green, 1975: 241 - 242.
② SPENCER H. The principle of sociology[M]. New York: D Appleton and Company, 1925: 505.
③ DURKHEIM E. The division of laborin society[M]. New York: Free Press, 1997: 964.

行系统论证，最终得出社会分工的“道德属性”是整合社会有机体、维护秩序统一的结论。而各个部分之间的矛盾与整合程度降低则将带来病态的社会分工甚至是社会病态与秩序解构。涂尔干对于社会团结、社会秩序、社会结构的论述，以及他对于社会结构的多层次理解与客观性认知，为随后的结构功能主义者所接受，并为这一流派的发展打下了坚实的基础。

社会有机体论并未能较好地辨析社会结构这一概念的组成部分，因而其内涵较为混乱。此时的认知共识往往集中在社会上由多元要素组合而成的有机体，各个部分具备独特属性、彼此之间存在特定关系。此外，社会有机体将通过一定的手段，来调整各个处于运动状态的组成部分的平衡性，以保障总体秩序的稳定性。这一阶段对于社会结构、功能的认知虽然显得较为粗线条甚至是浅显，但是构成了结构功能论形成的主要理论基础与思维前提。

(2) 结构功能主义

结构功能主义思想是对于早期社会学中“结构—功能”逻辑的系统阐释，这一流派的代表人物主要包括马林诺夫斯基(Malinowski)、布朗(Brown)、帕森斯以及默顿(Merton)。

20 世纪初，英国文化人类学家马林诺夫斯基、布朗在继承涂尔干功能主义思维的基础上发扬了功能学派。[①] 马林诺夫斯基主张以功能分析法进行人类学研究，即观察社会事实在完整的文化体系中所处的位置，强调文化体系内部各部分间的相互联系、文化体系与周围环境的相互联系，从而了解文化的本质。他在结构功能研究中提出了功能普遍性与功能不可缺少性假设，这意味着功能普遍存在于各种文化事实中。与马林诺夫斯基从个人需求出发来思考文化现象的功能不同，布朗立足于社会整体层次来进行功能分析。布朗与其老师涂尔干一样强调社会的整体性质，他认为功能分析需要以结构为基础，从而将功能视为文化活动对维持社会结构连续性所起到

① ALFRED, RADCLIFFE B. Structure and function in primitive society: essays and addresses [M]. New York: Free Press, 1965: 178-205.

的作用，因而布朗的功能分析较为宏观地将个体因素之外的社会整合、社会结构等社会整体性质作为其研究对象。在此基础上，他提出了功能统一性假设，强调社会整体是功能统一体，通过内部各个部分的协调、配合、统一来避免难以缓和的冲突。马林诺夫斯基与布朗虽然在功能分析中存在对象与旨趣的不同，但是他们的理论研究广泛为后辈所吸收。此后，传统功能主义在欧洲尤其是英国的文化人类学中逐步成为主流，并经由帕森斯介绍、发展至美国社会学界。此外，值得一提的是，费孝通先生作为马林诺夫斯基的学生，较早地将功能主义运用于我国的社区研究之中，并深刻影响了中国社区研究的方向，如“结构—制度”研究方法的兴盛便与结构功能主义息息相关。

美国社会学家帕森斯于 1937 年出版的《社会行动的结构》一书中论述了行动系统与社会系统的关系，随后于 1945 年首次系统地提出结构功能主义，并于《社会系统》《现代社会体系》等著作中逐步完善其理论。

帕森斯将社会结构视作一种由多层次子系统、多类功能构成的“总体性社会系统”。帕森斯认为，包括社会系统、行动系统在内的诸多系统，往往面临着一些大体上相同的基本功能需求[①]，满足此类需求便是系统得以存在的前提条件。系统的内部结构便是满足这些需求的基础，因而需要将结构分析与功能分析联系起来，这一系列命题也构成了结构功能分析的理论前提假设。他强调结构功能分析的主要任务在于，识别系统的基本功能需求，以及解答系统内部的基本结构如何满足这些需求。因而这一“结构—功能”分析范式被称作“结构功能主义”。

在帕森斯的结构功能主义中，他将行动系统视作研究社会系统的前提。他认为行动系统研究的是行动者与其状态之间的相互关系，而社会系统则是行动者之间的制度化了的角色关系。他认为行动系统内包含文化系统、社会系统、人格系统和行为有机体四个子系统，四者能够彼此控制，进行信息、能量的交换，而社会系统作为行动系统的一部分，便受到其他子系统的

① TALCOTT P. The structure of social action[M]. 2nd Edition. New York: Free Press, 1967: 50 - 52.

制约。上述四个子系统，分别对应着适应环境（A-Adaption）、目标实现（G-Goal Attainment）、社会整合（I-Integration）、系统维持（L-Latency Pattern Maintenance）四个基础功能。他提出 AGIL 这一宏大的理论模型，试图证明社会结构是一个具备自我调节、相互支持功能的均衡性系统，而各个子系统及其内部要素皆是为了整体系统的运行而存在。此外，帕森斯吸收了涂尔干关于社会变迁、社会分工、社会解组、社会团结的思维，认为社会系统内部元素持续地处于分化与整合的状态中，从而维持整体系统的动态平衡与稳定秩序。帕森斯的结构功能主义避开了“因果决定论”在方法论上的局限，强调各个系统间的相互作用以及边界关系，较之先前的结构功能研究有了较大程度的推进。在帕森斯的倡导下，结构功能主义曾一度在美国社会学界处于统治地位。然而这种无所不包的、抽象的巨型理论，却在 20 世纪 60 年代的社会变迁过程中不断遭受学界质疑，诸多社会学家对结构功能主义的弊端进行攻击。

其中，帕森斯的学生默顿便是一个突出代表，他最早提出了结构功能主义的局限性，并且针对传统功能分析方法展开反思与批判。他认为帕森斯的结构功能主义引入了一些含糊不清、未经证明的理论假设，以及不准确的术语，从而造成了理论混乱，从而以此作为修正结构功能主义的起点。首先是功能统一性。帕森斯认为，行动系统、社会系统等系统中的母系统自身相较于内部子系统而言具备独特功能。默顿驳斥了这种具有绝对性的论断，继而强调了各个结构功能的针对性。其次是功能普遍性。帕森斯认为系统内各个结构的功能是普遍存在的，为维系系统秩序而发挥着不同的作用。而默顿则认为，应当通过对子系统产生的实际社会影响来判定其对系统发挥的功能，因而它的作用并非绝对正向。他辩证地提出了显功能与潜功能这一成对的概念，前者指的是能够为大多数人所预料、认知的那些功能，后者则是指难以被大多数人察觉、了解的一些功能。最后是功能不可缺少性。帕森斯认为系统内各个结构必然携带其功能，并且这些功能不可被替代。而默顿则提出功能选择概念，认为子系统可以被其他发挥同样功能的相近子系统所替代，而且母系统也能够依据需求对其予以选取。在此基础上，默顿认为建构宏大社会理论的时机尚未成熟，因而需要建立一种介于无所不包的宏观社会理论与关注经验层面的微观理论之间的理论，即中层理论。他的功能分析范式便是一种中层理论意义上的研究方法，这种功能分析方法摆脱了一团模糊的理论建构取向，成为可以指导经验研究的精确性概念范畴体系。默顿的功能分析范式虽然对功能主义的基本性质进行了改变，但坚决地摒弃了以往宏大功能理论中的抽象与空想，抛弃了“稳定—秩序—均衡—整合”式的刚性结构模式。他的范式能够引导研究者对现实社会结构及其造成的客观后果进行功能性分析与客观性评价，这也为后人所广泛接受，并将功能主义推进到了新的发展阶段。

(3) 新功能主义

结构功能主义曾在20世纪60年代时遭受广泛抨击，直至80年代后方才再次引起学界反思与关注，并在诸多社会理论家的努力下形成了新功能主义流派，其中以亚历山大的新功能主义、卢曼的系统功能论最为知名。

亚历山大于20世纪80年代最先使用了“新功能主义”一词，他强调新功能主义虽然与结构功能主义存在“亲缘关系”，但并非其翻版。严格地讲，新功能主义既是对传统功能主义的推进，更是一种基于不同理论传统而建构起来的综合性功能分析取向。正如亚历山大讲道，“这股思潮力图在后实证主义科学哲学的基础上，综合包括各种反帕森斯理论流派在内的有关最新研究成果，对以帕森斯为代表的结构功能主义理论进行新的建构”。亚历山大对于新功能主义的论述，主要是在批判帕森斯传统功能主义的基础上展开的，他认为结构功能主义的“反个人主义”“保守姿态”“忽略变迁”等局限性导致其失去解释力。亚历山大创见性地通过对“社会的文化性”的强调，倡导后实证主义方法论。

亚历山大认为传统功能主义是实证主义取向的，而提倡后实证主义的新功能主义则打破了既有共识。如传统功能主义认为经验观察是认识一般性、理论性问题的唯一方式，而经验观察、非经验陈述二者在认识论上有根本的不同，普遍性、抽象性知识无益于经验取向的学科。此外，科学发展遵循着直线、累积式的渐进性规律。这些论断无不割裂着宏观与微观、抽象理论与经验现实的关联，从而维持着结构功能“刚性”思维。新功能主义则认为，经验论据并不是佐证科学成果的唯一来源，所有学科资料都离不开理论的指导，事实与理论的差异并不体现在认识论、本体论上，而在于分析的需求不同。而且一般性理论的形成并非垂直性的，而是平行性的，以及经验现实的变迁只有被新理论所认识后方能产生科学概念的变化。由此可见，亚历山大的新功能范式强调“非经验因素”对于理论发展的重要性，认为导致“宏观—微观”差异的主要因素并不是“经验”，而是分析的需求不同。因此对于现象的分析可能是既宏观又微观的，二者必不可少，某一层次上的宏观可能是另一层次上的微观。

亚历山大的理论主要强调社会行动应变性与多层次社会结构观，这在一定程度上超越了帕森斯的研究。但亚历山大的根本目的并不在于推翻帕森斯的宏大理论，而是试图以一种全新的理论建构来复苏“大理论”范式，恢复帕森斯式研究的权威性。但是特纳等诸多社会学家则认为这种新功能主义已经告别了“功能需要”这一核心要领，转而致力于阐释“功能需要思想”，因此并不认同这种“非功能主义的功能主义”。虽然亚历山大的新功能主义持续为人所质疑并略显不成熟，但是这种对于多层次理论融合的尝试为社会学界的研究旨趣带来了新的启示。

与亚历山大的新功能主义相比，德国社会学家卢曼的社会系统论则在借用生物学观点的基础上关注社会文化系统的再生性发展。卢曼的理论综合了帕森斯的系统论与“一般系统论”，即形成了“一般社会系统理论”。卢曼认为社会系统将逐步在功能上分化出具备不同结构、符号、过程与媒介的子系统，社会自身及其周边环境的复杂性将随之提升，他致力于探究社会系统及其外部环境间的关联，从而寻求降低系统环境复杂性的机制。他将社会系统与机械系统、有机系统、精神系统并列而谈，认为社会系统内部又分作互动系统、组织系统、社会整体系统。他通过分析这些系统间的关系及其所处环境的复杂性，寻求降低风险与失范因素、保障社会系统稳定性与有序性的方法，这与其对风险社会的认知较为相似。由此可见，卢曼的功能主义是对默顿之经验性功能主义与帕森斯之抽象性功能主义的中和，他在综合社会科学与自然科学的基础上，创建出了新的社会学范式。

(4) 结构化理论

在 20 世纪 80 年代的后帕森斯时期，诸多西方社会理论家崇尚维持社会稳定的思维倾向。他们致力于综合既有的多元理论流派，试图建构综合性的社会理论，以缓和宏观与微观、行动与结构、个人与社会之间的二元对抗，而吉登斯的结构化理论便是一股举足轻重的理论支流。

吉登斯的结构化理论建立在批判与继承社会学经典理论、结构功能主义以及常人方法论等理论的基础之上。首先是对功能主义范式的批判。他认为以往的结构功能主义将结构界定为独立于人类自由意志、独立于行动的外在之物，并强调社会整体对于个体而言具有至高无上的地位，这意味着社会结构决定着社会的基本特质。而吉登斯则强调，结构功能主义过于强调社会结构对行动者的外部制约，行动者在结构功能主义中仅能按照编码系统来行动，这极大地忽视了人的能动过程与作用。其次是对解释主义范式的批判。吉登斯批判地吸收了弗洛伊德的精神分析法，试图借鉴解释学对于人的认知能力与行动的关联性研究，他发现解释学习惯于将行动解释为“有意图的行动”，又把“有意义的行动”等同于“有意图的后果”。他认为行动并不是分散的实体，而是一种不间断的行动流，是一个人类不断施以理性化、监控的社会过程。

在此基础上，吉登斯提出了结构的二重性以批评既有结构、行动研究的局限之处，并强调社会理论需要解答的问题并非社会结构如何决定行动，而是人类行动如何在日常环境中被“结构化”。所谓结构，即一种在社会系统中反复投入生产、再生产的规则与资源。规则指的是行为的规范与表意性符码，如手势等有意义的符号，它是系统生产与再生产的中介。资源则主要指配置性资源、权威性资源。由规则与资源构成的结构不断对行动进行引导与规范，由于行动在实现目标的过程中同样遵循着规则、使用着资源，因而结构也在行动实践中得以维持。总而言之，吉登斯认为社会结构存在于社会行动之中，二者相辅相成，彼此支持与制约。在他的结构化理论中，主体性与客体性、社会性与个体性汇集与交融为一种“二重性”。但是不难发现，该理论中术语的繁复性、逻辑的混杂性导致其对于社会结构的解释更为晦涩，从而在一定程度上仍然有着传统功能主义这种“巨型理论”的“过度抽象化”通病。

第五节　研 究 方 法

与历史学注重史实引用、政治学凸显逻辑线条不同，社会学的“社会研究方法”兼顾了社会事实与学术逻辑，它是一个具备不同研究层次的综合思维体系，并主要分作方法论、研究方式、具体方法和技术。在面向城市社区风险治理的结构张力及韧性重塑这一主题时，如何将社区韧性这一抽象概念操作化为可测量的指标？应当选取怎样的调研对象开展实证调查并收集材料？又应该采用何种方式将调研材料予以科学地整合与分析，并且将其系统、有效地呈现出来？上述问题需要对研究方法予以总体性把握。

一、方法论

在社会学研究方法的多层体系中，方法论处于最高层次，它决定着社会学研究所应遵循的基本规则，也是具体研究方式与研究方法的逻辑起点。与具象化的研究方法相比，方法论处于一种如何认识社会现实、如何切入案例并获得材料、如何解释经验现实并回归理论的宏观层次。

社会学方法论主要分为实证主义与人文主义两种范式。实证主义认为，要保持研究的科学性与价值性，就必须进行客观的、实证的研究，以精确的、客观的研究方法来揭露社会发展进程的客观规律。因此，它强调社会学等社会研究应当向自然科学的计量方法靠近，在摒弃主观因素的客观观察中进行经验概括并得出结论，并保证研究的可重复性以进行理论检验，如定量研究便是其典型例证。与实证主义不同，人文主义主张在研究人类社会的行为与现象时，要区分自然现象与人类现象的根本差别。这一范式反对实证主义对于自然科学方法的照搬，但并不否定其依据经验现实来形成、检验理论的思维。因此要注重考量人类的主观因素，强调研究者在研究过程中的主观性并投入“理解”，如定性研究是人文主义范式的典型特征。

纵观社会学发展历程，从古典社会学至当代社会学这个源远流长的脉络中，实证主义与人文主义两种方法论倾向存在经久的争议。从社会学创始人、法国实证主义哲学家孔德开始，实证主义便被视为使社会学能够成为一门学科的立足之本，并不断在马克思、涂尔干、波普尔与库恩等社会学家的分析中被赋予合法性。随后在狄尔泰、韦伯等社会学家的“反实证主义”论断中强调回归人类自身思维的人文主义方法论，曾一度动摇了实证主义的正统地位。然而二战后至今，以量化研究为代表的实证主义逐渐获得统治地位，人文主义与质性研究则逐渐被边缘化。然而这并不意味着人文主义研究失去了鲜活的生命力与解释力。

本书主要抓取的是，社区内多主体面对风险事件所呈现的互动过程及韧性表现，并对其深层机理予以系统、细致的解读，因而在方法论层面上具备人文主义倾向，属于质性研究。所谓质性研究，指的是以研究者自身作为研究工具，借助访谈法、观察法等具体研究方法介入社会现实场景中进行资料收集，对实地勘察到的处于变动状态的自然事件、经验现象予以描绘与归纳，在与研究对象的互动中理解其行为、阐释其意义。较之实证主义与定量研究，质性研究能够对社会现象、社会行为的意义进行揭示，克服实证主义造成的“社会学危机”，重新唤起米尔斯意义上的“社会学的想象力”。值得注意的是，质性研究并不摒弃定量研究中对于一般性规律的探索，也不会陷入对偶然性案件的文学式生动描绘中，而是能够在主体与制度、行动与结构中探访其因果联系。本书作为一种对社区系统于风险情境下韧性能力呈现的逻辑分析，仍需在质性研究中获得答案。过往的社区韧性研究往往集中于通过实证主义的方式，在指标界定、量化分析中测评社区的韧性表现，从而仅能获取既定规范下的常识性理解，无法获得社会学意义上对于多元个体、群体、组织的动态性互动解释，也无法获得制度结构层面的静态关联性理解。本书依赖于研究者的切身参与情景感悟，在实地考察、细节体悟中深入地挖掘具体而详尽、生动而真实的经验材料，从而对社区韧性的形成困境、生成机理、运作逻辑、提升路径等问题进行系统的分析。

二、资料收集方法

相较于方法论，研究方式在社会学的社会研究方法体系中处于中层，具体的研究方法及技术则处于较低层次，具体的研究方法需要与一定的研究方式相适应。本书作为质性研究结果，主要以田野调查的方式获取材料。从社会学于民国时期进入我国伊始，本土社会学对于欧美社会学的经验汲取便深受人类学及其田野调查法的影响。如以吴文藻、费孝通为代表的社会学先驱，便在社区研究领域中借助田野调查法、参与式观察法来获取一手材料，并以此推进我国的社会学本土化进程。

本书同样在承继中国社会学社区研究传统的前提下开展田野调查，具体的资料收集实践呈现为以下三个路向：首先，本书在实地调研开展前重点采用文献研究，以构建社区韧性测量体系的方式，为现实场景的社区韧性观测提供有效性保障；其次，选取驻村调研的方式，一方面通过上级政府部门介入，另一方面以漫游者或社区志愿者的身份观察或参与工作，面向社区多元主体以及社区相关的地方职能机构，综合运用观察法、访谈法以获取一手资料；最后，借助网络文献、材料收集以及内容分析法，对收集到的经验材料进行整合与分析。在资料收集过程中，笔者发现不同类型社区的多元主体所呈现的工作状态、生活节奏、文化旨趣存在较大差异，以至于资料获取过程中部分访谈对象对于陌生闯入者的介入存在较大顾虑，这也为实证材料的搜寻带来困扰。以志愿者形式长期介入其中在一定程度上能够应对这一挑战，但如何将冗杂、繁多的碎片化访谈资料整合为富有价值的经验材料同样成为研究的难点。在具体的研究方法上，我们主要使用了文献法、访谈法与观察法。

（1）文献法

本书所引用、分析的文献，主要涉及社区治理、社区韧性、风险社会、风险治理以及国家结构转型等方面的既定学术专著与论文。其他文献具体包括与调研社区相关的官方网站材料、国家相关法律条文细则、国家的阶段性政策等，并且通过居委会台账、工作记录、网络等各种途径，收集到了相关社区的部分日常治理、疫情防控资料。

在研究前期的文献材料中我们发现，有关社区治理的国内既有研究可谓浩如烟海，并以社区自治、社区参与研究为主，缺乏对社区韧性的关注。此外，现有的研究成果侧重于在实际案例、经验材料中归纳机制，在学理层次上的理论对话相对欠缺。在有关社区韧性的国内外研究中，国外诸多学者倾向于在宏观建模的基础上进行量化式的社区韧性测量，国内社会学相关领域的学者则擅长在质性研究中观测社区韧性，这既丰富了社区韧性研究的视角，又为田野调查前构建相对系统的社区韧性测量框架提供了坚实基础。在有关风险社会、风险治理的文献查阅中我们发现，社会学与公共管理、政治学等学科的风险话语框架和相关理论存在一定差异，如何在进一步研究中以社会学视角观测社区中的风险、保持社会学底色，是值得注意的关键步骤。最后，社区韧性是依附于社会结构的一个局部子系统，因此对转型中国社会架构更迭的关注便显得尤为重要，因为其能从中捕捉到宏观社会结构紧张与微观基层社区矛盾的相关关系。

（2）访谈法

本书采取非结构式访谈法，访谈提纲来自文献梳理、逻辑分析得出的社区韧性测量框架，并将其中的抽象概念操作化为若干具象化的问题。为探寻城市社区韧性水平，以及社区风险治理困境及内在张力，笔者通过近一年的跟踪调查，先后与H市N街道J社区、D社区、Y社区、F社区以及N街道办事处、N 街道所处 B 区城管局等单位多次进行访谈。受访人员具体包括社区居民、居委会工作者、物业职员以及业委会成员等。其中每个社区选取 1 名党组织负责人，2～4 名居委会工作人员，1～3 名居民，1～2 名物业人员及业委会成员。为保护受访者信息，已对社区名称、个人姓名及相关资料做技术处理，详细访谈信息请参见本书附录中的《访谈对象基本情况一览表》。

其中，第一次访谈以 H 市 N 街道 J 社区为调查对象，于 2021 年 2 月至 4 月开展第一次访谈，其间以志愿者形式与居委会书记、副主任以及居民建立对话关系，积累了近 7 万字的访谈资料；第二次访谈集中于 2021 年 4 月至 7 月，同样以志愿者身份参与社区以及街道办事处的日常工作，对剩余多个社区、街道以及区疾控中心进行系统化访谈，积累了近 20 万字访谈资料；第三次访谈开展于 2021 年 8 月，针对本书撰写过程中资料不足等问题，赴社区、街道、城管局等单位进行补充性访谈。

(3) 观察法

文献法与访谈法分别能够通过对过往研究的总结、对他人经历的整合，来获取研究主题的理论基础或翔实材料。然而囿于既有材料的滞后性，以及受访者主观情感色彩等原因，研究的真实性、客观性、有效性难以得到保障。在此基础上，以观察法介入调研对象的日常生活情境是一个较好的选择。在质性研究方法中，观察法一般分为参与式观察与非参与式观察。其中参与式观察意味着研究者以参与者身份密切接触被观察者，在共同生活与工作中观察其言行举止，非参与式观察则不要求研究者进入被观察者的日常生活。本书采用参与式观察方法，在访谈、日常工作实践中，追溯、观察受访对象的观点与行为，以及对社区风险治理的看法与态度。

三、资料分析方法

根据研究主题，针对不同类型的资料，笔者主要采用了功能分析法、因果分析法两种分析方法。

所谓功能分析法(Function Analysis)，指的是在解释某一特定社会现象时，探访这一现象在社会系统中所发挥的功用及产生的后果。这一广泛运用于现代社会学研究中的分析方法，起源于传统社会学理论中的结构功能理论。结构功能主义强调，社会系统这一有机体是由多个子系统构成的，系统内各个部分要素之间所形成的良性组织结构、联动关系，是系统得以有效运作、维持稳定的关键所在。在社区韧性分析中，功能分析法同样展现出了较好的契合性：本书尝试以社区韧性作为解析社区风险治理的切入点，并将"资源禀赋—互动联结—外部支持"作为维持社区韧性的三个部分，从而搭建出"社区资源配置—社区内部互动—社区外部联动"的社区韧性分析框架。在此基础上，一方面，运用功能分析法来探究当前社区韧性匮乏的原因及根源应当被归置于哪一部分；另一方面，在功能分析法的指引下重塑社区韧性的建构逻辑，解释社区韧性的有效形成有赖于哪些部分的合力效果。

因果分析法（Comparative Study）主要是一种用于探析现象之间因果联系的方法。因果联系指的是事物之间普遍的联系，它体现了事物间确定、必然的关联性。由此产生的因果解释，是社会科学中最为常见的解释类型。作为理解社会学奠基人的韦伯曾强调，社会学是一门致力于解释性地理解社会行动且对其过程、影响作出因果解释的科学。[①] 然而值得注意的是，社会过程"同时受到因果律和机遇律的某种混合方式的支配"，而非尽然服膺于机械决定论的因果律。[②] 这意味着在社会科学的分析中，即便是再详尽、谨慎的因果分析，也难以达到严格意义上的因果联系的穷尽性。因为现实社会中诸多复杂因素的存在，使得事物间的因果关系是概然性的（probabilistic）而非决定性的（nondeterministic）。本书在"社区资源配置—社区内部互动—社区外部联动"三个维度中探讨社区韧性匮乏的原因时，采用了因果分析方法，从而解释"社区行政化与政治化建设—社区韧性匮乏"间的张力性因果联系。然而值得注意的是，这种因果分析并非致力于形成一种包罗万象、准确无误的解释框架，而是一种基于文献认知、实地调查、理论分析而产

① 马克斯·韦伯. 社会科学方法论[M]. 杨富斌，译. 北京：华夏出版社 1995：35.
② M·玻恩. 关于因果和机遇的自然哲学[M]. 侯德彭，译. 北京：商务印书馆 1964：9-10.

生的价值中立式学理探究，从而为当前我国城市社区韧性的有效呈现提供一种概然性的逻辑解释。

（1）案例选取与研究对象的基本情况

笔者主要以H市N街道J、D、Y、F四个社区的风险防控实践作为观测城市社区风险治理水平的调研对象。对于调研点的选取，来自对以下三个维度问题的反思：一是为何以城市社区作为探析社区韧性能力的对象；二是为何选取H市N街道J、D、Y、F四个社区作为观测社区韧性的场所。

（2）为何以城市社区而非农村社区作为研究对象

在社区风险治理这一议题中，社区所面临的风险、社区主体间社会关系、社区权力架构，是区分城市社区与农村社区异质性因素的关键所在，也是本书选择将城市社区作为调查对象的主要因由。

首先是不同社区面临的风险。在我国风险社会来临的时代背景下，农村社区与城市社区皆在不同程度上遭受着不确定性风险的威胁。其中农村地区的社区风险，主要呈现为自然生态系统破坏引致的居民生存风险、利益性群体性事件造成的社会稳定风险、集体产权改革不完善引发的经济风险、黑恶势力与基层腐败带来的权力运行风险、乡村债务累积导致的财务风险，以及伴生于突发性公共事件的生命安全风险。不难发现，此类风险一般危及的是农村居民的生活、健康以及发展等基础层面。相较于农村社区，城市社区所面对的风险更为繁杂且严峻，这主要体现在以下几个维度上。第一，城市社区风险的人为性更强。与农村社区面临的自然灾害等外部性风险相比，具备更高工业化水平的城市地区，则时常发生伴生于公共危机事件的人为性次生性灾害。如伴生于地震的工程事故、火灾、大规模断电、道路塌陷等风险，往往共生性地威胁到城市社区的稳定与居民的生命健康，而这种风险更多来源于人类活动带来的风险再生产。第二，城市社区风险的破坏程度更严重。现代城市作为工业文明发展的结果，相较于农村地区，更加集中地承载着一个地区优渥的物质条件与人力资源。作为其后果，人口过密化、交通拥堵等也持续影响着城市社区的风险治理能力，如高层楼宇发生火灾难以展开营救便与人口过密、摩天大楼增多等因素息息相关。第三，城市社区风险的代表性更强。一方面，迅速崛起的城市作为我国城市化进程推进的必然结果，城市社区风险既体现着我国社会当前经受的主要考验，也前瞻性地呈现着既有农村于未来所可能面临的风险境遇。另一方面，诸多城市社区在社会变迁过程中仍旧保留着城中村、撤村建居社区等元素，它们在一定程度上如农村的"影子"一般反映着农村社区的特性与问题，因而在对城市社区风险进行研究时也不可避免地会与农村社区产生连带作用。有鉴于此，面向城市社区风险治理的分析，不但能够较好地对当前中国社会风险治理产生反馈，同样能够在一定意义上兼顾对农村社区风险治理的关怀。

其次是社区主体间的社会关系。社区一词自诞生起便专门指代农村地域的生活共同体，它往往是以血缘、亲缘为秩序形成的基石，如守望相助、熟人社会等特性仍然在我国当前的农村社区中有所展现。与之不同的是，作为中国近年来社会结构迅疾转型成果的城市社区，在市场化、工业化、市民化等潮流背景下，开始以经济理性作为组成社区的关键动力，比如商品房社区的崛起便是恰适佐证。城市社区摆脱了传统社会的情感联结原则，抛弃了"生于斯、长于斯、死于斯"的故地观念，冲淡了地域、邻里间的互助情结。而这也在一定程度上造成了社区治理、风险防控中的困境，如保留村落观念的撤村建居社区相比陌生化的商品房社区而言更具备互助性，得以有效地提升居民社区参与的积极性。从这一点上看，城市社区的风险治理实践可能受制于社区主体的关联弱化、低参与性，从而更具复杂性与不确定性。而这也愈发成为当前社区风险治理所面对的常态性困境，因此更具备研究意义。

最后是社区治理的权力架构。在西方理论话语传统中，社区精英掌握着社区治理的控制权，社区成员的经济水平、受教育程度、社会影响力等元素深刻影响着社区治理的权力大小，因而社区治理的权力关系往往展现为"精英决定式"的结构。[①] 同样地，我国农村社区治理中的权力关系，也时常

① MILLS C W. The power elite[J]. Political Science Quarterly, 2000, 71(4): 955-973.

展现出“乡绅”“长者”等乡村精英领导下的精英组织化模式。因而当公共危机等风险事件出现，而村干部无法解决问题时，资历、年纪、文化水平较高的长者便组织居民自行协商处置问题。与农村社区这种单一式的治理结构、随意性较强的治理方式不同，城市社区治理的权力结构并非单一化的亲缘、地缘导向，资源、利益等多样元素共同决定着社区走向。社区精英不再是德高望重的长者或乡绅，学历、经济等要素共同影响着社区精英的判别标准。在这一背景下，积极地看，城市社区时常涌现出具备丰富公共意识、文化水平、经济能力的多元式社区精英，共同支撑起愈发理想化的共治式社区权力结构。然而不容忽视的是，社区主体的多样化构成及分歧性需求，也时常制约着社区公共意识的团结性、社区资源分配的合理性、社区风险治理的有效性，以致“一呼百应”的积极样态难以达成。正如我们看到的那样，作为国家治理基层单元的社区，即便在党政力量的赋权下获得一定的动员资格与能力，却也往往在公共卫生事件等风险情境下，或加装电梯项目等日常政策实践中，形成“国家—社区—大众”间权力与需求的博弈甚至是拉扯。从这一点上看，城市社区的多元性权力结构，更有利于考察风险情境下多元主体的治理实践样态，捕捉当前社区风险治理中的张力所在，为社区韧性的建构提供基础。

(3) 为何以 H 市 N 街道 J、D、Y、F 四个社区作为社区风险治理的考察对象

既有的社区韧性研究往往认为，多种社会资源的有效下沉，社会资本的积极塑造以及社区治理能力的有力培育，与韧性水平的提升密切相关。这意味着，相较于“老、破、小”等城市老旧社区而言，拥有丰富资源的示范性社区或高档社区，可能具备较为坚实的韧性基础，能够在风险来临时迅速适应、消解外部扰动。然而值得注意的是，纵观近年来社区风险防控的实践历程，可以发现，即便拥有充足资源禀赋的国家级、省级或市级示范性社区，仍旧可能在风险冲击下，旋即陷入主体性缺位、活力不足的失序状态，未能呈现较强的韧性效果。由此可见，现实实践中，“社区资源优渥—韧性能力充

足”二者之间实则存在着一定的逻辑张力，本书便致力于深入探讨这一悖论的根源，从而强化社区韧性建设的现实效能。在此基础上，以 H 市 N 街道 J、D、Y、F 四个社区为考察对象，则与本书主题之间呈现出一定的契合性。

H 市是我国华东地区的省会城市，常住人口在 1000 万以上，即常规意义上的超大城市。近年来，在治理重心下移的宏观推动下，以及地方性政策的持续扶持下，H 市基层治理水平得到迅速提升，社区建设进程不断推进。在此基础上，H 市内的大量社区往往具备优渥的硬件设施与人才储备。如一些社区具备文娱中心、多功能室等现代化场所，此外部分社区居委会的人员构成更是以大专甚至本科学历为主。因而从一般逻辑上讲，拥有殷实硬件、软件资源的 H 市社区，应当具备较强的韧性。

然而与之相悖的是，重大公共事件发生期间，H 市诸多社区的风险防控能力，实则呈现出了较大的差异性、不均衡性。在部分社区能够在居委会、物业等社区组织的帮扶下有条不紊地展开抗疫工作的同时，一些社区则频繁地陷入治理纠纷甚至是冲突之中，这在很大程度上削减了社区韧性水平。纵观 H 市的社区风险治理进程，充足的资源下沉、治理能力的培育，却未能带来社区韧性的显著提升。这种“应然预期—实然效果”的逻辑张力，也构成了本书探讨“社区韧性何以不可能”的抓手，以及“社区韧性何以重塑”的方向。在此基础上，本书致力于描绘城市社区于风险治理中所展现的多样困境与脆弱性，发掘导致此类窘境的深层次结构性张力，从而为社区韧性重构逻辑、提升路径的系统提出奠定基础。有鉴于此，本书主要针对重大公共危机事件中社区风险治理效果较弱、脆弱性较强的部分社区进行实地调查，并最终选定了四个田野调查地点。其中主要包括 B 区 N 街道内的 J 社区、D 社区、Y 社区、F 社区，此外对 B 区内城管局、N 街道办事处及相关职能部门进行了辅助性调研。以上述社区以及街道办事处等单位作为实地调研点，不仅符合探索社区韧性中内在逻辑张力的需求，而且能够以此作为重构社区韧性的现实抓手。

第一，J 社区。J 社区位于电子商务核心区块，成立于 2009 年，面积约

1.99 平方千米。区域内有四个住宅小区，常住人口 3 210 户，共计 9 321 人。社区内包含银行、学校、商贸中心、批发市场、集团企业，是一个集商住、行政、商贸、金融、电子商务于一体的新型城市社区。居委会现有社区成员 12 名，其中助理社会工作师 1 名、社会工作师 2 名，平均年龄 30 周岁，学历均为大专以上，是一支年轻化的社工队伍。社区办公用房建筑面积 1 000 余平方米，内设办事大厅、多功能活动室、老年活动室、电子图书阅览室、健身活动室、三优活动室、警务室等活动场所，是集居民办事、教育、健身、娱乐、培训于一体的多功能服务型社区。近年来，J 社区先后获得全国和谐社区建设示范社区、全国综合减灾示范社区、省文明社区、省示范村级便民中心等多项荣誉。

第二，D 社区。D 社区成立于 2009 年，总面积 2 平方千米，辖区内共计五个商品房小区。现有 3 121 户，常住人口 9 741 人。社区党支部现有在册党员 39 名，党小组 2 个，流动党员 58 名，在职报到党员 86 名。辖区内的五个小区周边有邻里中心、高校、中小学以及三个大型企事业单位，是一个集商住、行政、商贸、金融、电子商务于一体的新型城市社区。社区居委会现有成员 14 人，其中两委成员 7 人、专干 7 人。

第三，Y 社区。Y 社区成立于 1998 年，总面积 0.13 平方千米。辖区内包括两个小区，现有住宅楼 46 栋，居民 2 434 户，常住人口 5 892 人。社区居委会现有成员 12 人，其中社区两委成员 6 人、专干 6 人。社区内建有党总支委员会，直管党员 192 人；配备社区“一门式”服务站、党员群众服务中心、老年人活动室、图书阅览室等便民服务设施。

第四，F 社区。F 社区成立于 2011 年，总面积 4.2 平方千米。现有 3 312 户，常住人口 10 082 人。辖区内有六个小区，包括两个撤村建居小区、三个商品房小区以及一个单位制小区。社区居委会现有成员 13 人，包括两委成员 6 人、社区网格员 7 人。社区党支部在册党员 72 名，流动党员 62 名，在职报到党员 67 名。居委会设有党员活动室、阅读室、合唱室、舞蹈室等便民场所。

第六节 研究内容与框架

一、主要研究内容

本书围绕社区韧性概念探讨我国城市社区的风险治理能力，从社区资源配置结构、社区内部互动结构、社区外部联动结构三重路向出发，横向剖析社区韧性建构中存在的内在张力，并据此提出重塑城市社区韧性的理论逻辑与实践路径。本书的主要研究内容分为以下五个部分。

第一部分为绪论，即第一章。这一章主要是对本书的选题缘起与研究意义、核心概念、文献综述与理论基础、研究方法与研究框架以及研究路径予以系统梳理。其中文献综述与理论基础构成了后续研究的关键根基。在文献综述方面，通过对社区治理、社会风险、社区韧性等论域中既有成果的细致爬梳，归纳、整合出学界在社区韧性研究中的当前推进程度与诸多未尽之处，为理解社区韧性的价值逻辑、系统提出社区韧性框架夯实基础。在理论基础方面，本书主要依托于风险社会理论、韧性理论与结构功能理论三种理论传统：其中风险社会理论既是建构社区韧性框架时所不能忽视的宏观背景，也是观测并提升社区韧性水平的贯穿性线索；韧性理论是建构社区韧性框架时的综合性视角，决定着本书各章结构的组成与各章节的功用；结构功能理论则是在厘清社区韧性系统各个组成部分的内部运作模式，以及各部分之间关联与作用时的统领性思维。

第二部分为社区韧性分析框架的提出，即第二章。这一部分，主要是论述我国城市社区风险及其治理逻辑转向，并且基于此提出韧性视角下社区风险治理的分析框架。首先，在社区风险特征上，传统的内部、外部风险论与常态、非常态风险论难以对近年来复杂性、不确定性较强的风险事件予以恰当解析，故而需要引入“复合性风险”这一更具解释力的概念，为社区韧性的分析作铺垫；其次，在社区风险治理逻辑脉络上，对自中华人民共和国成立以来的社区风险治理模式、思维予以系统整理，从而为社区韧性这一社区风险治理逻辑的转向作出合理性与契合性层面的论证；最后，在社区韧性框架的建构上，一方面基于既有诸多不尽相同的社区韧性模型提炼出社区韧性的一般性特征，另一方面将风险社会理论、韧性理论、结构功能理论的核心思维注入其中，从而系统提出观测我国城市社区韧性水平的分析框架。社区韧性系统内部结构主要可以分为基础要素系统、内生互动系统、外部联动系统三个子系统部分，理想的社区韧性状态便得益于三者的各自稳定与默契协作。本书在建构出城市社区韧性测量框架的基础上，以各个子系统及其细分的指标作为访谈提纲，从实证调查中测量城市社区韧性的实践水平，厘清部分社区韧性效果强健的因素，以及韧性能力匮乏的结构性张力。

第三部分为社区风险治理中的三维度结构张力，即第三章至第五章。这一部分内容主要呈现为，社区风险治理在资源冗余、内部互动、外部联动中所蕴含的内在结构性张力，以及社区韧性的匮乏。一是社区基础资源要素部分的结构张力。社区自身静态的资源禀赋，充当着抵御风险冲击的首要关口。然而随着我国城市社区行政化程度的不断加深，社区在物质资源、人员结构、制度保障、治理能力等维度上的基础资源建设，愈发呈现出“日常行政需求—风险治理需求”的逻辑对抗，以致社区风险治理的潜能未被较好地发掘。二是社区内部风险治理中主体间的结构性张力。在社区公共服务有效、充足下沉的背景下，包办式服务风格带来的避责式互动思维，同样可能深刻地限制社区风险共治格局、社区韧性效能的呈现。首先，社区居委会是基层群众性自治组织，它在党和政府的领导下，发挥着服务居民、推动社区发展的重要作用，然而其在承担大量日常行政与风险治理任务的同时面临着能力不足、权小责大、情感倦怠等治理困境，从而难以有效应对风险。随着风险在权能有限的居委会这一层面的大量聚集，危机事件将可能再次回弹并朝向社区多元主体平衡分配。其次，居民主体作为社区风险治理的重要参与者，他们既直接感受到了现代社会原子化趋势所带来的焦虑感，又在长期由“保姆型政府”和“骆驼式干部”所形成的全方位服务体系中生活。因此，当风险事件发生时，部分居民可能会采取观望的态度，用难民心态替代共同治理的责任感，有时也可能通过非理性的舆论压力，促使社区管理者提供相应的服务。再次，物业作为提供社区服务的其他组织，由于仅需要依据商品交换的市场逻辑来提供社区服务，因而时常在本位主义思维的支配下承担有限的风险责任，并导致压力再次流向居委会。最后，业委会作为聚合居民诉求的载体，往往由于其专业性素养不足、组织结构松散，而难以在风险来临时提供积极、有效的应急服务；而唯有风险冲击影响社区基本生活时，才可能耦合为应激性的社区救援力量。三是社区外部治理主体间治理互动的结构性张力。除社区内部静态资源、动态互动结构之外，社区风险的有效治理有赖于地方治理体系的系统支撑。然而当前阶段，基层风险治理体系中“常态治理的碎片化”，往往导致由基层政府、社会组织、商业机构组成的“国家—社会—市场”的联动结构难以有效应对风险事件，时常在常态情境、非常态情境的切换下，呈现风险治理能力的不稳定性。在此基础上，以政治动员为主的“非常态治理”，虽然能够迅速将权力、人力等资源下放至社区以摆脱困境，暂时遮蔽多部门间的结构张力问题，然而当风险消散时，因运动式治理所隐藏的条块矛盾等治理碎片化困境将可能再次出现，并且造成社区风险治理压力的上升与治理效果的减弱。

第四部分为风险社会中社区韧性的重塑逻辑建构与实践路径，即第六章至第七章。这一部分致力于明确建构社区韧性的“理论逻辑—现实路径”间的差异。一方面，理论逻辑的重塑，分析的是社区韧性应当被重新归置为哪一种模式，以应对当前风险挑战。既有研究以社会资本视角、社会治理现代化视角，提出了诸多社区韧性建构框架，然而它们或是未能关注到社区内部互动机制的建构，或是仅聚焦于社区内生性力量的配置，而忽视了社区所依附的地方风险治理体系。因此，本书致力于针对当前社区风险治理中存在的结构性张力，从“基础配置韧性”“内生互动韧性”“外部支持韧性”三个方面深入探讨理论意义上“社区韧性何以可能”的问题，并阐释了风险社会中社区韧性所应当具备的资源禀赋、互动结构与外部支撑三大功能版块。另一方面，现实路径的规划致力于在韧性逻辑重塑的基础上，提出具备可操作性的韧性建设方法。该部分在遵循社区韧性之理论内涵，应对社区风险治理现实问题的基础上，回应现实意义上“社区韧性如何实现”的问题。该部分所提出的治理路径，并非机械地与韧性重塑逻辑形成一一对应，而是分别从物理环境、主体能力、组织结构、制度体系、文化心态五个领域出发，提升社区风险治理的内固性、能动性、公共性、系统性以及适应性能力，从而在综合性的视角下提炼出行之有效的社区韧性建设路径。

第五部分为结论，即第八章。这一章主要对全书主要章节和内容进行总结，指出当前阶段，社区韧性是理解、应对社区风险的恰适视角。基础资源配置偏差、内部主体避责博弈、外部组织联动张力这三个维度的结构性张力，是重大公共危机事件发生时诸多社区韧性不足的根源所在。在此基础上，应当以社区韧性的三维重塑，作为缓解内部张力、推进社区风险治理创新的核心逻辑，从物理环境、抗逆能力、应急制度、文化底蕴等层面，共时性地提升我国城市社区的韧性效果。除此之外，社区韧性的定量测量范式虽日渐风行，然而社区韧性概念的社会性意蕴仍有较大的探索空间，亟待社会学等领域的学者以历时性的田野调查、质性研究加以深耕，在稳固提升社区韧性能力的基础上，丰富社区韧性论域的理论厚度。

二、框架与思路

本书基于西方社会风险研究、社区韧性研究的理论基础，旨在以重大公共危机事件期间城市社区风险防控实践经验的案例分析，对其社区韧性难以稳定形成的内在机理、结构张力进行系统研究，为社区韧性的逻辑创新、现实建构提供依据，为社区风险治理的科学决策、基层社会秩序的有机维系提供参考建议。具体框架与思路如图 1－1 所示。

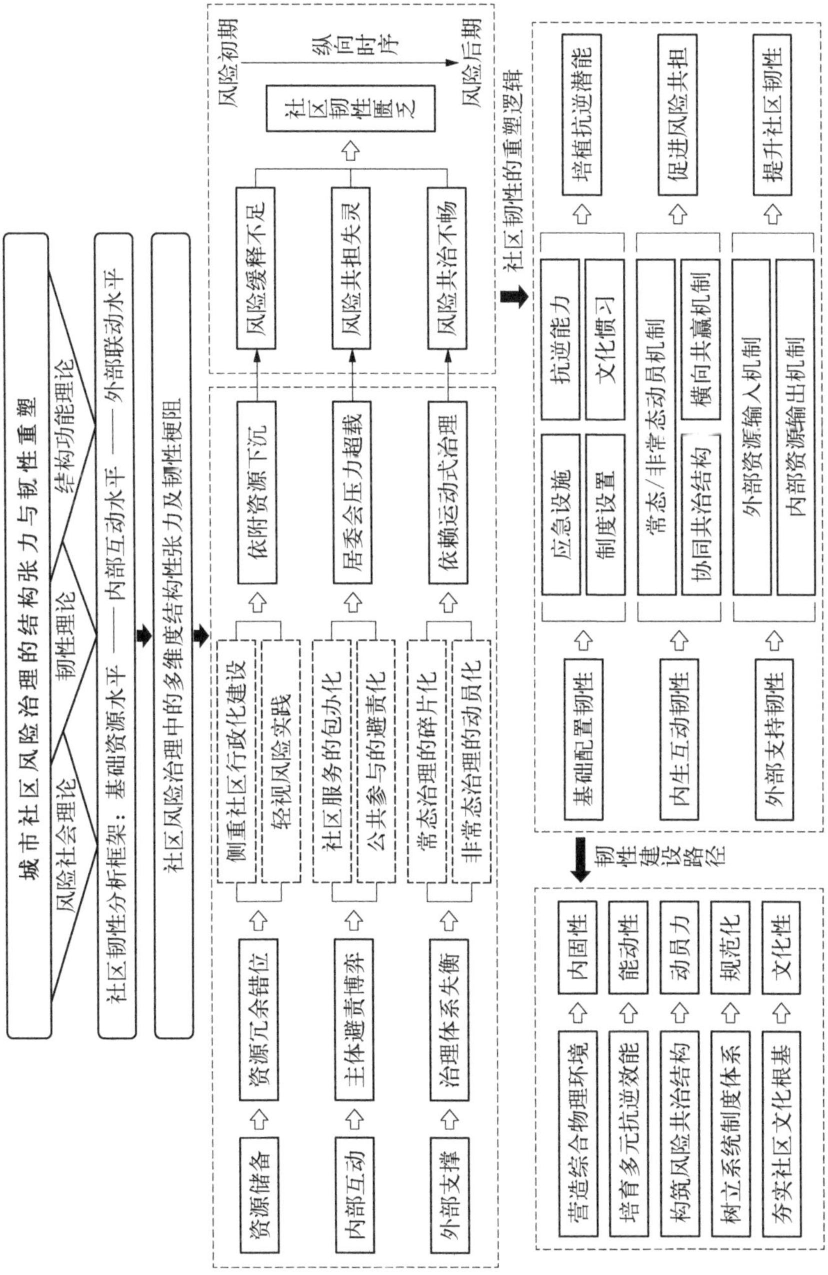
城市社区风险治理的结构张力与韧性重塑
风险社会理论
韧性理论
结构功能理论
社区韧性分析框架：基础资源水平——内部互动水平——外部联动水平
社区风险治理中的多维度结构性张力及韧性梗阻
资源储备
资源冗余错位
侧重社区行政化建设
轻视风险实践
依附资源下沉
风险缓释不足
内部互动
主体避责博弈
社区服务的包办化
公共参与的避责化
居委会压力超载
风险共担失灵
外部支撑
治理体系失衡
常态治理的碎片化
非常态治理的动员化
依赖运动式治理
风险共治不畅
社区韧性匮乏
风险初期
纵向时序
风险后期
社区韧性的重塑逻辑
基础配置韧性
应急设施
制度设置
抗逆能力
文化惯习
培植抗逆潜能
内生互动韧性
常态/非常态动员机制
协同共治结构
横向共赢机制
促进风险共担
外部支持韧性
外部资源输入机制
内部资源输出机制
提升社区韧性
韧性建设路径
营造综合物理环境
内固性
培育多元抗逆效能
能动性
构筑风险共治结构
动员力
树立系统制度体系
规范化
夯实社区文化根基
文化性

图 1－1 分析框架图

第二章　城市社区风险及其治理逻辑转向

在当今中国步入风险社会的背景下，城市发展面临着巨大挑战。社区作为城市结构的基础单元、社会治理的基层单位，成为承载社会风险、保障城市社会有序运行的第一道关口。因此，如何提升社区的抗风险能力、社区如何应对风险，便不再仅是对社区自身秩序安定的回应，更是对社会、城市乃至整个国家安全的积极反馈。

在此基础上，本书以社区韧性作为观测当前社区风险治理效果、提升社区抵抗风险能力的切入点。本章的研究逻辑呈现为三重维度：首先，厘清我国社区风险的类型与特征，并探讨当前复合性风险及其复杂属性，从而为建构风险治理策略提供基础；其次，对我国社区风险治理脉络进行梳理，发掘从风险管理到风险治理再到韧性治理各阶段的功能及局限性，在此基础上，凸显社区韧性治理的价值逻辑，厘清其与先前治理方式的主要差异，从而强调社区韧性治理在应对复合性风险时所具备的优势效用；最后，通过整合既有的社区韧性解释框架，归纳出社区韧性治理的一般性特征，建构出观测社区抗风险能力的社区韧性测量体系，从而为描绘社区风险治理的现实样态、分析既有困境以及提出改进方案提供系统性的视角。

第一节　城市社区的“复合性”风险及其特征

一、有关社区风险既定认识的局限性

在既有研究中对于社区风险的认识，往往以风险的社会影响程度、发生频次作为主要依据，并可以被大致归类为“常态性风险”与“非常态性风险”：所谓“常态性风险”，指的是时常发生的、不确定性、危害性较弱的风险，包括突发疾病、火灾、食物中毒、危房危楼等在内的问题皆可被视作“常态性风险”；而“非常态性风险”，则常常被用于指代特大爆炸案与核泄漏等技术事故、特大暴雨等极端天气等诸如此类的反常规性风险。

在这种认知、归类方式下，虽然上述两种风险在波及范围、影响深度、利益主体上存在诸多不同，但是它们往往具有以下几种同质性特征。第一，危害的可见性。常态、非常态性社区风险并不包括一些隐匿性较强的制度风险与技术风险，皆是能够在日常生活中为既有的风险治理主体、利益相关主体所认知，为风险防控手段所针对，为风险治理体系所关注的问题。第二，危害的共识性。常态、非常态性社区风险并不涵盖那些存在主观认知差异的道德、文化问题，由于社区风险时常造成社区居民生命安全、财产安全、健康安全的损失，故而一般被社会主体置入“紧急处置”的传统风险共识框架内。第三，危害的相对单一性。虽然常态、非常态性社区风险皆可能造成严重的社会损失与产生广泛的社会影响，但是归根结底，面对这种风险的治理往往主要依赖消防、医疗、建筑等专业知识，能够在现代技能、工具的防范下规避重大风险，因而其连锁性、传导性的次生性风险则较少被强调。

诚然，这种以“常态性风险”与“非常态性风险”认识社区风险的方式能够通过特征分析、类型划分来全面地、清晰地展示社区风险样态，然而值得

注意的是，这种对于风险的常规性理论认知，仍存在着一定的局限性。第一，忽视了社区风险类型的交互性。从现实经验上看，“常态性风险”与“非常态性风险”并非完全割裂、独立存在的，二者间也往往存在着粘连性，如洪涝、地震等巨大灾害的出现，同样可能引发火灾、断水断电等次生性风险。因此，这种风险分类方式无法对重大公共危机事件的复杂特征作出有效解释。第二，忽视了文化、制度等社区风险因素。社区风险虽然时常以造成居民、社区组织的直接损失为表征，然而社区风险背后隐藏的价值观冲突、治理策略失灵、联防联控体系运转阻塞等风险因素同样值得关注。如近年来重大公共危机事件中的制度冲突与文化矛盾等风险因素，时常构成社区风险治理中的棘手难题，但是这也时常为传统的社区风险划定方式所轻视。有鉴于此，“常态性风险”与“非常态性风险”这种传统的社区风险认知逻辑，缺乏将这种次生性、连锁性风险整合起来的系统性研究视角，以致无法有效地解释内在逻辑较为复杂的社区风险，继而造成相应的风险治理策略难以形成综合、有效的体系。

二、“复合性”：理解现代中国城市社区风险的新视角

“复合性”则是认识社会风险及社区风险的一个系统性思维。自20世纪80年代以来，人类社会业已步入充斥高度复杂性与不确定性的“全球风险社会”[①]时代。随着现代城市工业化程度不断提高、社会分工愈发细致、利益关系愈益错综复杂，社会发展规律的不确定性、不可预测性持续增强，人类社会所面临的风险、危机事件层出不穷。在此宏观背景下，我国城市及其社区所面临风险事件的“复合性”特征更为突出，这不但体现在风险成因与演化机制上，更体现为风险引致的社会后果愈发深远且广泛。如近年来频繁出现的重大公共卫生事件、核污染事件，皆是典型的复合性风险，既在宏观层面上对各国家、地区社会结构中的社会稳定、经济发展造成巨大冲击，也在

① 范如国.“全球风险社会”治理：复杂性范式与中国参与[J].中国社会科学，2017(2)：65－83，206.

微观意义上直接地对日常生活层面中的居民健康、工作、生活造成了重大威胁。

在此背景下，近年来“复合性”视角由于其丰富的解释力而得到诸多学科学者的广泛青睐，成为观察社会风险的重要视角。“复合性风险”的相关研究主要分为以下两种路向。一是特征论，即将“复合性”作为多样风险特征的整合。如有学者以社会结构转型为背景，通过对城市社会变迁中呈现的多重风险领域、多样风险形态进行实证调查而提出“复合性风险”。它指的是一种“历时态的风险共时态地交叉存在，又指各种领域的、各种形态的风险之间依据某些特征而呈现出相互纠结的动态聚合性特征”[①]。二是结果论，指的是将“复合性”归因为风险造成严重后果的主要因素。如有学者立足于城市灾害研究领域，在对飓风、疫情、山火等灾害的分析中强调了灾害风险的高度复杂性，并提出“复合性”风险，用于指代那些较之火灾等单一性风险来讲影响更为复杂严重的多重连续性灾害事件。[②]

回到社区风险论域中，本书认为“复合性”视角同样对于整合社区风险、形成系统综合性社区风险认知、提供系统性风险治理思维具有重要意义。这是因为，无论是在特征论抑或结果论的意义上，近年来社区风险的复杂性、连锁性、不确定性因素不同程度地反映着诸多风险因素之间的交织与勾连，深刻地流露出了“复合性”的意蕴。因此，在研究社区风险时所引入的“复合性”概念，并不是一种涵盖多重社区风险的简单集合，而是一种重新审视城市社区风险、供给系统性认知逻辑的关键视角。

三、我国城市社区“复合性风险”的特征

当前发展阶段，我国城市社区中“复合性风险”的特征，主要表现为以下几个维度。

---

① 刘岩，赵延东. 转型社会下的多重复合性风险：三城市公众风险感知状况的调查分析[J]. 社会，2011，31(4)：175－194.

② KAWATA Y. Downfall of Tokyo due to devastating compound disaster[J]. Journal of Disaster Research, 2011, 6(2): 176－184.

第一，风险的不确定性。风险的不确定性意味着“复合性风险”的组成因素具备大量的不可认知性。与普通火灾、偷盗、电梯故障等单一式传统社区风险不同，“复合性风险”往往牵涉到物理因素、社会因素等变量。因此在演变过程中，“复合性风险”往往存在着大量的随意性与偶然性，既有专业风险治理知识无法对其进行有效认识与后果判定，以至于人们往往采取“摸着石头过河”的谨慎态度予以层层推进式治理。即便如此，也可能存在暂时的风险治理失灵。如 2021 年“郑州特大暴雨”等自然灾害及其严重性社会后果的发生，不但与极端天气有主要关联，更是牵涉城市应急体系、社区防涝设施、社区应急举措、居民自救常识等多元要素。但是城市风险治理部门与社区组织囿于对暴雨知识认识的有限性，而难以针对充斥不确定性的极端天气作出准确判断。由于风险波及程度、严重后果尚不可知，相关的风险治理实践往往既依赖着现有应急政策与制度、法律条例与规范而展开，又不得不审时度势地依据风险演进态势而细致部署策略。其间同时可能伴随着决策失误等意外性后果，加剧了风险自身不确定因素的产生，也提升了社区风险治理的难度。

第二，风险的模糊性。风险的模糊性指的是涉及“复合性风险”的不同利益主体对于风险认知存在分歧。传统风险的可见性往往较强，大众与专业人员存在一致的治理共识，化解风险的逻辑便是依照法律条例、技术手段开展工作。然而“复合性风险”则由于其隐匿性较强而可能被居民所忽视，以至于“大众—专家”间可能存在“事件是否该被界定为风险”的风险界定争议，甚至引发纠纷与冲突。随着近年来大众权利意识、风险感知能力的提升，对于风险的分歧性认知愈发频繁地出现，成为威胁城市健康发展与有序运行的重要难题。其中，多元价值观、个体偏好、民风民俗、权利利益等日常元素可能构成影响主体进行风险判定的重要因由。如 2017 年“北京大兴火灾”事件的发生，与居住密集、居民防灾意识薄弱、监管不到位、应急失灵等因素息息相关，随后的整治行动便是对高密度居住区予以整改，对违规经营者进行查处。这一某些主体眼中的常规治理，则可能被部分权益受损的利益相关者视作“小题大做”，引发广泛的社会争议。因而面向“复合性风险”的治理实践，不但需要以行政手段介入，也离不开安全意识宣讲、情感关怀等充满人文关怀的柔性策略，否则可能在治理实践中引发负面的外部性后果。

第三，风险的复杂性。风险的复杂性指的是“复合性风险”往往牵涉广泛的利益关系网络，需要多元主体予以联合应对。与传统风险治理思维中依赖行政部门、专业人员处置风险的情况不同，“复合性风险”往往是多重要素叠加、耦合的结果，即多元主体或部门相互关联、作用下的结果。因此对于“复合性风险”的认知、处理可能需要专家系统、城市应急管理部门、社区组织、社区居民等主体的联合行动。如 2015 年“天津滨海爆炸案”等复杂化工事故发生后，相应的风险治理不但有赖于医疗、消防、城管、公安等应急力量的广泛注入，也有赖于社区组织与社区居民的风险感知能力、自救与互助能力，更离不开技术专家对于风险规模、走势的判定，以及协助决策者对治理策略的制定。此外，社区避难所、救灾物资等基础设施，法律规范、社区公约等社区应急制度，同样是社区面对复杂性风险时的有效保障。

第四，风险的突发性。风险的突发性并不意味着所有风险皆是毫无征兆地发生，而是意味着骤然而至的、演变规律异常的风险在不断增多。虽然火灾等传统意义上的风险同样具有突发性，但其发生规律已为大众所认知。因此，通常情况下，通过有效的家庭防控措施和专业消防的迅速介入，这些风险是可以得到控制的。然而“复合性风险”则由于其未知性因素较多，而在源头、爆发、扩散等过程中无法被迅速防控。如近年来 H1N1 等公共卫生事件的传染源头、途径以及波及群体难以被迅速认知，以致病毒往往好似“毫无征兆”地出现并迅速扩散至诸多群体，引发严重的社会后果。

第五，风险的次生性。风险的次生性意味着“复合性风险”造成的社会损失存在着再生产的可能，它主要表现为两种类型。一方面，风险自身因素导致的再生产。不同于传统时期风险影响范围的相对有限性，风险社会中如特大疫情、化工事故等公共危机的发生，往往会波及社会生活与生产等多个领域。这种“复合性风险”不但可能对局部区域的经济运行、社会治安造成冲击，甚至将对周边地域的社区、学校、工业园、企业等组织产生威胁。另一方面，来自多元主体的社会再生产。囿于不同阶层、职业造成的个体资源禀赋差异，社会成员抵御风险的水平时常呈现出较大的不均衡性。其中社会底层与相对弱势群体识别并应对风险的能力相对较弱，从而可能在承受个体、群体损失后陷入恐慌，以及向社会、精英阶层释放怨怼情绪，甚至导致局部区域的社会失序，阻碍社会风险治理的有序进行。

第二节　社区风险治理的治理逻辑转向

为应对不同时期威胁社会秩序稳定的风险因素，我国社区风险治理的历史脉络呈现出“社会管理—应急管理—韧性治理”的发展逻辑。在近年来“复合性风险”事件频发的现实背景下，社区韧性思维愈发凸显了其有效应对风险冲击的优势效用。

一、从社会管理、应急管理到韧性治理：城市社区风险治理的历史沿革

纵观我国社区风险治理的历史实践，其发展过程主要呈现为从社会管理、应急管理到韧性治理的逻辑流变。

首先，从中华人民共和国成立初期至改革开放前的社区风险治理，主要依赖于高度统一的社会管理模式。中华人民共和国成立后，我国社会面临的首要挑战是政权的不稳定性，因而亟须将“一盘散沙”式的人民群众动员、组织起来以恢复并稳固社会秩序。我国在借用战时军事组织管理模式的基础上，对于城市与乡村分别采取“单位制”与“人民公社”的社会管理体制，当时的社会结构与集体组织形式也因此呈现为一种权力高度集中的管理模式。在这一社会管理体制下，对于突发事件等社会风险的防范权责主要由

党和国家予以宏观掌控，社会风险治理体现出了较强的政治性意涵。[①] 此时的理论研究与官方资料中尚未体现出风险治理、应急管理等系统性的概念，防范、应对灾害是该时期的主要表述逻辑，如国家维度的抗震救灾指挥部、防汛抗旱总指挥部以及国家森林防火指挥部等三大临时指挥部，是负责全国范围内防灾减灾工作的主要部门。在这一时期的防灾减灾等风险治理实践中，街道办事处、社区等基层社会组织的权责划定相对模糊，内生动力较为匮乏，因而难以产生较为理想的治理效能。

其次，改革开放至“非典”时期的“一案三制”模式，曾成为社区风险治理的主要依托。随着改革开放帷幕的拉开，我国城镇化、工业化水平在经济体制改革的推进下迅猛提升，政府与企业、社会的联结逐步分离，政府还权于社会。此时的风险治理责任逐步呈下沉趋势，社会力量得以与政府组织一同处置突发公共事件。尤其是在 2003 年“非典”事件对我国公共卫生体系产生巨大冲击后，我国开始建设以应急预案、应急体制、应急机制与应急法制为中心的“一案三制”式应急管理体系，从而对自然灾害、公共安全等领域的突发公共事件予以统一管制。“一案三制”时代的风险治理主旋律，便是一种高度统一的、强调事后负责制与属地责任下沉的“综合化管理”模式。2007 年全国人大通过的《中华人民共和国突发事件应对法》规定，各级地方政府依据“属地管理”原则对多级别突发公共事件进行处置与救援，而国务院则仅负责对特别重大公共事件进行应急响应。诚然，“一案三制”时期的应急管理体系、风险治理逻辑较之改革开放前的社会管理模式已有较大突破，并在“汶川地震”等自然灾害救援、防治中呈优势效能；然而在基层维度的社区风险治理中，“一案三制”并未有效地对街道、社区内生性风险治理能力进行培育，社区仍处于风险治理中的边缘地位。

最后，在治理重心下移的背景下，韧性治理成为社区风险治理的优势逻辑。近年来，随着我国步入高风险社会，社会复杂性、不确定性水平不断提

---

① 文宏，陈路雪，李玉玲. 新中国成立 70 年来防范化解重大稳定风险的发展脉络与演化逻辑：基于 1949—2019 年政策文本的内容分析[J]. 行政论坛，2019，26(5)：22－30.

高,“灰天鹅”“黑犀牛”式的极端天气、治安事件、化工事故等突发公共事件,愈发频繁地威胁着城市社会的稳定与健康发展。作为社会治理基础单元的社区,其应对社会风险的基础平台的关键作用愈发显现且得到持续强调。党的十八大以来,基层社会治理得到了党和国家的高度重视,提出“要推动社会治理重心向基层下移,把更多的资源、服务、管理放到社区”。此后,社区风险治理逻辑同样顺应“社会治理重心下移”的时代浪潮而发生巨大转变。从政策实践上看,《中共中央 国务院关于推进防灾减灾救灾体制机制改革的意见》《中共中央 国务院关于推进安全生产领域改革发展的意见》等文件致力于形成不同于传统“垂直型”应急思维的“扁平式”应急指挥体系。这一转变的有效性也在近年来重大公共危机事件等风险考验中得到印证,如政府以及企事业单位中的党政干部广泛地下沉到社区,以卡口排摸、轮番值守、楼道消杀等形式积极参与社区风险防控。诸如此类的一系列社区风险防控实践,无不强调着一种增强社区主体性、提高社区组织风险治理效能、提升社区自我调适能力的韧性思维。较之社会管理、应急管理在“集中管理模式”下对于风险的处置与管控,韧性治理强调了对于社区内部潜能、联结网络的激活,从而促进社区在“复合性风险”的冲击下仍然能够保持动态的功能调整、结构调适。

纵观我国自中华人民共和国成立以来的风险治理逻辑,对于灾害、突发事件等社会风险的有效治理,始终离不开“国家—社会”双向互动与融合的有机联动。这是因为风险治理有效性的保证不但依赖于顶层设计的优化与革新,同样需要放权于社区等基层社会组织、培植基层治理力量,以形成良性的风险治理秩序。否则将可能在单向度国家力量的主导下挤压、侵占社区风险治理能力的发育空间与实践空间。尤其是在近年来牵涉复杂要素的“复合性风险”频繁激扰社会、社区良性运行秩序的背景下,自上而下的“垂直型”应急治理、风险治理思维更是无法充分应对不确定性情境,也难以满足多元主体的社会需求,从而可能造成社会与社区的风险治理失灵、政府公信力的持续消耗,进而引致系统性的社会稳定风险。

二、社区韧性：城市社区风险治理的新向度

在近年来政策的落实下，基层街道、社区组织在风险治理实践中提升了一定的主体性地位、获得了风险治理的参与权，呈现出了积极的社区风险治理转型趋势。然而不容忽视的是，既有的社区风险研究与实践，仍存在以下两个方面的局限性。一方面，传统被动式风险治理思维的局限性。在风险社会的大背景下，多领域、高频次的“黑天鹅”“灰犀牛”等突发事件给社会发展和人们赖以生存的基础环境带来了极大的风险挑战。在这一境遇下，传统的“应急”思维由于其着重强调紧急动员、事后处理而呈现出一种被动处置的思维，以至于在面临具有易变性、不确定性、复杂性和模糊性[①]等特征的突发事件中不具备前瞻性的防控、预判优势，从而造成风险规模的急剧扩张与演变形式的滞后性把控。另一方面，风险治理中社区的主体性匮乏。在当前应急治理、风险治理的研究与政策中，社区仍旧是风险治理结构中功能较为单一的基础单元，社区自身的组织力量、制度作用、居民集体行动效果等巨大潜能并未得到较好的发掘。居于社会治理现代化体系、社会风险治理体系中从属地位的社区，仍有待提升其主体性地位，从而为风险治理实践作出积极反馈。

鉴于此，亟须一种凸显整体性、连贯性的理论框架，来革新社区风险治理的思维理念，指导社区风险治理的具体实践。而“社区韧性”这一近年来于公共管理、应急治理领域兴起的理念，便构成了恰适选项。韧性思维较早地出现于19世纪的物理学领域中，并于20世纪90年代起在欧美学界中衍生出了社区韧性概念。我国社区韧性研究的引入与推进，一方面得益于对西方学界理论逻辑的借鉴与沿袭，另一方面依托于宏观政策上社会治理的重心向社区下移。尤其是在“十四五”规划将“韧性城市”纳入国家战略之后，有关城市韧性、社会韧性、社区韧性的探讨众说纷纭。诸多学者立足于

---

① BARTSCHT. Why systems must explore the unknown to survive in VUCA environments[J]. Kybernetes，2015，44(2)：253－270.

社会治理现代化、城市公共安全、风险治理等领域，对基层治理中的社区韧性予以密切关注。较之过往的社会风险治理、社区风险治理模式，社区韧性这一创新性思维在吸收既定风险治理优势经验的基础上，更多强调了传统风险治理逻辑所忽视的社区自身的能动性，将社区视作提升社会风险治理效能、夯实社会韧性的基础单位。社区韧性的独特属性与优势效应，主要表现在以下几个方面。

第一，社区内固性。所谓社区内固性，即社区在面临风险冲击时能够运用自身资源禀赋，有效地抵御、降低社区主体的社会损失的特性。从韧性理论来看，内固性即系统依据自身材料性质以克服外力干扰、保证自我结构的完整性。同样地，为了增强社区在重大突发事件等风险情境下的基础抗逆效用，从而为地方政府、社会组织等外部支援力量争取救援时间，社区自身承载风险的能力便显得尤为重要。正如近年来重大公共危机事件发生时，相较于“老、破、小”式的传统商品房社区或撤村建居社区，高档商品房社区由于其自身安保水平较高、居民风险防范意识较强、资源供给水平较顺畅，较少地因灾害风险而影响到业主的生命安全与心理健康。

第二，社区冗余性。所谓社区冗余性，即社区治理结构中存在的一些能够在非常态情境中，被紧急调动、运用于风险应对中的常态结构。韧性理论认为，为了更好地应对外在压力，系统应在设计结构时增加多余或重复的部分。这意味着社区要想在遭受风险冲击时的非常态情境中获得较好的抗逆能力，便需要在常态时储备一些日常被闲置，但应急时能够被迅速调用、降低社区社会损失的冗余性设计。当重大公共危机事件发生时，一些同为现代城市商品房的小区，由于在社区公共空间、志愿者储备、社区兴趣小组等因素上存在差异，从而在风险防治水平上呈现较大的不同。虽然如舞蹈队等社区组织在日常社区治理中发挥的作用较为有限，但却可能在风险来临时成为迅速集结的支援力量。

第三，社区敏捷性。社区敏捷性，指的是社区治理体系能够在风险冲击下迅速作出积极反应并发挥缓冲效用，有效消减社区主体经受的社会损失的特性。在面对当前不确定性、复杂性因素剧增的“复合性风险”时，对于社区敏捷性的要求贯穿于社区风险治理的全过程：首先，风险来临前，居委会、居民等社区主体需要对外界风险进行迅速感知，并进行相应的资源储备；其次，风险发生时，社区治理体系应当针对变化的形势快速作出决策、动员社区多元力量，为外部支援力量的输入争取时间；最后，恢复阶段时，街道、居委会等基层治理组织应领导居民与社会力量实现快速的灾后重建。在社区敏捷性层面，传统科层制与西方话语体系中的多中心治理存在较大差异。前者往往能够在风险信息及时、形势相对明朗的条件下作出理性治理选择，却也时常在风险初期信息迟滞、形势模糊时捉襟见肘；后者则可能在扁平化治理中充分发挥多元核心的联动作用。

第四，社区能动性。社区能动性指的是社区具有较强的自组织能力以主动应对风险，而非仅仅被动地依附、服从于外部指令与支持的特性。社区能动性主要体现在以下两个维度上：一方面，社区领导者具有动员社区组织、居民的领导力，避免在上传下达的指令时间差中造成风险扩大；另一方面，社区居民自身具备较强的风险意识与自救能力，居民能够在社区号召前便主动加入社区志愿团队，在轮番巡逻、值守等风险治理中用居民力量保护居民自身。

第三节　城市社区韧性的分析框架

本书致力于以韧性视角观测我国社区在风险事件中的风险治理实践水平，从而分析部分区域中社区韧性能力有限的内在根源。在此基础上，亟须建构一个综合性、系统性的社区韧性分析框架，从而对我国城市社区的风险治理困境进行有效解析与阐释。建构社区韧性的测量体系，既有赖于对既有社区韧性组成部分、指标的整合，又需要结合风险事件中的经验现实进行建构。

一、既有的社区韧性解释框架及观测指标

随着近年来社区韧性研究的逐步深入，诸多学者立足于公共安全、社会治理现代化、风险治理等不同领域，提出了不尽相同的社区韧性解释框架。归纳起来，具备较强解释力的框架主要呈现为以下几种类型。

第一，科恩等人的 CCRAM（The Conjoint Community Resiliency Assessment Measure）模型[①]。这一模型主要包括领导能力、集体效能、事前准备、社区依赖、社会信任五个部分：领导能力包括对决策者的一般信心、对地方领导人的具体信心、对地方当局提供服务方式的公平性的感知，以及社区的功能；集体效能包括集体行动力、集体支持、社区参与、社区互助；事前准备包括家庭应急能力、社区应急治理能力、外部机构的应急支持；社区依赖包括社区情感依赖、社区归属感、社区认同；社区信任包括社区成员间信任、社区成员间关系质量。

第二，诺里斯等人的四维模型[②]，主要包括经济发展、信息沟通、社区能力、社会资本四个部分：经济发展包括风险的公平性与灾难的脆弱性、经济资源水平与多样性、资源分布的均等性；信息沟通包括叙事信息、媒体反应、信息技术与基础设施及可信任的信息来源；社区能力包括社区行动、社区批判性反思与问题解决技能、社区灵活性与创造性、集体行动力赋权以及政治参与；社会资本则包括已获得的社会支持、预期的社会支持、社会嵌入性（非正式关系）、社会组织联结与合作、大众参与的领导力与角色（正式关系）、社区感受与地方归属感。

第三，布鲁诺等人的 4R（Rapidity，Redundancy，Resourcefulness，

① LEYKIN D，LAHAD M，COHEN O. Conjoint community resiliency assessment measure-28/10 items（CCRAM28 and CCRAM10）：a self-report tool for assessing community resilience[J]. American Journal of community psychology，2013，52(3)：313－323.

② FRAN H N，SUSAN P S，BETTY P，et al. Community resilience as a metaphor，theory，set of capacities，and strategy for disaster readiness[J]. American Journal of Community Psychology，2008，41(1－2)：127－150.

Robustness)模型[①]。这一模型主要包括社区快速性、社区冗余性、资源多样性以及鲁棒性。其社区韧性框架并非从具象的社区资本、能力等方面入手，以建构多维的社区韧性测量框架；而是强调将韧性按照内涵、特征进行拆解，并细分为快速性、冗余性、资源多样性、鲁棒性等维度。其中快速性主要包括社区应急速度、处置效率，冗余性即基础设施、制度的建设情况，资源多样性涵盖物资、人力等社区基础禀赋，鲁棒性则是社区在风险冲击下以自我调适、适应来保持稳健的能力。

第四，吴晓林的韧性社区框架[②]。他将社区资源要素、社区内部增强机制、社区外部联动机制作为社区韧性的组成部分：社区资源要素指的是变革机会与能力培育，主要包括物理因素、人类因素、社会因素；社区内部增强机制包括社区各部分间联动机制、社区自治良性循环体系、社区多元主体共赢平台；社区外部联动机制包括构建城市整合机制、畅通的输入机制，以及良性的输出机制。

二、城市社区韧性的三维分析框架

纵观既有的社区韧性解释框架，诺里斯的韧性测量体系相对较为成熟，能够在数据指标的反映中较为清晰地呈现社区韧性水平，故而也广泛地被国内外学者运用于当前灾害风险研究中。然而，若直接将此类框架移植于我国社区韧性研究，仍存在两个维度的隐患：一方面，以统计数据观测社区韧性能力的方法，或许难以在基于访谈法获取经验材料的实证研究中呈现较好的信度与效度；另一方面，西方社区与我国社区的本质差异，可能造成社区韧性考量要素的定位偏差，造成社区韧性水平的认知误识。相较之下，吴晓林以“社区资源要素—社区内部增强机制—社区外部联动机制”形成的三维解释框架更具创见性。除了由社区内部资源、主体所提供的韧性外，外

① MICHEL B, STEPHANIE E C, RONALD T E. A framework to quantitatively assess and enhance the seismic resilience of communities[J]. Earthquake Spectra, 2003, 19(4): 733 - 752.

② 吴晓林，谢伊云. 基于城市公共安全的韧性社区研究[J]. 天津社会科学，2018(3): 87 - 92.

部联动机制等社区外部的资源供给、力量支持，同样是社区韧性的重要组成部分。因而对于社区外部支持力量的观测与分析，能够为我国城市社区韧性研究提供一种创新性的优势视角。

但是不容忽视的是，这一社区韧性分析框架，过往主要应用于城市公共安全、公共管理领域，以至于对于群体、居民、互动等社会学意蕴的彰显程度较为有限。当我们立足于结构功能主义、风险社会理论的视角时，便需要强调结构性作用在社区风险治理中所起到的效果。社会学视角下，社区内的各个子系统，实则发挥着不同的特定功能，从而构成了一个稳定、持久的结构。[①] 因此社区风险治理需要以社区结构作为基础场域，从而在社区资源结构、主体结构等部分的相互调节与适应中，形成稳定、均衡、动态的社区风险治理结构。因此，本书在参考国内外学界有关社区韧性构成要素、测量体系既有观点的基础上，认为观测社区韧性的分析框架应当涵盖"社区基础资源水平""社区内部协作水平""社区外部支持水平"三方面的因素及其相应指标。

首先，社区基础资源水平，指的是当风险事件发生时社区依靠自身资源禀赋来降低社会损失的效果。社区基础资源的丰富与否，决定着社区能否在风险发生初期对风险进行有效缓冲，如社区物质资源、人力资源、制度资源以及能力资源，皆可被视为社区所具备的基础性资源。其次，社区内部协作水平，即风险事件出现后社区内部多元主体通过彼此互动或集体行动来对抗风险的效果。社区内部协作能力的强弱，意味着社区内主体是否能够在默契互动中分担风险造成的损失，如社区居委会、物业公司、居民等主体的集体行动能力与风险共治效果皆映射出了社区内部的协作水平。最后，社区外部支持水平，指的是风险事件出现后除社区主体的风险自救外，社区所依附的外部治理体系为社区所提供的资源救助的效果。社区外部支持力度的高低，决定了社区能否在自身能力有限时得以在外部资源输入的情况

① 李静. 城市社区网络治理结构的构建：结构功能主义的视角[J]. 东北大学学报（社会科学版），2016,18(6)：605－609.

下有效抵御风险，如地方政府及职能部门、社会组织、市场组织等多元力量的支持效果，皆是考察这一能力的细致指标（见图 2-1）。

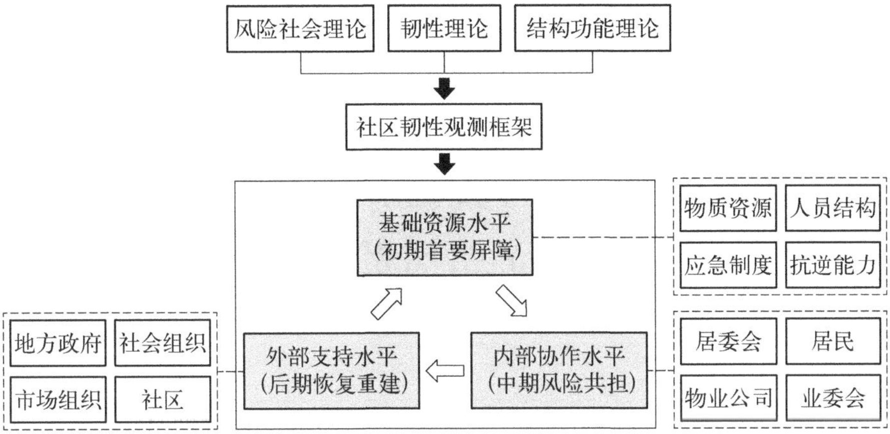

图 2-1　城市社区韧性的分析框架

这一解释框架的科学性与合理性，在横向维度与纵向维度上皆有一定的体现。从横向上看，“基础资源—内部协作—外部支持”的社区韧性分析框架，与社区韧性论域中所主张的多元组成结构相对应。如社区基础资源与社区物资、人力、财力、社会资本等静态资源相契合，社区内部协作与集体效能、应急处置等动态治理相对应，社区外部支持与社会支持、多元组织联结及合作相契合。除此之外，这一三维分析框架与社区韧性的内在特质相吻合。正如丰富、稳固的社区基础资源，便象征着社区冗余性、内固性的强健，社区内部协作便是能动性的恰适体现，而社区外部支持则意味着对治理敏捷性的考验。从纵向上看，“基础资源—内部协作—外部支持”的分析框架，同样与纵向演进的时间顺序相对应。其中社区基础资源便是风险发生初期有效抵抗外部冲击的关键环节。社区内部协作则对应着风险发生中期，以多元主体合力消解风险的阶段。社区外部支持，则是强调社区基础禀赋、内部合作难以满足风险治理需求时，外在于社区的治理体系的援助效果。

第三章　社区资源的行政化冗余错位与风险缓释不足

本书以“基础资源水平—内部协作水平—外部支持水平”作为探讨社区韧性能力的分析框架。其中，强大的基础资源能力，是社区抵御风险、降低社区社会损失的第一道关口。社区基础资源水平的高低，意味着风险事件初期，社区能否依靠自身物资、人力、制度等资源禀赋，有效应对外部冲击。

近年来，随着风险事件的频繁涌现与相应治理制度的持续革新，社区基础设施、社区应急演习及社区应急预警体系得到关注。在此期间，部分社区的风险治理能力得以提升，并在疫情等风险事件发生时发挥强大的风险缓释作用，为后续的自救与外部救援打下坚实的基础。然而不容忽视的是，一些社区虽然积极地在资源储备、能力培训、制度准备、心态培植等方面做出了努力，却仍然在风险冲击下陷入失去能动性的抗逆能力、被动等待救援的尴尬境地。究其原因，在于当前社区资源的分配结构，由于行政化、科层化因素影响，而存在“重日常治理—轻风险应对”的结构性张力。作为其结果，风险事件发生时，物质资源、人员结构、制度机制、治理能力等维度的资源调用呈现出一定的局限性，限制了社区风险缓释效能的发挥与韧性能力的显现（见图 3－1）。

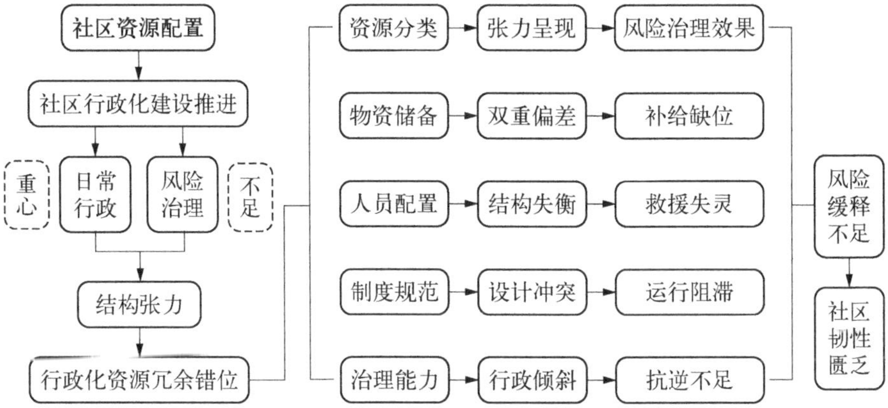

图 3－1　社区资源配置中的结构张力

第一节　社区治理的行政化演绎与资源配置的错位性结构

近年来，在社会治理重心下移趋势下，社区行政化问题愈发显著，并且深刻形塑着社区日常治理及风险治理的实践样态。同样地，在分析城市社区资源配置结构时，需要以社区行政化趋向作为客观背景。在当前发展阶段，基于社区行政化，甚至是过度行政化背景而建立的社区资源结构，主要致力于满足科层结构下的日常治理需求，侧重于应对一般性风险事件。当突发公共卫生事件等“复合性风险”发生时，既有社区资源难以有效满足风险治理需求，抑制了社区所应具备的风险缓释效应。

一、我国社区治理行政化的历史实践

所谓社区行政化，即社区被置入国家行政体系的过程。我国当前的社

区行政化倾向，与我国社会结构转型、社会治理重心下移的趋势密切相关。随着1984年城市经济体制改革的开启与传统单位制度的逐步瓦解，国家、市场、社会日渐分离，原本由国家与单位承载的社会事务重新分解并流入社会，“单位人”开始向“社会人”转变。社区作为社会力量的代表性角色，开始尝试着承接社会职能，成为“后单位制”时代国民生活的主要归宿。这一时期的社区建设工作，便是顺应社会结构变迁而进行，从而利用社区资源促进政治、文化、环境、经济的协调发展。

社区由此逐步承担起“政府—群众”间的桥梁或中介角色，甚至不断担负起政府及职能部门的行政任务，这在社会服务下沉的历史实践中有着清晰的呈现。1987年，时任民政部部长崔乃夫曾于大连社区服务工作座谈会上强调，社区服务是“在政府的倡导下，发动社区成员开展互助性的社会服务活动，就地解决本社区的社会问题”。1989年通过的《中华人民共和国城市居民委员会组织法》同样指出，“居民委员会应当开展便民利民的社区服务活动”，社区便顺理成章地承担起了社区服务。与此同时，在部分发达区域中，“市—区—街道—居委”多层次间自上而下的福利服务网络陆续出现[①]，社区所提供的服务范畴自此开始逐步拓宽。如2006年《国务院关于加强和改进社区服务工作的意见》中提出，社区就业、社会保障、社区救助、社区卫生和计划生育等事项，皆被界定为社区所应覆盖的服务内容。

在这一社会服务下沉的宏观背景下，社区开始被各级政府部门视为交付、承办任务的载体，即配合行政单位的基层主体，这也拉开了社区行政化的序幕。此后，随着2012年党的十八大首次提出社区治理概念，党的十八届三中全会将社区治理融入国家治理现代化体系布局，以及党的十九大提出社会治理重心下移，居委会越来越成为我国国家治理体系的神经末梢。在此基础上，网格化治理等形式的出现，更是加固了“两级政府、三级管理、四级落实”的治理链条，社区开始不断成为各级政府部门、街道办事处交办行

① 徐中振.社区发展是现代城市文明的载体和依托：加强上海城市社区建设调研报告[J].学术月刊，1996(12)：3-15.

政任务的“腿脚”。

在此基础上，社区组织行政化现象受到了广泛关注与反思。如 2001 年，中共中央办公厅、国务院办公厅在转发《民政部关于在全国推进城市社区建设的意见》后，面向包括居委会在内的社区自治组织的改组工作，成为日后社区建设与探索的重心，全国各地开始通过设立“议行分设”的社区议事会、居委会直选体制，以期转变居委会行政化趋势，增强居委会的自治功能。然而居委会的普遍行政化，实则已对社区建设、社会发展造成了一定阻碍。正如 2017 年《中共中央 国务院关于加强和完善城乡社区治理的意见》中，明确提出推进社区减负是增强社区治理亟须补齐的短板，便反衬出了社区行政化所引致的基层治理困境。在此基础上，“去行政化”研究，一时间成为社区治理领域的热点议题。然而近年来诸多去行政化改革的实践经验表明，社区所承载的行政任务难以一去了之。在治理重心下移的背景下，社区已成为基层治理体系的基础环节，行政性也构成了居委会治理属性、组织属性的关键组成部分，而非简单的外在附加属性。

二、行政化背景下“街道—社区”的支配逻辑

不可否认的是，当前发展阶段，社区行政化具有一定的必要性与积极意义。在社会治理重心下移的宏观指向下，行政任务则是社区治理有效性的重要根基与资源。一方面，在社区治理的行政化转向过程中，“行政服务”在居委会所承担的行政任务中占据着重要比重，这也是城市治理重心、公共服务重心下移的自然后果。社区在计生服务、社会保障等领域所提供的日常服务，较大地为居民获取政府公共服务节省了成本，并提升了效率。另一方面，受历史条件等因素的影响，我国社区的自主性往往较为缺失，而街道办事处及政府职能部门对于社区的制度性关联，则构成了社区治理有效性保障的必要前提。如当前社区治理中，“协调资源”是社区的关键社会功能，而街道、政府职能部门便是社区最为直接的资源来源。

值得注意的是，在社区依赖街道等部门资源输入，担任其服务下沉载

体的同时，“社区—街道”的关系也在发生着深刻的变化，二者之间存在着一定的隐性支配逻辑。从原则上讲，社区本不应承担街道等“上级部门”的行政任务。2017年《中共中央 国务院关于加强和完善城乡社区治理的意见》中，将社区治理体系分为“基层党组织领导核心作用、基层政府的主导作用、基层群众性自治组织的基础作用、发挥社会力量的协同作用”这四个部分。由此可见，中央政府并未将社区层面的治理责任归至社区居委会。

从经验现实来看，基层政府各个职能部门与社区之间的界限并未厘清。街道与社区居委会之间相互依存，并形成了“上下级”般的隐性支配逻辑，这在二者的资源交换中有着清晰的呈现。社区行政化趋势下，社区居委会被置入“市—区—街道—社区”的社会治理框架职责。然而，作为基层自治组织的城市社区居委会并不具备财政权，支撑社区运转的经费广泛地遵循着“居委账目由街道管理”的机制。在此基础上，“以奖励代替补贴”“费用随事务转移”“目标责任制”等方式，成为基层政府以资源配置形式来激励社区的主要工具。此类激励模式与“行政发包制”的逻辑相似，街道办事处以目标责任制的方式将各个部门的行政任务转包给居委会，同时又以检查、考核、验收的过程对社区居委会施以奖惩从而实现任务的完成。如街道办事处某副科长所言：“社区的活动经费一般由街道统一管理，哪个社区创办的品牌、活动多，那我们可能相对应地多给他们一些，比如综合减灾示范社区、省级标准示范社区等等，那你想不想做事、做得好不好我们就可以明显地通过考核成绩看出来。有些社区干部就很优秀，可以被提拔到街道，参照事业单位编制，比在社区当干部时的待遇好很多。特别优秀的也有，比如之前有个社区的书记，直接被提拔到街道做副书记，才不到45岁，这也是比较少的优秀的人吧，所以社区干部还是比较想来街道的。”[①]在街道考核社区工作绩效这一过程中，便包含着一层“上级指挥下级”的隐性逻辑：

① 2021年4月27日N街道办事处实地访谈。访谈对象倪某，社会发展科科长，男，46岁。

考核意味着一种指挥权的实践方式，社区居委会书记及成员为获取晋升机会与提升待遇，默认甚至主动迎合这种“上下级”的支配关系（见图3－2）。

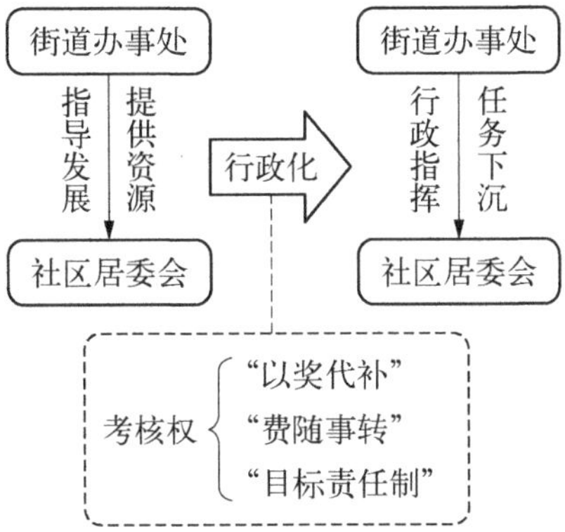

图3－2 街道办事处与社区居委会的支配关系

在此基础上，“街道—社区”间本身的指导权也悄然变为了指挥权，社区对于街道任务的履行、对于责任的承担成为一种理所应当的职责。“做了这么多年社区工作，谁都是想往上走的，但是想多获取资源你就得主动承担任务。社区两委如果想进街道，也要积极，所以你只要是想往上走、有个盼头的话，你必须得通过上面的考核，所以街道实际上虽然不是我们上司，那实际上也是我们上司。”[①]由此可见，以考核社区的方式把握指挥权、提供晋升渠道，成为“街道—社区”间的默契共识，社区对于街道所分配的任务进行无条件地完成、包揽无限责任等现象也就有了合法性。

三、社区资源配置结构的行政化错位

如前文所述，受资源依赖等因素的影响，“街道等上级部门—社区”间存在一定的支配逻辑。在这一背景下，社区的建设与发展路径，需要在一定程度上符合街道办事处的行政风格与利益需求。否则，“上级—社区”间的资源循环也将难以有效维持。一方面，社区若摆脱作为“上级部门”的街道办事处的任务要求与发展规划，街道便难以在社区发展过程中稳定获益，也难以通过区政府层面的绩效考核。另一方面，作为其结果，社区的绩效考核、社区及成员的短期利益与长久发展，也可能会受到消极影响。

因此，社区在日常治理、风险治理中的行动策略，同样往往受“上级部门”

① 2021年5月25日Y社区实地访谈。访谈对象郭某，Y社区党支部书记，女，46岁。

的指挥、考核所形塑。在这一逻辑基础上，社区资源配置结构的形成，也自然受到街道办事处行政任务、行政体系的实际需求的影响。“社区实质上是自治组织，这是肯定的。但是实际社区的工作需要由街道来指导，他们目前主要负责把街道、其他部门的工作落实下去，因为我们国家的社区和国外的不一样，它不能脱离政府、脱离街道来自己运行。政府(街道办事处)同时也非常依赖社区去执行，去把事情落实到基层，不然任务没法开展，所以街道和社区是唇齿相依的。比如发生了大型灾害，社区不需要负责想办法，街道和其他部门会把决策或者是上面的政策传下去，他们(社区)只需要把事情落实好就可以。比如发生水灾、洪涝，那么相关部门会告诉社区应该配用哪些雨具，出了矛盾、问题，居委会如何向街道上报问题，这是他们的主要职责。”①

然而值得注意的是，街道办事处、政府职能部门的治理策略与行政任务，往往产生于自身理性动机考量，或是上级行政体系“误判”下的基层治理需求。其中一部分下沉至社区的行政要求或任务，实则是“治理目标—治理需求”相脱节的产物。换句话讲，在社区行政背景下，社区自身的风险治理需求与“上级”行政要求间可能存在显著的目标偏差(见图3-3)。

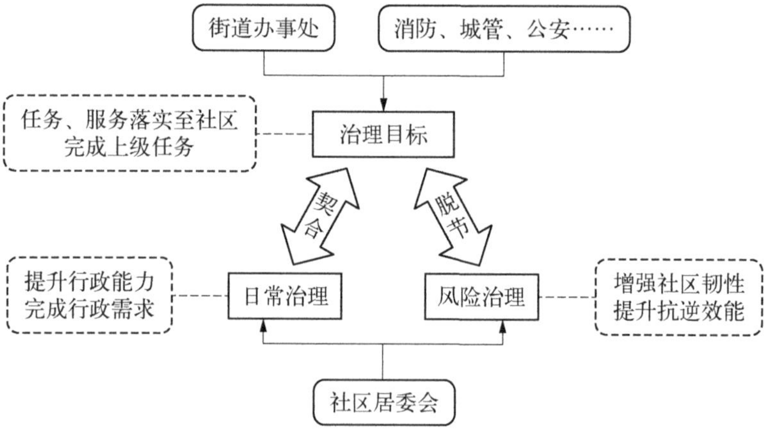

图3-3 社区需求与上级需求的目标偏差

① 2021年4月25日N街道办事处实地访谈。访谈对象卫某，街道党工委副书记，男，49岁。

常态化情境下，行政化的社区治理模式即便可能造成社区社会化不足、居民参与有限等困境，仍然尚可满足日常社区治理需求。因此在社区资源配置结构中，“社区需求—行政需求”的内在张力并未明确地凸显出来。但是当我们立足于韧性理论视野，观测非常态情境下的社区风险治理时，社区资源配置的结构性偏差便有着清晰的呈现，并可能深刻地限制着韧性能力的发挥。一方面，在社区韧性思维的考量中，在风险冲击下具有韧性的社区，往往在资源配置层面上具备以下特质。比如在物资储备上具备丰富多样的应急物品，在人力准备上具有充足数量的应急力量，在制度建设上存在系统化的风险治理机制，在能力培育上多元主体拥有一定的专业化互救、自救能力，从而能够迅速有效地适应并抵御风险冲击，形成一种覆盖风险预控、处置、转换、恢复等需求的风险治理体系。另一方面，在行政化思维的视野下，社区的风险治理逻辑以及相应的资源配置实践，应当被置入地方行政体系之中加以考量。正如在当前社区行政化背景下，社区在物资、人力、制度、能力等资源的储备与培育上，需要在“上级”指挥或政策需求的引导下，完成应急资源体系的建设。然而这种基于街道办事处、政府职能部门需求或考量而形成的社区资源配置结构，可能难以覆盖社区风险治理中对于物资、人力、制度以及能力的需求，并呈现为一种以行政需求为轴心的、具有偏差性的资源配置结构。

第二节　物资储备的双重偏差与补给缺位

“社区是坐落在基础设施之上的，社区福祉的增加依赖于社区基础设施，基础设施（建筑和服务等）的冗余性、稳健性、可持续性对防灾减灾至关重要。”[①]尤其是在近年来风险事件持续显现的宏观背景下，社区能否配备类

① 廖茂林，苏杨，李菲菲．韧性系统框架下的城市社区建设[J]．中国行政管理，2018(4)：57－62．

型丰富、数量充足的物资，从而保障居民日常需求并为后续救助实践提供支持，愈发成为现代社区韧性得以形成并有效应对风险的必然需求。

然而在面向H市诸多类型社区的韧性水平观测中我们发现，社区物质资源储备工作并非被置若罔闻，而是同时存在着物资类型单一化与物资类型泛化的困境，以至于风险来临时，难以实现及时、有效的资源供给，而唯有依赖社区外部支持以应对风险。造成这一尴尬局面的根本原因，在于社区行政化背景下，由科层体系治理要求所导致的选择性风险防控。

一、实用主义思维下的物资储备单一化

社区针对风险事件所预备的基础设施、食品、药品等应急资源，是完善社区基础要素、增强社区韧性的物质基础。面对现代城市日益增多的风险类型，社区管理者更是应当在日常工作中置入数量充足、类型丰富的资源以完善强化风险治理能力。然而在诸多经验材料的呈现中，部分城市社区所储备的物资资源往往在类型、数量等层面呈现较大的局限性，并且深刻影响着风险冲击下的物资供应水平，其形成逻辑主要呈现为“实用主义需求—物资储备单一化”。

所谓单一化的物资储备，指的是社区应对风险的物资储备类型较为有限，甚至往往瞄向某一种类型风险进行资源储备。从一般意义上讲，年久失修的陈旧商品房社区或撤村建居社区往往受限于物资、人力、财力等因素，难以通过丰富的物资储备以有效应对风险事件。然而物资类别单一性等资源不足问题，同样存在于资源丰富的商品房社区之中。以F社区为例，作为资源相对富足的现代城市商品房社区，其物资储备室主要用于存放“防洪涝类器具”。F社区党支部书记认为，当前的资源储备选择具有较强的合理性：“我们这里只有平时防洪防汛的一些工具、沙袋呀什么的，其他的就是防火的灭火器什么的，因为H市平时主要就是在汛期的时候有一些内涝，影响社区的话我们就做一些措施，但是实际上遇到的也比较少，有备无患嘛。可是你说其他的如照明灯、医疗的物资我们肯定是没有的，主要是平时也用不

到。我们也不是地震带，也没有沙尘暴，准备那些东西只会资源浪费，你说是不是呀。而且说实话，真来大事情了，社区的力量也是不够的……我们就算是想准备一些东西其实也是挺麻烦的，比如我们社区想要一些给老年人、残疾人的东西，你要给上级写材料的。因为现在更规范了嘛，而且哪里经费都是紧张得很，所以不是很有说服力的要求一般都不会被批准的，所以一般我们也是有什么事情了再向上面反映，平时不会准备太多的。"①与之相似的是，D社区副主任同样对于这一"实用至上"思维持肯定态度："我们这里雨季雨水比较多嘛，所以一般只用得到防汛、防洪的东西，而且之前2016年被淹过一次，是特别严重的内涝。往后大家就是各种演习，准备各种物资，如雨鞋、雨衣、沙袋、照明灯一类的。那次内涝，好多小区都停电了，车也被淹了，大家都学聪明了，知道利害了，后面这几年虽然没那么大的雨了，但是也多少用到了雨衣、雨鞋一类的，还是挺好的。"②

不难发现，F社区党支部书记、D社区居委会副主任等社区管理者的风险物资储备观念，皆呈现一种实用主义式的选择性风险防治逻辑，即采取具有较强针对性的风险治理方式，而不是对所有类型的风险负责。这一思维主要由其面临的日常性风险治理需求与现实性层级约束所塑造。

一方面，社区风险治理的日常需求较为有限。诚然，在一般意义上的社区韧性概念中，具备韧性的社区，意味着需要经受地震、火灾、洪涝、疫情各种类型风险，以及"复合性风险"的考验。然而不容忽视的是，如果依照理论意义上"安全社区""综合减灾示范社区"的要求，针对地震等鲜有发生的特大突发公共事件进行充足的物资储备，在风险事件尚未发生时将可能造成大量的日常性资源浪费。此外，即便工程事故、突发疫情等超过社区自身治理能力的特大风险事件发生，由于社区的风险治理能力相对有限，冗余性物质资源所发挥的作用也往往极其有限。因此在社区风险治理中，作为"上级"的政府职能部门、街道办事处，往往会基于地域因素、历史经验、管理能

① 2021年6月17日F社区实地访谈。访谈对象钱某，F社区党支部书记，女，48岁。
② 2021年4月5日D社区实地访谈。访谈对象戴某，D社区居委会副主任，男，34岁。

力等条件，对社区的物资储备进行较为理性的现实性考量，将资源储备机会留存给出现概率较大、居委会治理范围能够触及的风险类型。如作为我国东南部城市的H市年降雨量达到1 200毫米以上，其地势相对较低处便可能在雨季时遭受内涝灾害，因而防汛、防洪物资便成为该市部分社区应急物资储备的主流选项。

另一方面，社区在物资管理与建设上面临着层级约束。诚然，在“社会治理重心下移”等政策方针指引下，我国政府对于社区主体的抗灾能力，尤其是备灾水平提出了更高的要求。与之相悖的是，层级压力下的权限约束、有限的财政政策支持，较大地限制了社区筹备多样化应急资源的实际效果。理论上看，社区韧性水平的提升，往往指向了设施设备等硬性环境、防灾减灾救灾场所，以及食品药品等应急资源的充足冗余，因此良性的社区资源储备有赖于充分的财政支持。然而社区居委会作为我国社会治理体系中的权力末端，往往在财政、资源等多重层面受到上层部门的制约。尤其在当前发展阶段，韧性社区建设、社区韧性培育并未被提升至国家战略高度，社区也难以在行政服务、行政服务的实践中增强社区应急资源的建设能力。作为其结果，常态治理中的应急物资准备、基础设施建设与更新，往往需要社区自行负责，非常态下社区对于风险的应对与消解能力，也可能随之受到消极影响。

作为单一化物资储备与选择性风险防治的后果，包括D社区、F社区在内的诸多城市社区将可能在非常规性风险事件发生时，面临暂时性物资紧缺与供应不足等考验：“防疫刚开始的时候物资紧张，大家要么等上面(各级政府)配送口罩、酒精，要么就等捐助。”[①]鉴于此，一方面，物资储备类型的有限性不但威胁到社区居委会工作者、物业职员等主体的生命健康，同样威胁到社区居民生产生活的有序进行。另一方面，由于社区物资之于居民生活需求的不可或缺性，反向加重了社区工作者的治理负担，阻碍着社区风险防

① 2021年6月1日F社区实地访谈。访谈对象涂某，F社区网格员，女，51岁。

治效率的提升。

二、项目验收要求下的物资建设指向泛化

以F社区为代表的部分城市社区，基于理性考量而仅仅针对日常频繁显现的风险予以预防，其后果便是难以应对非常态风险造成的意外性冲击。与之不同的是，J社区具有较为丰富的风险治理物资，然而同样在过往风险事件中遭受较大损失，甚至呈现为一种随机化的风险应对方式，造成冗余性资源的功能难以在风险情境下得到稳定的发挥，其内在逻辑主要呈现为“项目验收要求—物资储备指向泛化”。

所谓物资储备指向泛化，即社区用于应对风险的物资类型广泛地指向了地震、洪涝、火灾等日常性或非日常性风险。在社区韧性的考量上，随着现代社会、社区所面临的风险类型的不确定性、复杂性程度加深，城市社区的应急资源冗余水平与风险处置效果成正比，因而资源储备类型丰富、多样的社区能够较好地应对各类风险。然而，与理论逻辑相冲突的是，J社区作为“省级标准化示范社区”“全国综合减灾示范社区”具备着丰富的服务资源与应急资源，却同样在洪涝灾害事件中受到较大影响。如J社区副主任祖露：“我们物资是挺多的，但是更多的还是平时有空间让舞蹈队、合唱队的人训练，让人们有一个活动的地方，你看我们是‘省标’嘛，但是说实话主要就是空间大一些。虽然我们是有‘减灾社区’这块牌子，可是我们实在是没什么能力应对你说的这个洪涝、疫情啊这种大的突发情况，我们是有这个防汛的雨具，有这个防火的微型消防站，有照明灯、逃生的安全绳，倒是能应对平时的‘小打小闹’。但是说实话还是比较宽泛的，真遇到个什么大事情的话，我们真是没有什么应急的物资。”①

该社区居委会副主任所指的“全国综合减灾示范社区”，便是J社区具备广泛性社区应急资源储备条件的政策保障。所谓“全国综合减灾示范社

① 2021年3月4日J社区实地访谈。访谈对象童某，J社区居委会副主任，女，35岁。

区”,是由我国民政系统主办的社区建设项目,与韧性思维紧密相关。20世纪90年代,美国较早地提出“防灾社区”概念,旨在面对自然灾害威胁时有效减轻社会经济损失。[①] 我国在吸收与借鉴西方应急管理方式的经验教训后,于2007年开始由国家减灾委员会、民政部推动“全国综合减灾示范社区”的建设,随后国务院于2011年颁布《国家综合防灾减灾规划(2011—2015年)》以提出创办5 000个全国综合减灾示范社区的计划。经过多个阶段的发展,我国目前已建设“全国综合减灾示范社区”一万余个,使得我国社区的风险防治水平得到较大提升。

然而不容忽视的是,“综合减灾示范社区”的定位,主要在于应对突发性自然灾害,对于复合性风险等城市社会风险关注度较为有限。正如突发公共卫生事件等“复合性风险”发生时,具有“综合减灾示范社区”头衔的社区组织并不具备口罩、酒精等对抗病毒的卫生器具,继而在实质上难以满足风险社会中的社区风险治理需求。“‘减灾社区’这块牌子不是要所有的资源都必须起到多大的作用。他上面给你一个名额创建,就是有一个要求,物资上有逃生绳、灭火器、雨具,还需要你有灾害情景体验室。就是说它有条条框框的要求,你达到标准就可以了。就算是还有没达到的几点,我们进行改善就可以。综合减灾示范区、韧性社区这种基本上都是这样的。”[②]由此可见,“综合减灾示范社区”逻辑指引的资源配置,与社区风险治理的实际要求间存在一定偏差。

在此基础上,值得反思的是,作为“全国综合减灾示范社区”的J社区,为何在屡次遭受洪涝、疫情等风险冲击的情况下仍然热衷于保持既有的资源泛化储备模式。究其根本,在于社区对“全国综合减灾示范社区”所携带的实际效益的渴求。“虽然这块牌子比起‘国标’‘省标’‘文明社区’的分量可能较为一般,但是终究是个国家名誉,而且你要是明年不达标,你就通不过

① GEIS D E. By design: the disaster resistant and quality of life community[J]. Natural Hazard Review, 2000, 1(3): 151-160.

② 2021年3月19日J社区实地访谈。访谈对象韩某,J社区网格员,女,51岁。

审核，你可能只能留当年那块牌子了，不能换成新的。你有这块牌子，等到下次有什么竞赛的时候，你在街道和区里都是有面子、说得上话的，你就能拿到更多资源。”①正如该社区党支部书记所言，在社区行政化背景下，“全国综合减灾示范社区”等荣誉所带来的实际效益，往往能够支撑社区在街道、区级层面的荣誉评比中获得显著而广泛的认可度，从而提升其争取资源、保持社区可持续发展力的话语权。因此，即便“全国综合减灾示范社区”及其引致的泛化物资储备模式难以覆盖风险处置需求，却由于社区名誉、效益的相关需求，而得到持续的申办。作为其结果，如J社区一般的“综合减灾示范社区”“安全社区”，往往秉承着一种随机性的风险处置逻辑。即日常性风险发生时能够较好地予以应对，然而在严重的风险事件出现时，仅能被动地直接等待上级部门分配物资并实施救援，从而可能在洪涝、疫情等“复合性风险”的冲击下遭受重创。

第三节　人员配置的结构失衡与救援失灵

随着近年来突发公共事件、特大疫情等风险事件的频发，国家与社会风险治理体系承受着愈发严峻的挑战。与此同时，作为风险治理前沿阵地的社区能否充分利用社区人员、资源，在“抢险救灾黄金72小时”“生命救援黄金10分钟”的有限时间内完成第一时间的先期救援，从而为外部专业救援力量的后续输入赢得先机、创造条件显得愈发重要。因此除物质资源外，以社区居委会、自组织等志愿力量为主的人力资源，同样构成了社区基础资源结构的重要组成部分，这也是社区韧性得以显现、社区风险治理得以有效的关键来源。

从常规意义上讲，由充足的居委会成员、青壮年社区居民构成的风险救

① 2021年3月14日J社区实地访谈。访谈对象郑某，J社区党支部书记，女，46岁。

助队伍，往往能够发挥较为理想的风险治理作用。然而在面向H市诸多社区的调查中发现，社区人员结构存在着双重的配置失调窘境，从而可能引致风险救援的失灵：一方面，社区既有的居委会人员数量往往难以应对其日常治理所需，更是无法在非常态情境下满足其风险治理需求；另一方面，来自社区自组织的志愿力量，往往存在老龄居民积极加入、年轻居民参与不足的年龄结构失衡问题，以至于风险事件发生时，难以提供有效的志愿服务。导致此类现象的根本原因，在于社区行政化实践中，基于行政服务、行政任务需求而形成的应急人员结构与风险治理的内在需求存在较大的逻辑张力。

一、居委成员的行政式抽调与风险治理的人力匮乏

除政府组织外，社区风险治理工作引发了社区居民、社会组织、专业救援队等社会与市场力量的广泛关注，风险治理主体愈发多元化。但是在我国风险治理体系中，政府组织仍然是抵御风险冲击、维护社会稳定的核心支柱，政府力量对于风险事件的合理、积极应对，也同样构成了社会、市场力量有序参与风险治理的必要前提。在此基础上，居于既定行政体系末端、处于从属地位的社区居委会，构成了社区风险治理的核心力量，其成员便是发起风险救援的引领者。因此，与社区规模、治理需求相匹配的充足组织成员，不但构成了居委会完成日常行政服务、行政任务的前提，更是实现社区风险有效治理的必要保障。

然而在面向H市N街道诸多社区的调研中发现，由于街道层面的行政借调等因素，有限的居委会成员数量往往制约了社区常态治理工作，并难以满足非常态情境下的风险治理需求。“我们现在这个社区总共有10 000多人，3 300多户，（居委会工作人员）一共才十来个人，所以是很不容易做的，人手勉勉强强够用。但是我们这十来个人还要抽调到街道一两个，平时年底他们忙的时候要抽走，平时我们刚招进来的年轻人也会被抽走，一走就是半年，所以社区工作其实很难展开。遇到小的事情，如街道卫生评比，大家

就忙得不可开交。尤其是遇到人口普查这种任务的时候真的特别忙，真碰上大灾大难这种事情更是麻烦，人手不够你只能向街道或者社会求助。”①当前阶段，街道办事处借调社区居委会成员处理行政事务，实则并非鲜有发生。经验材料显示，N 街道内调研牵涉到的四个社区均存在不同程度的借调情况（见表 3-1）。值得一提的是，相较于我国《中华人民共和国城市居民委员会组织法》中对居委会人数作出的 5～9 人的规定，H 市 N 街道社区已依据自身繁重的任务量与治理需求，对人员配置作出了一定的调适与补充，将总人数提升至 12～14 人。② 然而普遍、频繁的人员借调，仍然对居委会日常工作的稳定布局造成了一定影响，给社区常态治理与非常态治理带来了较大挑战。

表 3-1　居委会成员数量　　单位：人

社　区	常住人口	居委会工作人员人数	街道借调人数
J 社区	9 321	12	1
D 社区	9 741	14	2
Y 社区	5 892	12	1
F 社区	10 082	13	2

资料来源：实地调研。

导致街道办事处频繁借调居委会工作人员的根本原因，在于街道行政需求与社区行政资源供给的双重作用。一方面，街道行政压力亟须分担。随着社会治理重心下移，公共服务、行政任务往往于基层积压。作为政府行政体系末端的街道办事处，却往往存在着在编人数难以应对基层事务的窘

① 2021 年 6 月 17 日 F 社区实地访谈。访谈对象钱某，J 社区党支部书记，女，48 岁。

② 《中华人民共和国城市居民委员会组织法》第七条指出，居民委员会由主任、副主任和委员共五至九人组成。《H 市实施〈中华人民共和国城市居民委员会组织法〉办法》在执行此规定的基础上，规定居委会的具体成员人数，由当地人民政府的派出机关根据居民委员会的规模和工作需要确定。

境。因此,街道及职能部门或是将行政任务下沉、分摊至社区各条线,以避免压力过载与治理失灵;或是直接抽调辖区内社区居委会力量以满足日常治理需求,或于年终等时间节点抽调人手,以应对区政府等上级部门的考核。“我们这个区覆盖范围很广、事情多,任务很繁重,每年卫生、消防等等考核的指标非常多。可是同时,我们在编干部、职工人数很少,干部队伍的结构比较失衡。所以为了顺利开展工作、保证工作进度,就需要借一些人手。我们也是在区长办公室会议讨论后,再在区委批准后,才把各个社区、部门里表现比较好、工作能力比较强的社区工作者,借调到街道来帮忙。所以,只是街道原先在编的这些人是完全不够的,看上去我们街道办事处很多人,实际上在编的是少数,大多数都是社区来的‘临时工’。”[①]由此可见,街道抽调社区人力以消减行政压力,具备一定程度的合理性。另一方面,社区基于利益考量遵从了这种资源上移逻辑。如前文所述,社区行政化背景下,街道办事处与社区的利益联结、行政关系更为密切。社区依赖街道的财政支持与积极的绩效考核,而街道办事处为完成区政府的考核指标,也需要以社区业绩的良性维持作为基础。街道办事处与居委会间“上下级”般隐性支配逻辑的存在,促使着社区不断输送年轻力量与优秀人才至街道,以解其“燃眉之急”。“因为办事处这块儿需要人手帮忙,就比如说每年年底档口检查的东西很多,需要补资料什么的,或者是人口普查、经济普查这种工作,就会把社区一些年轻人或者是工作比较优秀的人拉到办事处先去帮忙……按理说这个借调的事情需要出一个借调函,说明街道办事处某个科室这段时间很忙,你先过来帮忙,忙完你再回去就行。但是因为街道办事处向社区要人,就属于上级向下级提要求的这种关系,一般都不需要(借调函),只是口头打声招呼说人手紧缺需要社区协调一下就行。有的社区工作者的能力的确比较突出,他们就不一定只是年底去街道帮忙,而是可能长期留在街道办事处帮忙,但是不一定有借调函。”由此可见,无论是为完成年终考核等临时

① 2021年4月25日N街道办事处实地访谈。访谈对象卫某,街道党工委副书记,男,49岁。

任务、人口普查等阶段性工作，还是为稳定地吸纳能力突出的新生力量，街道办事处可能频繁向社区借调人员，而且并不需要付出一定的借调成本。

作为人员抽调的结果，社区自身的风险治理能力便可能遭受一定削减。常态情境下，完成阶段性借调的社区居委会成员尚可迅速归复原位，以补充社区治理所需人力的缺口，而被长久借调的骨干或年轻成员，则难以稳定地投入社区工作之中。因此，非常态情境下，即便社区居委会成员全员到位也可能难以满足风险治理需求，残缺的社区居委会人员结构将不可避免地产生消极的应急救援效果。

二、志愿者的年龄分化加剧与有限应急服务

与社区行政事务增多、行政压力加大相矛盾的是，居委会所具备的物资、人力、财力等正式资源往往相对匮乏。在此基础上，社区需要动用非正式治理资源，以满足日常治理需求。而社区内积极分子、居民骨干等社区内的志愿力量，则构成非正式资源的重要组成部分。有效地发掘、培育积极分子与居民骨干，随之成为化解当前社区治理困局的重要途径。

因此，无论是在社区日常治理抑或风险治理中，积极分子、居民骨干皆扮演着关键的辅助性角色，由其所提供的志愿性公共服务、应急服务，也是对居委会有限人力的重要补充。但是在当前社区中，社区志愿者人员结构往往面临着老龄人口增多、年轻居民参与不足的年龄分化局势，并且在一定程度上限制了应急志愿服务的实际效果。导致这一现象的根本原因，在于行政化背景下，社区对于老龄积极分子的广泛吸纳，以及对于年轻居民的动员不足。

(1) 社区面向老龄志愿者的有效吸纳

当前城市社区中，老年人口占据了积极分子的主要部分。以 J 社区为例，该社区常住人口 9 321 人，现入册志愿者人数 1 723 人，其中 60 岁以上老龄志愿者 1 402 人，约占总志愿者人数的 81%。其中，2020 年全年参加志愿活动人数 1 533 人，老龄志愿者参与人数 1 302 人，约占志愿者总人数的

85%,人均参与志愿服务时长达到23小时。该社区之所以能够形成稳定的老龄化志愿服务模式,主要是由于两种志愿者吸纳机制的存在,从而同时满足了社区行政工作需求与老龄居民需求。

第一,行政任务式吸纳。这一吸纳机制的核心思维,在于社区行政任务需求与老年人社会价值需求的契合。随着社区行政事务日益繁多、治理压力与日俱增,居委会调用积极分子、社区骨干的动机愈发强烈。如J社区便通过广泛吸纳志愿者,以应对区级“洁净杯”环境竞赛的相关考核。“这段时间区里面有个考核,叫作‘洁净杯’竞赛,为了营造好的城市环境,城管局开展了这么一个活动。辖区里每个社区每天都在被检查、每周都在被考核,考核单位是城管局还有他们聘用的第三方。每星期一次考核评比,我们全区52个社区都在开展评分,比如说哪几个社区是比较好的,就可以得到相应的奖杯。但是你哪里做得不好就被曝光、通报出去了。所以我们这段时间的工作,就比较偏向行政工作方面,每个社区、我们每个社工都很累……在这期间,我们所有的条线工作还是要做的,方便居民办事的每一个条线工作还是少不了的,就像民政、救助这一块,该发放给居民的(补贴)还是要发放的,该有的活动还是要举行的。所以我们社区的人该做的自己条线的工作不能丢,借调走了几个人后,我们人手就更不够了。所以现在赶快组织志愿者把垃圾都捡掉,把环境弄干净了。我们给他们提供的报酬是一上午15～20元钱,钱不多但是也有不少人来,一般是老年人为主。环境竞赛是这样,人口普查、其他竞赛类似的事情也要临时找志愿者做。”由此可见,当开展环境竞赛时,抑或类似的人口普查等阶段性工作开启时,社区亟须通过招募志愿者的方式,填补居委会因借调等因素而导致的人力资源缺口,从而达到相应的考核标准。在此基础上,较之青年居民,社区老年人具有更为强烈的志愿动机。近年来,我国老龄化问题日益凸显,一些中老年人在退休后逐步被置于社会结构的边缘地带,其群体归属感、自我价值感也随之减退。“有些人看起来真的不像60来岁的,他身体还好着呢,55岁、60岁的人,单位非要让退休,说实话是有些可惜的。所以我们很多志愿者都是老党员、老干部一类的,他们真的是有这个积极性在里面的。而且说实话,我们也挺重视他们的,因为有些人的确当过领导,说话做事就是不一样,我们都开玩笑把他们说成是'编外干部'。"[①]此外,在特大城市中,部分商品房社区中的老龄人口主要由照看幼童的随迁老人构成,由异地居住而引发的亲缘、地缘关系割裂,更是强化着其精神空虚的消极感触。在此基础上,社区开展的志愿者活动,往往能够较好地满足老年人的社会价值、精神价值需求。因此,这种以廉价报酬作为激励条件的志愿者吸纳机制,成为拥有空闲时间的老年人积极涌入社区、辅助居委会完成任务的重要动力。

第二,公共服务式吸纳。该吸纳机制的主要逻辑,则是社区公共服务供给与老年人日常文娱需求的契合。随着治理重心下移,城市社区公共服务水平不断提升,便民基础设施不断完善。一些达到"省级标准化示范社区"层级的社区,可能具备丰富多样的文娱中心,并往往成为具有闲暇时间的老年群体的日常聚集地。在居民充分享受公共服务、生活便利的基础上,居委会便能够依托于"社区—居民"间的情感联结,动员、号召其加入社区公共服务之中。"现在年轻人都不爱来社区,很多老年人非常喜欢来社区玩。这些老年人要不然就是本地人,平时在家里无聊,孩子都去上班了没人陪他。社区里有这么多设施,他们一起跳个舞、唱个歌、排练节目都是非常有意思的,反正闲着也是闲着。我们除了这些还有其他福利,比如磨刀啊、磨剪啊这些免费的东西,吸引了很多老年人。这些人玩的时间久了呢,那你平时想让他们一起参与一下志愿服务,他们都是很乐意的,因为知道这是政府、国家提供的福利嘛,他们觉得都可以的,比如帮扶残疾人活动呀、帮助青少年的活动啊。"[②]此外,在居民得以享受文娱福利的同时,一些社区治理者会采取一定的约束手段,反向激励社区老龄人口参与志愿服务。"有一些人想借用场地排舞、走模特步,我们都是非常支持的,甚至请专业老师给他们辅导。只是我们也会有一些要求,比如我借给你场地,那接下来我们社区需要你们在

① 2021年2月4日J社区实地访谈。访谈对象童某,J社区居委会副主任,女,35岁。
② 2021年2月5日J社区实地访谈。访谈对象韩某,J社区网格员,女,51岁。

社区大型公共活动上义务地跳个舞、表演个节目，你们也得答应我。这样我们其实就有一个很好的、良性的这么一个互动，她们的兴致也蛮高的。”①

由此可见，日常情境下，社区居委会与社区老龄居民之间形成了一种“提供公共服务—要求志愿服务”的供需式互惠关系，广泛吸纳老年人口加入社区志愿服务。这种方式同时满足着社区在文化建设、氛围营造、公共服务支持等方面的日常治理需求，以及居民对于社区生活、归属感、精神价值的渴望。然而值得注意的是，以老龄人口为主的志愿者群体，虽然能够满足社区日常治理需求，但是当突发事件发生时，部分老年居民的有限专业知识、身体状况，可能无法满足风险治理的应急需求。

(2) 年轻居民的选择性参与逻辑与行政吸纳效果不足

在同样的行政性吸纳机制作用下，年轻居民则并未如老年群体般表现出积极的社区参与热忱。导致这一现象的主要原因，主要在于年轻居民所秉持的选择性社区参与逻辑。近年来，“社会冷、政府热”是当前社区建设中的一个普遍而关键的问题，即政府服务、权力不断植入社区，而社区居民的参与热情、参与程度仍有待提高。因此，“关起门来过日子”往往是社区居民，尤其是年轻居民的思维写照。而只有当生活品质、居住条件触及居民要求的最低标准时，居民才可能积极地投入社区公共、政治事务，因而呈现出了一种“选择性参与”②的特征。

这种局限性社区参与逻辑的形成，来源于以下两个维度的因素。第一，原子化生存方式对于公共精神的消解。相较于经历了计划经济时期的老年居民，社区中青年成员往往成长于改革开放后单位制瓦解、社会结构迅疾变迁的转型期。因而不同于老年人群体对于集体生活怀有深刻社会记忆与深厚情感能量，生长于社会原子化结构、陌生化交往模式中的年轻群体，往往集体意识、团结观念以及利他主义思维较为欠缺，利己心态愈发显著，从而

① 2021年3月14日J社区实地访谈。访谈对象郑某，J社区党支部书记，女，46岁。

② 吴晓林. 治权统合、服务下沉与选择性参与：改革开放四十年城市社区治理的“复合结构”[J]. 中国行政管理，2019(7)：54-61.

难以具备较强的公共精神。强调社区团结、社区自治的志愿者服务等社区公共事务、公共生活，便可能无法有效将年轻居民凝聚起来。“现在的年轻人比较喜欢自己玩自己的，你不干扰我，我不干扰你，所以就是‘各扫门前雪’嘛。你看不管是业委会成员，还是平时参与社区活动的，都是五十岁以上的，不只是因为年轻人不愿意来社区，而且也是因为年轻人不想跟你玩，他们有自己的生活方式，有自己的圈子，年轻人和年轻人玩嘛。所以就算是来社区，他们自己一个人来久了也无聊，比如那些来健身房健身的，自己一个人来一两次就算不错了，毕竟没有志同道合的伙伴嘛。”①由此可见，即便有年轻居民尝试向社区生活靠拢，也可能由于社区生活中缺乏与自身相匹配的圈层而逐步淡化社区参与的动力。第二，年轻居民群体对于社区活动、社区事务的需求正在衰减。一方面，年轻居民的精神需求与社区公共生活旨趣不对称。社区场域内的文化服务、公共生活，往往以传统的歌舞队、模特队以及诗画社等为主，与年轻居民的新潮思维难以匹配，造成了社区生活对于年轻人的吸引不足。“我知道我们这里其他街道有些试点工程，社区、街道他们搞了电脑游戏比赛还设了奖金，专门为了吸引年轻人，真的是太伤脑筋了，现在想让年轻人来社区参与一些事情太难了。”②诚然，该社区的试点性做法呈现一定优势，然而社区对于年轻群体的主动亲和，也恰恰反向印证了年轻群体的社区参与不足成为共性难题。另一方面，公共事务办理的便捷化消减了年轻居民参与社区生活的必要性。随着社会治理的精细化、智能化程度不断加深，政务平台软件系统不断更新迭代，有效地提升了居民的生活便捷度，为工作繁忙的年轻居民降低了处理社区事务的时间成本。“我觉得现在政府做的社区 APP 太好了，反而(造成的影响)不好了。为什么呢，以前年轻人做个什么表格，申请个社保一类的，还至少需要来社区一趟。现在好是好了，手机点一点在家就能做，可是你再也不需要来社区了，现在

① 2021 年 2 月 26 日 J 社区实地访谈。访谈对象韩某，J 社区网格员，女，51 岁。
② 2021 年 5 月 25 日 Y 社区实地访谈。访谈对象张某，Y 社区居委会副主任，女，35 岁。

你去问问年轻人社区在哪里他可能根本就不知道，只有老年人知道。”[1]由此可见，在政务软件促进社区事务处理便捷化的同时，也减少了居民进入社区、与社区工作者互动的频次，从而再次降低了年轻居民的社区参与可能性。

(3) 社区志愿者的有限应急服务

在行政任务、公共服务式的社区志愿者吸纳之下，表现出积极反馈的老年居民构成了提供日常社区志愿服务的核心力量。与此同时，年轻群体的选择性有限参与，则加剧了社区志愿人员结构老龄化现象。

作为其结果，风险事件发生时，老年志愿者成为辅助居委会处置风险、提供社区应急服务的主体。然而值得注意的是，这种形成于常态情境的老龄志愿者群体，往往在风险情境下存在着诸多不稳定性，并限制着志愿服务效果的实现，其主要表现在以下两个方面。

第一，老年志愿者的参与意愿有限，造成风险治理的不连续。当前城市社区老年志愿者队伍的成员，往往是由舞蹈队、模特队等社区爱好小组演变而来。这种基于兴趣建立起的社会联结，往往在风险事件来临时呈现出较大的脆弱性。“如果是很小的一些事，比如有一点雨，大家来排排水的话，都会参加。但如果是严重暴雨、疫情这些，除了一些党员志愿者带头防洪、消杀以外，一般的老年人都不会来了。就算来社区帮帮忙，可能最多就来一两天，因为说实话就算他当时愿意，他的家人也不愿意，因为没有必要冒那么大风险来为别人做什么事情，毕竟年纪也这么大了。”[2]与一些具备较强党性、自我约束力的老党员不同，社区志愿者队伍中的大多数老年人由于自身利益考量抑或缺乏家人理解，难以在较为严重的风险事件发生时产生连续、有效的治理作用，故而往往仅能在日常情境下扮演着社区公益活动的志愿者角色。

第二，老龄志愿者的能力范围有限，造成风险治理的效果不稳定。与部

① 2021 年 5 月 22 日 Y 社区实地访谈。访谈对象陈某，Y 社区网格员，女，32 岁。
② 2021 年 4 月 12 日 D 社区实地访谈。访谈对象蒋某，D 社区居委会网格员，女，30 岁。

分社区中由青壮年劳动力组成的志愿者团队不同，老龄化志愿者队伍即便拥有着较强的志愿意愿，但往往囿于专业能力、身体素质等客观因素而难以产生有效的风险治理能力。“你没法指望他们太多，毕竟年纪很大了，你说平时让他们做点什么他们都很乐意，也做得到。但是灾情严重的时候，你也不敢让他们做什么了，即便是他来了说‘你看我能帮你做点什么’，你也不能指望他，所以应急的时候我们都招募年轻人，让年轻人帮忙做了非常多的事。”①由此可见，社区内部老年志愿者与社区居委会工作者，成为突发公共事件初期应对风险的唯一人力资源，造成了风险治理的紧张，直至数日后在招募到社会志愿者后方才得到缓解。

纵观社区志愿力量的救助实践，包括J社区在内的一些城市社区，并非在日常风险治理中未做好积极准备，而是基于对社区自身现实需求、社区居民价值需求等多元因素考量，组建老年志愿者队伍以保障日常治理。然而在风险情境下，志愿者年龄结构失衡问题，则分别以参与不稳定、治理效能有限等形式表现出来，进而使得城市社区对社区外部资源的输入形成了强烈依赖，深刻地限制了社区自身韧性能力的形成。

第四节　制度规范的设计冲突与运行阻滞

社区风险治理中有效的制度设计，同样构成了社区资源结构的重要组成部分，这也是社区韧性得以有效形成的必要保障。充足的制度韧性，体现在突发公共事件等风险发生后，社区能够依据既有的各项制度、规范、机制，启动相应的应急准备以应对风险冲击，并根据风险实时走向进行灵活变通。

然而不容忽视的是，在重大公共危机事件爆发初期，我国部分社区的制度韧性短板却不断暴露，诸多社区的应急制度仍然存在防控要求不统一、制

① 2021年4月15日D社区实地访谈。访谈对象戴某，D社区居委会副主任，男，34岁。

度供给滞后、制度运转失灵及制度设计不合理等显著问题，从而限制着所属城市乃至全国的宏观风险防控水平。导致这一现象的主要原因，在于社区应对风险的既有制度设计一般产生于日常行政需求之上，并与社区自身风险治理需求形成内在张力。

一、多条线预案的运作矛盾与治理实践的规范性缺失

从过往治理实践、既有学界观点上看，应急预案等制度缺失，往往是导致社区风险治理陷入困境的主要原因。然而随着近年来顶层设计的不断完善、社区应急预案的有效落实，城市社区在面临风险冲击时，仍旧不时表现出缺乏制度规范引导的治理混乱窘境。究其根本，在于社区内多类型应急预案间存在内在冲突，限制了风险治理实践的规范性保障。

自 2003 年"非典"事件以来，社区应急制度的缺失便引起广泛关注。我国不断通过出台一系列政策，以完善相应制度建设、保障基层风险治理的规范性。2007 年全国人大通过的《中华人民共和国突发事件应对法》规定，地方政府按照"属地管理原则"应对突发事件。2016 年《中共中央 国务院关于推进防灾减灾救灾体制机制改革的意见》强调，推进应急管理工作的重心下移，探索扁平化的组织指挥体系，进一步强化地方应急治理的主体责任。此外，国家减灾委员会也通过制定"全国综合减灾示范社区标准"，以推进创建综合减灾示范社区的进程，增强基层风险防范能力。

在系列化制度建设的推进下，诸多城市社区逐渐着手应急制度设计，并出台了一些实质性的明文规定，致力于保证社区应急预案、应急处置流程的规范化。以 J 社区为例，该社区当前具备两种类型的应急预案。第一，满足日常治理需求的向上沿袭式预案。社区行政化背景下，社区成为实现区域性网格化治理的基层单位。因此在发生风险事件时，社区往往以网格化体系中的"事件处置流程"为行事准则，根据事件影响将事件分作 1、2、3 级别，依次向各级别的"综治口"上传信息。第二，满足项目建设需求的应急预案。社区作为行政体系中街道部门的"下属单位"，需要顺应区政府、街道办事处

以及职能部门的“创卫”“环保”等项目的具体要求，并且按照相关规范制定匹配某一领域特性的专项应急制度。“以前我们的应急预案，主要是专项的，比如防灾减灾、文明城市迎检、创卫生城市，再就是针对社区和党委换届这些，还包括综合减灾示范社区，每个预案立项的时候都是做出来对应的专项应急方案。需要有这些(预案)，因为不一定什么时候要向你考核，你没有的话那就需要找你问责了。”[①]因此，该社区同时具备了《防汛管理预案》《安全生产管理预案》等数项预案，以有效应对专项考核。

由此可见，社区为满足多个行政条线的日常需求或专项任务要求，需要具备丰富多样的应急预案。值得注意的是，不同政府职能部门自身的治理目标，往往存在显著的利益分化。由此衍生的社区多条线应急预案，便可能同样延续了多行政条线间行动逻辑的内在张力。因此当重大公共危机事件发生时，不同预案的上报单位、运作流程、处置方式，往往可能存在一定的行动冲突。“其实这些东西未必都要派上用场，这些预案非常多，但是具体实施或者真的有突发事故发生，并不是严格按照这个方案来的。因为不同条线治理的直属单位都是不一样的，有时候还是重复的。”[②]由于应急制度结构冗杂的问题存在，当社区面临风险冲击时，一些社区管理者无法从多样预案中采取有效应对法则，从而或是被动地听从上级指令等待救援，或是习惯于依据自身经验与直觉发出应急指令，以至于社区应急往往在“思维模式和工作作风上被打上强烈的个人烙印，‘人治’色彩浓厚”。正如D社区另一位副主任所言：“一般出了一些什么事情的话，哪里指望得上这些，事情大的话一般上面都知道了，就不需要你预警了。事情小的话，那一般就是书记自己决定，或者和我们(社区两委成员)开个会，大家商量一下，没有什么意见就这么处理了……这样其实挺好的，因为大事其实很少发生，就算发生了也不指望我们。小事也不用大张旗鼓的，这样做比较节省资源。”[③]因此，在应急预

① 2021年2月25日J社区实地访谈。访谈对象韩某，J社区网格员，女，51岁。
② 2021年2月24日J社区实地访谈。访谈对象韩某，J社区网格员，女，51岁。
③ 2021年4月9日D社区实地访谈。访谈对象王某，D社区居委会副主任，女，38岁。

案繁复多样且无法起到实际效用的背景下，“人治”代替“法治”可能成为社区应急处置的理性选择。

然而这也将导致两种消极后果，消减了社区风险治理中制度实践的有效性。一方面，失去法治依托的人治，往往具有不稳定性。诚然，部分社区党支部书记能够以自身丰富经验与卓越治理能力较早地感知、排查风险，并进行应急处置，以“土办法”有效抵抗风险冲击。然而不可否认的是，一些社区管理者仅凭自身经验判断，容易忽略风险走势，造成决策误判并导致社区在风险冲击下难以顺利运转。因此当应急治理失去制度性保障，突发事件等级、严重程度由社区管理者自己定夺，将可能导致风险治理的失灵甚至是风险扩大。另一方面，应急治理中的人治风格，将可能影响社区治理法治化进程的推进。以“土办法”打破正式制度，虽然在特定情境下具备一定灵活性与有效性，然而这一举措有可能为社区治理的法治化实践立下反向的“榜样”形象。如在日后的风险治理中，同样机械地沿用人治而摒弃法治建设；抑或在除应急治理的其他领域同样试图以人治僭越法治，导致个人色彩、情感因素成为主导社区治理的主要力量。

二、风险处置的逻辑冲突与刚性制度的转换迟滞

社区风险治理中的制度韧性，强调一种善于转换治理节奏的弹性思维。一是从常态转换至风险状态的能力，这需要设计充足、有效的应急预案，从而将社区快速导入规范化应急防控状态，对风险予以迅速抑制。二是从风险状态引回常态化防控的能力，即风险冲击逐渐衰退后，迅速恢复日常生活节奏下的社区活力，避免刚性防控举措的遗留。近年来，在重大公共危机事件处置中，我国仍不乏一些社区缺少变通能力与及时的机制转换，导致在风险防控中时常出现防控迟缓，或层层加码、“一刀切”等刚性治理的现象，阻碍了社区工作与生活的良性运行。这种防控制度转换的迟滞，主要来自行政处置逻辑与风险治理逻辑的冲突，并主要体现在以下两个维度中。

一方面，行政体系中需层层上报，这与风险治理中亟须迅速处置的逻辑

相冲突。为保证组织体系中行动逻辑的规范性，社区中发生冲突、矛盾等风险因素时，需要以特定的应急渠道或网格化机制向上通报风险信息。直至社区获取授权、反馈后，方能与权力部门联合处置风险，因此可能需要付出一定的时间成本。然而无论是风险治理抑或韧性治理，皆强调了敏捷响应的关键作用，这显然与当前社区治理遵循的层层上报式行政化逻辑存在鲜明差异。“说实在的，在这几年特大暴雨、疫情出现之前我们社区确实没有自己的应急制度之类的，都是上面说什么我们做什么，因为就算自己做了预案，你也不敢随便自己采取措施。”①因此，当风险事件发生时，社区并不具备启动应急预案的主动权，而唯有被动地听从“上级单位”应急制度的要求而亦步亦趋地实施。“就像是突发灾害刚来的时候，一些有魄力的社区党支部书记还是胆子挺大的，上级没有安排就自己防灾。但是据我所知，也有很多社区是不敢私自行动的，因为假如灾情没有来，你自己做了那么多事情，要是造成了什么不良的影响、让居民担惊受怕，领导怪罪下来那就是另一个结局了。”②作为其结果，社区应对风险的通报流程抑或处置速度，往往滞后于风险演进速度，从而可能丢失应对风险的宝贵时间。

另一方面，行政体系需向上负责，这也与风险治理中亟须灵活处置的逻辑相冲突。纵观我国近年来的风险治理实践，某些地方政府及职能部门往往通过一种刚性姿态的制度约束来决绝地抑制风险发生，从而迅速实现“维稳”目标。“维稳”式治理的刚性逻辑，虽然与风险治理理论、韧性理论中强调灵活性治理的思维存在冲突，但我国部分城市决策者较好地处置了两者之间的逻辑张力。比如在抗击新冠疫情过程中，北京、上海等地方的基层政府通过严格执行测温、查证、核验健康码、登记等防护措施，允许非小区居民凭证进出小区，从而保障居民日常生产生活的质量与活力，缓解刚性抗疫状态带来的消极影响。然而与此同时，我国部分城市社区可能在处置灾情时，未能及时、灵活地顺应风险走势，改变刚性制度的防控姿态，在造成居民生

① 2021年5月22日Y社区实地访谈。访谈对象张某，Y社区居委会副主任，女，35岁。
② 2021年4月3日D社区实地访谈。访谈对象戴某，D社区居委会副主任，男，34岁。

活不便的同时，也导致了社区付出了高昂的治理成本。

第五节　治理能力的行政倾斜与抗逆不足

在社区行政化实践过程中，城市社区所承载的多条线行政任务往往共时性地向社区工作者积压，从而可能限制社区应急治理能力的培育。作为其结果，在突发事件发生的前、中、后期过程中，社区工作者难以表现出较好的风险感知、风险缓冲以及事后反思能力。社区行政实践对于社区风险治理能力的培育空间的挤压，体现在经济成本与时间成本两个维度中。

一、行政培训的经济挤压与应急潜能的培育缺位

从经济成本上看，社区行政需求与风险治理培育需求存在财政投入的冲突。欲提升社区工作者某一方面的工作能力，往往需要社区管理者与横向或纵向部门进行积极沟通，以购买相关专家课程或组织共建单位活动的方式，来提升社区工作者的相关知识储备。“平时要是想让社工(社区工作者)提升、进步的话，我们主要是通过共建单位讲座和邀请专家两种办法。一个是共建单位，如消防救援局、公安局他们经常和我们联合做党建活动，那就可以给我们讲具体的防火灾或防电信诈骗的方法，这不只我们社工可以听，居民有兴趣也可以来。另一个就是购买专家的课，请他来讲一次2 000块钱，一般是我们社区(居委会)的党员来听，那就是提升我们自己的专业能力，所以一般都会选能力比较强的人。”[①]同样地，若要提升居委会工作人员及社区工作者的风险应对能力，需要在风险文化培育、应急演练、数字赋能建设以及社区治理经验交流等多个领域进行投入，故而需要较为持久、富足的财政支持。

---

① 2021年6月21日F社区实地访谈。访谈对象钱某，J社区党支部书记，女，48岁。

然而在当前的社区治理中，对于应急治理能力的相关培育投入往往较为有限，这主要与社区层面的应急治理条线的发展状况密切相关：相较于社区所肩负的其他行政任务，应急治理条线出现时间较为滞后。我国应急管理部成立于2018年第十三届全国人民代表大会第一次会议批准国务院机构改革方案之后，因此地方各级政府的应急管理部门同样成立时间相对较晚，而且在与社区行政事务接洽较为密切的街道层面，并未设有应急管理机构，该领域治理任务由街道层面的城管部门暂时代替行使。“现在应急管理部门才成立没几年吧，我们平时根本没和他们打过交道。只有在区里的应急管理单位有事、有任务的时候，才会直接找到我们帮忙，所以我们平时接触也比较少。”①在这一背景下，社区一般较少承担应急治理条线的工作，故而对应急治理能力的培育需求也相应减小。同样地，强调提升社区风险治理能力的韧性社区、安全社区、综合减灾示范社区等项目，至今未能在国家层面及地方决策维度得到高度关注，这也造成了社区对应急治理条线之重要性的忽视。与此同时，社区更多地承担着街道层面的公安、消防、城管、民政等同级别单位所派发的任务，因而社区对于应急治理能力的培育支出，需要与其他工作条线的财政需求进行竞争。“你说这个应急治理也好，风险治理、社区韧性治理也好，这个我们平时有是有，但是这个只可能是我们工作很小的一部分。你现在让我想，我们社区里谁来做应急治理我都没法和你说，因为我们只有申请综合减灾示范社区才会考虑这个，一般根本想不到……你在城市里住，你也知道，大型洪涝这种大灾大难是很少的，如果没有大灾大难，不可能专门给你拨款、调配人手、演习，培养你的这种能力。为什么呢，我们平时其他事情根本做不完。我们社区是没有存钱的，你做什么都要申请，那很多申请钱的机会你要拿来搞别的。如我们现在的主要精力是做公安条线的‘反电信诈骗’，因为这几年被骗的非常多，前一周还有个年轻人被骗了40多万元，我们这个月就请专家来讲课，全社区都去听。就算不

① 2021年2月25日J社区实地访谈。访谈对象韩某，J社区网格员，女，51岁。

做这个，你还有环保局的垃圾分类、城管条线的占道经营管理等工作去做，哪个都是需要你去上心的，因为主要潮流就是做这些，你去专门做应急是不现实的。所以除非有专项的钱发给你，让你专门来做应急、做风险管理，否则不会有多少人专门去做这个的，因为真的很不划算。”①由此可见，作为非正式政府机构，社区自身并不具有财政权，因而社区工作、活动所需要的资金皆需要向上级部门申请并获得审批。较之环保、公安等条线活动，应急治理教育活动的开展往往难以产生立竿见影的效果，对于社区有限的申请权力而言其性价比较低，因而在理性选择下遭受轻视。

作为其结果，社区在风险事件发生时难以具备应对应急治理这一条线工作的基本能力，无论是在物资储备、人员准备上，抑或在应急制度与文化培育上，社区工作者往往处于一种失能的状态。“只要出现大型灾害，刚开始的时候大家都是手忙脚乱的，因为从来没有经历过，也没有了解过这种大灾难该怎么去应对。”②然而值得注意的是，即便在重大公共危机事件结束后，这种经济挤压的情形都有可能再次出现循环，从而可能造成风险失能的再延续。“每次有灾害之后，街道、应急管理局会主动找上你，做应急演练……至于我们自己的应急知识、应急物资、人员，目前还是没有一些太大的改变，我们也不太会主动去请专家，因为基本上街道、上级单位给的这些培训我们也觉得差不多够了，因为比起应急，其他的任务还是更重一些。”③因此，即便重大公共危机事件期间社区秩序遭受了较为猛烈的冲击，社区工作者同样在经济理性的考量下割舍了对应急治理、风险治理能力的培育，继续保持着向上依附式应急以及其他条线对于应急治理的经济挤压。

除此之外，一些具有前瞻性认知的城市社区治理者即便拥有风险治理意识，在基础设施改造、应急能力培育时，其费用仍然需要自我负责，抑或将筹资重担转移向社区大众的自我投入，以至于社区风险治理建设无法长效

① 2021年2月1日J社区实地访谈。访谈对象郑某，J社区党支部书记，女，46岁。
② 2021年3月28日J社区实地访谈。访谈对象江某，J社区干事，女，34岁。
③ 2021年3月28日J社区实地访谈。访谈对象江某，J社区干事，女，34岁。

维持。“如果你不向上面(街道)要钱,你只能自己想办法,花社区或者居民自己的钱,比如说像业主基金一类的,你搞一个应急管理基金,买一些设备、请一些人来讲课,这也不是不可以,理论上是没问题的。但是如果你做了以后大家觉得收获不大,或者短时间内没发生类似的突发事件,那大家也未必愿意长时间给你花钱搞这些东西。”①因而即便社区居民赞成以自费形式筹集基金以支持社区治理者的倡议,但受限于治理有效性的现实压力,仍然难以保障居民与社区对于风险治理培育的积极性。

二、行政事务的时间挤压与抗逆能力的培植间断

从时间成本上看,社区的多条线行政任务对于风险治理能力的培育存在显著的时间挤压。除财政维度的冲突外,多条线行政任务所占用的高额时间比例,成为居委会风险治理能力难以得到有效培植的主要因素。这一现象可以以风险发生前、中、后期为时间轴来进行对比。

在风险事件发生前,行政任务显著地侵占着风险治理能力的培育空间。在当前的社区工作中,社区往往需要完成与政府各个职能部门相匹配的工作内容,这与我国社区工作内容的行政化有关。当前的社区工作具有明显的行政色彩,其职能设置、工作体系与正式行政机关日益趋同。因此居委会除了需要履行提供社区服务、营造社区文化氛围等社区自治职能外,仍需要在城管、消防、公安、民政等各个条线履行相应职责。“可以这么说,社区就好像是一个箩筐,什么东西好像都可以往里面装。政府一再强调‘社区减负’,到最后,我们的箩筐里面装的东西越来越多。说实话,我工作十五六年了,以前真没有这么多工作。以前只用保证政府政策上传下达,现在不是了,什么任务都到社区了。你看以前国资委所有工人退休,退休的人的档案就到街道、到社区了。每个人的档案没有一个负责的机构来处理,现在全部到我们这来。做我们这个工作的,要会说,又要会写,还要会做。总共 39 个

① 2021 年 3 月 1 日 J 社区实地访谈。访谈对象郑某,J 社区党支部书记,女,46 岁。

行政部门，社区工作人员都要学着跟他们对接。只要是上面有一个什么部门，我们就要有一个条线负责。有时候我们根本没这个条线，但是上级部门一定要完成某个任务，那他们就会找你做，因为只有你是贴近群众的，他们要完成这个任务就必须找你。"①在这一状态下，社区为完成基本的条线任务往往需要耗费大量的时间与精力，因而与风险治理能力相关的应急治理培训往往被束之高阁。"你别说应急培训了，我们平时的工作就根本做不完。你知道只是每天走访网格要花去多少时间吗，除此之外，你还有无限的表格要填，同样的表格要交给不同部门，因为你要应付不同条线的要求。你能把这些东西做完不加班就不错了。除此之外，你有时间都要去和共建单位做活动，每个部门都有自己的党建活动要求、任务……大多数时候，这种应急的东西都是上面哪个部门有任务，或者直接是市里有活动月、活动日这样的要求，我们才会做，就是顺带着和行政任务一起做掉了，争取能学到一点应急知识吧。"②作为其结果，在风险事件发生前，社区工作者往往不具备突发公共事件抑或应急演练所带来的风险治理经验，从而可能在特大风险事件初期承受较大的社会损失。

在特大风险事件发生时，社区行政工作对于风险治理的时间挤压才能够得到缓解。一般意义上讲，如果社区及周边范围内发生小规模突发事件，其常态的行政工作秩序并不会被打破。唯有出现特大突发公共卫生事件时，社区的行政工作的压力才得以被应急治理的紧迫需求所替代。因此从积极的意义上讲，此类风险事件的发生强化了我国社区工作者的应急处置能力、经验以及风险防范意识，能够为先前所欠缺、遗漏的对于风险治理能力的培育作出补偿。然而从消极的意义上讲，在这种以现实损失兑换治理经验的方式中，社区所付出的现实成本仍然较高。

在风险事件消退的中后期，随着风险防控压力的减小，随之而来的是行政任务压力的回升。不但如此，由于处置风险事件期间社区"本应"承载的

① 2021年5月28日Y社区实地访谈。访谈对象郭某，Y社区党支部书记，女，46岁。
② 2021年5月28日Y社区实地访谈。访谈对象郭某，Y社区党支部书记，女，46岁。

大量行政工作的停滞，导致各个条线所积压的任务压力产生了猛烈反弹。“你知道吗，其实处理突发事件让我们非常忙，但是你忙得很‘纯粹’，我们就是做相关的防灾东西，不像是之前你要做那么多各个部门的任务……但是现在灾情走了，你所有的条线都要重新负责，所有的工作都要重新做起来。”[①]在此基础上，社区工作人员难以针对风险事件作出系统的经验反思，继而可能造成风险治理失能的窘境再次发生。

① 2021年5月23日Y社区实地访谈。访谈对象陈某，Y社区网格员，女，32岁。

第四章　社区内部的主体避责博弈与风险共担失灵

传统时期，自然灾害等风险事件所波及的地域、主体往往较为有限。与之不同的是，衍生于工业社会的现代风险，更具人为性、普遍性、不确定性等复合性特质，并由此时常影响到更为多元化的社会主体。在此背景下，风险治理中的韧性思维，往往强调一种集体共担风险、抵御冲击的集体效能观念，包括政府、市场、社区、居民等在内的主体，皆需要被放入风险共担、责任共享的共同治理结构中去观察。从社区内部看，只有当居委会、居民、物业、业委会等多元主体，能够充分认识到自身风险治理责任以及所扮演的角色，方可能形成多元联结的行动秩序，在风险冲击下形成社区风险共同体以抵御风险、迅速恢复，并为社区外部政府、市场资源的后续输入，创造丰裕时间与机会空间。

值得注意的是，风险事件发生时，社区风险治理结构的责任边界实则愈发模糊。政府、市场、社区、居民等主体，时常规避自身所应承担的风险治理责任。如突发公共事件爆发初期，部分社区中的居委会、居民、物业等组织，处于一种消极应对风险的“被动纠合”状态。作为社区内主体避责博弈与风险共担失序的结果，居委会往往沦为风险治理责任的单一主体，承载着大量的治理压力。因此，本章聚焦于风险冲击状态下，社区内部治理、互动实践中的结构性张力，这种冲突主要分布于“居委会—居民—物业—业委会”四者之间（见图 4－1）。

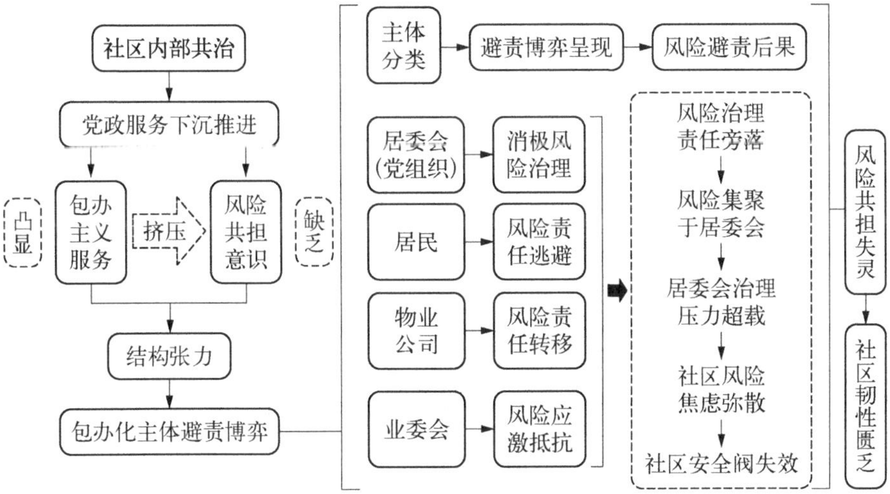

图 4－1　社区主体互动中的结构张力

第一节　社区治理中的服务下沉与主体互动的避责性结构

将社区作为社会治理终端，通过资源、政策、服务下沉以提升社区治理成效，是当前治理重心下移背景下，提升社区治理水平的重要路径。在此过程中，社区居民等主体往往能够在行政服务与党建服务的作用下，于日常生活中或风险事件发生后，迅速得到社区居委会的积极反馈与帮助。然而值得注意的是，在充足的服务下沉过程中，蕴含其中的包办主义思维可能形塑着社区治理结构，催生出减损社区韧性能力的避责性主体互动思维。

一、城市社区治理的服务下沉呈现

“服务到位、力量用足、口号喊满”，是当前社区服务景象的生动呈现，居委会、基层党组织往往积极担负起社区空间内的所有服务与责任，从而彰显自身的工作价值。社区工作中服务性意蕴的强化，主要来源于服务型政党、服务型政府的建设理念与社区载体的双重下沉。

从政党角度看，社区服务化转向始于服务型党组织建设。自改革开放以来，单位制的解体使得街道和社区成为接手遗留的社会管理问题、重塑基层社会治理框架的关键载体。与此同时，社区以社区治理维系基层社会稳定、以社区党建夯实党的执政基础等政治功能，也开始被不断发掘。此时，服务型党组织理念虽尚未形成，但“提供服务”已构成我国社区建设中党组织的主要任务。2000 年胡锦涛同志于天津市考察基层党组织时强调，“要紧紧围绕搞好社区管理和服务开展党的建设”。2002 年，在中共中央组织部召开的全国中小城市街道社区党建工作经验交流会中，时任中组部副部长李景田提出，“在街道社区党建工作中，要充分发挥街道社区党组织和广大党员的作用，大力开展面向困难群体的社会救助和福利服务，面向居民的便民利民服务，面向社区单位的社会化服务”。2004 年《中共中央组织部关于进一步加强和改进街道社区党的建设工作的意见》中提出，“街道、社区党组织要坚持党的群众路线，牢固树立群众观点，不断增强服务意识，坚持把服务群众作为街道、社区党组织的重要任务，把群众满意不满意作为检查街道、社区党建工作的重要标准”。2007 年，党的十七大强调，“充分发挥基层党组织推动发展、服务群众、凝聚人心、促进和谐的作用”。2009 年《中共中央关于加强和改进新形势下党的建设若干重大问题的决定》提出，“把服务群众、凝聚人心、优化管理、维护稳定贯穿街道社区党组织活动始终”。这一时期，以基层党组织、党员提供服务，来促进社区建设、维护基层稳定的工作逻辑，逐渐在发展实践中鲜明、系统地形成。

党的十八大后，党中央对于基层党的服务工作，提出了更为细致、具体的要求，服务型党组织的建设理念逐步形成。党的十八大强调，“以服务群众、做群众工作作为主要任务，加强基层服务型党组织建设”，系统地提出了强化基层服务型党组织建设的工作要求与任务。于2014年开展的第二批党的群众路线教育实践活动，强调了“着力解决最后一公里”的问题。2014年《关于加强基层服务型党组织建设的意见》提出，街道与社区党组织要“围绕群众多样化需求，坚持立足实际、尽力而为，运用多种形式和手段开展服务”。2019年5月，《关于加强和改进城市基层党的建设工作的意见》中规定了设立社区党群服务中心、网格化服务等系列化措施，强调社区党组织要“有资源有能力为群众服务”，并提出“把各类党群服务中心建设成为党领导城市治理的坚强阵地和服务党员群众的温馨家园”。近年来，服务群众被视为保持“党群血肉联系”、维持基层稳定秩序的关键路径，并成了党内教育实践活动的重要检验标准。各地社区陆续通过设立社区党群服务中心，推动社区党组织、党员直接向群众提供各类服务。

从行政角度看，社区的服务化转向始于服务型政党与服务型政府建设。20世纪90年代末，以行政服务中心为载体的地方服务型政府建设，受到了我国政府管理领域以及学术界的广泛关注，服务型政府概念开始频繁地出现于党代会报告与政府工作报告之中。如2002年党的十六大首次将“公共服务”列为政府四大职能之一，《2005年国务院政府工作报告》中强调建设服务型政府，以及2006年党的十六届六中全会首次提出建设服务型政府。从理论根源上看，服务型政府的理念直接来自为人民服务的思想，根源于马克思主义的政党学说。这也是服务型政府理念自21世纪初提出至今，非但没有弱化，反而为党和政府频繁提及、在党的十八大以来得到不断强化的原因。党的十八大报告强调，“建设职能科学、结构优化、廉洁高效、人民满意的服务型政府”。习近平同志在马克思诞辰200周年大会上指出，“要学习和践行马克思关于人民民主的思想”“国家机关必须由社会主人变为社会公仆”。因而服务型政府的有效建设，是践行马克思主义政党理念的内在需求，也是落实服务型政党理念的关键路径。

在此逻辑基础上，社区便成了服务型政府与服务型党组织建设理念的主要下沉载体。正如在社区行政化、治理重心下移背景下，一些城市社区居委会，迅速加挂社区服务站、社区服务中心等牌子，形成“一站式服务中心”以提供便民服务。

二、社区服务的包办主义倾向与避责化互动结构

伴随着社区党组织服务、行政服务的稳固下沉，社区内多元主体的日常互动结构乃至风险治理结构也发生着深刻的变化。部分区域中的包办主义社区治理风格，甚至对于社区主体的治理参与积极性、社区韧性的形成产生了显著的负面效应。

在治理重心下移、社区行政化背景下，社区服务成为基层党组织、政府组织的重要考核指标。为符合考核标准，一些区域中的社区党建力量、行政服务，无时无刻不下沉至社区各个角落、群体与生活领域，事无巨细地参与到社区各项事务的处置之中。部分社区中，甚至形成了“全天候”服务制度，以彰显自身作为：“我们真的可以算是‘一切为了群众’，基本上很多要去政府做的事情都可以先来咨询社区，包括你办理社保等日常事务，我们的确都完成得比较不错。但是代价也很大呀，我们从前两年开始就再也没完整地放过一个双休了，大家轮流值班，包括周一到周五都是，甚至连节假日、过年都是。”①

值得注意的是，在此“为民服务”的过程中，同时夹杂了一种社区治理的包办主义思维：随着党建力量、行政力量的积极下沉，部分地域中的社区居委会、基层党组织在发挥党建引领优势、党员带头作用、践行服务型政府理念的过程中，形成了一种“什么领域与事项都要党建引领、政府服务”，以及“什么事项都需要党组织、党员为居民服务”的“大包大揽”的包办风格。而

① 2021年6月16日F社区实地访谈。访谈对象钱某，J社区党支部书记，女，48岁。

居民、物业、业委会等主体，便可能逐渐认可了党和政府应当为社区治理与生活悉数兜底、全权负责的思维。

作为其结果，一方面，社区内的其他主体形成了强烈的依赖心理，不具备社区共治意识，将自身责任、义务全部交付给社区；另一方面，由于社区居委会不怯于着手任何社区事务，以至于小区物业管理、业委会事务处置、自组织培育等治理内容，皆无法在居委会缺场的情况下顺利进行。因而即便社区多元主体具备共治意识，也不具有相应的实际治理能力以共建理想的社区。正如在“加装电梯”等社区建设项目中，社区往往需要以上级财政拨款作为向居民承诺服务的保障。然而当政府资源紧张、无法立即提供相应建设服务时，便可能引发社区矛盾：“加装电梯这个事情本来是个好事的，我们是个老小区，基本上老一点的楼都要加电梯，基本上是居民整栋楼掏20来万元，政府补贴个几十万元。我们居委会就负责调查居民意向，不负责出钱。那有时候上级部门告诉你这段时间做不了了，居民就不愿意，就有人去投诉你，还有人去上访。说实话，我们也不想总给他们展示出一副我们什么都能管的样子，但是现在他们就是觉得你万能，那你想要维稳、安抚他们，你就要厚着脸皮去跟政府争取，要不然你永远不得安宁。”①

在此基础上，一种避责性的社区治理结构应运而生：常态情境下，大到社区秩序维持，小到家庭琐事处置，皆要求居委会介入以消解矛盾。风险情境下，居民等群体可能将自身所承受的风险压力转移至居委会，增加其治理压力。一些别有用心者甚至以煽动非理性话语的方式，倒逼社区居委会解决问题，居委会、地方政府为缓解争端，只得再次全程介入。随着“党、政府一个体”的距离直接拉近，一旦存在处置纠纷或误解，便可能影响基层政府的积极形象，以至于唯有居委会、党员保持持续的服务供给，方能缓解冲突。长此以往，不但社区居委会承载着巨大的治理压力，社区居民抗逆能力、社区共治格局以及社区韧性能力更是难以形成。

① 2021年5月23日Y社区实地访谈。访谈对象郭某，Y社区党支部书记，女，46岁。

第二节 多元社区主体的风险治理角色定位

在社区治理的服务性意蕴凸显的客观背景下，我国部分地域中的城市社区，日渐呈现包办主义的工作倾向，从而可能深刻地形塑着日常及风险情境下的治理结构与生活逻辑。这在居委会、物业、业委会以及居民等社区主体的角色定位中有着生动的展现：首先，在由"国家—政党—社会—市场"力量所合力构筑的社区治理结构中，社区作为政党意志的延伸与行政下沉的载体，它在社区风险治理中占据着主导地位，却又同时是风险治理责任的唯一承担者；其次，与之相对应的是，社区居民是风险冲击下的直接承受者，与此同时，作为纳税人、社区服务消费者的居民，也化身为面向居委会、物业的风险治理监督者，甚至是旁观者的角色；再次，物业公司作为直接服务于小区居民的商业组织，在充当社区服务商品供应者的同时，也扮演着有偿的风险治理者；最后，业委会作为保障居民权益的社区组织，却往往在传递居民诉求、参与社区事务时表现出较强的不稳定性，以至于仅能够在社区风险治理中呈现出顺从姿态。

一、居委会[①]：社区治理的主导者与风险责任的单一主体

在凸显避责性倾向的社区互动结构中，居委会（社区党委会）充当着社区治理的主导者，并时常在风险事件发生后成为被问责的唯一主体。

首先，居委会的社区治理主导者身份，主要取决于社区自身职能定位，

① 在我国社区治理研究中，"社区"与"居委会""党委会"时常存在概念混淆，二者的适用之处实则与所应探讨的问题相关，并主要分为两种情形：第一，在讨论社区治理内部或居委会自身的时候，使用居委会概念；第二，在探讨社区与其他外部组织的关系时，使用"社区"一词指代包括社区两委（居委、党委）在内的诸多主体。而社区韧性中的"社区"，涉及社区党委会、社区居委会、居民、物业、社区组织等在内的诸多主体。由于本章重点分析居委会主体的风险治理逻辑，因此使用居委会这一概念指代社区居委会及党委会。

以及社区内的日常互动逻辑。从职能定位上看，居委会是政党力量、国家行政力量在基层社会的延伸载体。一方面，居委会承载着基层政府及职能部门的行政要求。居委会往往需要设置与政府部门中社保、计生、民政、就业等分工相对应的专干人员，以提供便民服务、加强与街道办事处的对口联系。“社区具体是干什么的我倒是不清楚，但是社区（居委会）不就是政府嘛，他们和街道差不多，感觉像是没有编制的公务员。反正给孩子上社保、身份证丢了的时候都会去。”[①]因而在社区日常生活界面中，居委会实则提供着政府部门式的公共服务，并展现着政府的宏大形象，故而时常展现出主导者姿态。另一方面，居委会肩负着党组织的使命期待。我国社区单位自设立以来，便承担着建设基层政权、维护基层稳定的重大责任。党的十八大以后，“基础不牢，地动山摇”的政治要求开始与社区建设产生紧密联结，社区治理被视作夯实“党的执政基础”的重要手段。此后，党建引领观念开始不断在政策推动下，于社区场域中横向伸展、纵向渗透。横向上看，社区大党委、楼宇党组织的形成，有效促进了“区域化党建—社区治理”的联结，不断营造着社区共建、共治、共享格局。纵向上看，小区党支部、小区物业党支部、小区业委会党支部的形成，一方面扫清了社区治理的既有盲区，另一方面更是有效反馈了中国共产党“以社区党建增强党的执政基础”的内在要求。在这一过程中，社区居委会（社区党委会）便化身为推进社区党建的核心角色。

从日常互动逻辑看，在行政服务、党建资源充足下沉的背景下，社区被视作各级地方政府、党组织分配任务的执行载体，大包大揽的居委会也时常扮演着包办主义氛围下的“大家长”。在“包办主义”式服务环境下，居委会更是被居民视作负责生活、工作等私人事务的“大家长”：“现在社区就像是一个‘保姆’或者是‘大家长’，什么事情只要是自己解决不了的，物业解决不了的，那必须社区解决，他们就是觉得社区是万能的，社区你就得帮我。昨

① 2021年6月11日F社区实地访谈。访谈对象唐某，F社区居民，女，35岁。

天晚上，有个居民的电动车被小区保洁擦碰了，他们自己协商不了，就非要让你社区调解甚至是出钱。还有，前段时间我们小区有个人离婚了，孩子也不管他，然后他还是跑到社区里来，他甚至说社区里的人就应该出钱给他租个房子住。”[①]在此过程中，居民等主体的诉求时常难以得到满足，并由此引发纠纷或冲突。居委会则可能通过向“上级部门”索求资源、满足大众诉求的方式以息事宁人、维持“大家长”形象，继而形成“居委会包揽事务—其他主体诉求繁多—居委会索求资源下沉—其他主体持续依赖”的社区服务怪圈，增添居委会以及基层政府的压力。

其次，社区居委会时常在风险事件发生时成为风险责任的首要承担者，这同样是因为社区同时承担着行政、党建的双重任务。从行政责任上看，虽然近年来我国城市社区治理中呈现出“政府主导”“社区自治”“市场介入”“专家参与”等诸多形式，并能够在日常社区治理中根据社区具体类型、形态、属性发挥多样化的治理逻辑。然而在风险冲击情境下，上述模式往往缺乏一定的理论支撑与实践经验。因此，我国社区风险治理依然采取政府主导式的治理结构，社区应对风险的资源、行动指示皆来自上级政府部门，社区成为国家行政体系中执行单位的“最基层”。作为行政下沉的结果，当突发公共事件等风险发生时，大量的风险防控与维稳工作下沉至社区层面，居委会成为风险治理事宜的主要问责主体。“你遇到灾情，你不找社区（居委会）还找谁呢？他们就是政府，你平时办事情不就是找他们吗，出了事情他们是要为老百姓负责的，不然那就是渎职，就是不作为。”[②]由此可见，居委会不但承受着科层体系的压力，同样经受着社会舆论的考验。

与此同时，居委会（党委会）由于同样承载着政党意志的延伸角色，在发生风险事件时，维持基层政权稳定的责任也被整合进了社区风险治理之中。中国共产党自建立以来，秉持着“立党为公、执政为民”的执政理念，“群众”始终是中国共产党的初心与使命中的关键构成部分。因而从新民主主义革

① 2021年2月2日J社区实地访谈。访谈对象童某，J社区居委会副主任，女，35岁。
② 2021年2月3日J社区实地访谈。访谈对象吴某，J社区居民，男，58岁。

命时期、中华人民共和国成立初期及改革开放至今，走好“群众路线”对于中国国家的建构而言是至关重要的。同样地，无论是在日常社区治理中，还是在社区风险发生时，党组织、党员都要践行“一切为了群众，一切依靠群众”的理念，这也对社区居委会提出了较高的要求。“社区有党支部，我们这里也有党员，反正电视新闻里都说发挥党员带头作用，那关键的时候他们就是需要挺身而出，谁让他们是党员呢。”[①]因此党员、党组织在成为一份荣誉象征的同时，也强化了居委会自身于危机处境下的角色义务与政治责任。然而值得注意的是，社区自身在常态情况下便承载着较多的行政与党建任务，因而风险治理职责的加压将存在使社区超负荷运转的可能。

二、居民：社会损失的承受者与风险治理的旁观者

（1）社会损失的承受者

在风险冲击状态下，社区居民的生命安全及生产生活，皆可能在瞬时之间遭受重创，因此其首要身份是风险灾害的承受者。现代风险对于社区居民的影响，可以从理论与现实两个维度进行分析。

从理论层面上看，风险社会背景下风险分配逻辑与风险承受方式的改变，导致社区居民的损失程度提升。与传统时期风险于底层积聚、财富于上层积聚的简单风险分配逻辑不同，现代社会风险虽然在短期内呈现为不平等的分配模式，然而在现代性的全球化、工业化等动力机制的作用下，现代风险将会以打破阶层、种群壁垒的方式平均地分配到社会各个角落，无人可以幸免于难。因而对社区居民而言，当城市范围内发生风险事件后，任何人皆是潜在的利益受损者。在此基础上，社会成员承受风险的方式也发生了显著改变。前现代社会中，社会成员往往能够依附于宗族、邻里等乡土社会中的情感联结，以共同体的姿态抵抗灾难。然而随着人类文明的现代化程度不断加深，社会流动、市场竞争、工业生产等因素合力解构着传统时期的

---

① 2021年4月3日D社区实地访谈。访谈对象胡某，D社区居民，男，36岁。

生存模式。社会成员被抛向了现代社会的未知运行轨道,仿佛一个个原子一般散落在社会结构之中,形单影只地面对现代风险的挑战。正如我国单位制随市场经济体制确立后而逐步瓦解一般,“单位人”慢慢演变为“社会人”“社区人”,国家不再直接与社会个体发生联系,转而成为大众生产生活的全部依托。与此同时,社区承载社会治理与风险治理责任的精力、能力却又相对有限,社区居民难以通过有效的社会联结形式抵抗风险,时常缺少快捷地传递利益诉求的方式,以至于居民往往在风险事件发生后承担着大量的不确定性损失。

从现实维度上看,社区居民所承受的风险往往是多方面的、具有连续性的:一是生命安全问题,社区居民可能由于风险感知能力、自救能力、互救能力不足,导致在遭遇风险时无法立即有效地应对风险,身体健康抑或生命安全受到威胁;二是经济保障问题,社区居民可能由于风险冲击而暂缓甚至失去继续参与工作的机会,造成短期内经济能力不足抑或长期经济压力引致的阶层下滑;三是心理健康问题,在风险瞬时发生的短期内,部分居民可能由于面临不确定性危机、承受大量损失而导致恐惧感及幸福感缺失。在长期性的风险环境下,部分居民甚至陷入抑郁情绪或精神疾病之中,难以维持正常的生产生活能力。

(2) 风险治理的旁观者

现代风险本质上是人为风险,这意味着风险规模的扩大时常与人为性因素有关。居民作为社区的主要构成群体,以及应对社区风险的关键主体,在传递风险信息、发起集体行动、凝聚团结意识等方面具有至关重要的作用,因此居民应当与社区居委会、物业等主体一同加入社区风险治理之中。然而在突发公共事件发生后的风险情境中,居民群体通常未能够积极加入社区风险治理之中,他们往往仅以社区公共服务的体验者、消费者或社区风险治理的旁观者身份存在。究其根本,在于居民与物业公司、社区居委会皆存在一定的“交换关系”。

首先,社区居民于物业公司而言是服务商品的消费者。不同于计划经济时期的传统单位制社区,现代城市社区无论是撤村建居社区、商品房社区抑或单位社区,往往是在市场交易的理性选择逻辑支配下所形成的。因而在社区中,居民始终与房地产公司、物业公司进行着房屋与社区服务的商品交易,尤其是物业公司需要对业主的利益、权利、文化等需求提供长效保障。同样地,从理论上来讲,在风险事件发生时,社区居民能够得到物业公司在物资、应急援助、灾后重建服务等方面的连续性社区服务。“你买了这里的房子,选了这个物业,你总不能说发生意外了,卖家、物业就不管了吧,这都是你买房子的时候该有的配套售后服务……我们这里其实换了好几个物业了,这个东西总是越换越不满意,直到换到满意的再定下来,反正你是消费者,那你就要选到称心如意的。”[①]当物业公司提供的社区服务存在质量问题时,居民也能够通过业委会等制度化渠道,依据相关法律条例进行利益诉求的表达,对物业公司的工作进行监督。

其次,于居委会而言,居民是社区公共服务的监督者与旁观者。居民对居委会的公共服务监督表现在以下两个方面。一方面,居民对居委会拥有一定的监督权利。从 1989 年《中华人民共和国城市居民委员会组织法》提出“居民委员会应当开展便民利民的社区服务活动”开始,直至 2017 年“中央 13 号文件”中提出“提高社区服务供给能力”,我国社区服务的范畴已由最初的民政服务延伸向了文化体育、公共安全、卫生计生、社会保障、劳动就业等更为广泛的范畴。如社区应急治理、维稳等工作,也被包含进了居委会所需要提供的社区服务之中。在风险事件发生后,若居委会、业委会未能依照相关条例行使应有的治理职责,社区居民同样能够以制度化的方式提出投诉。另一方面,居民与居委会成员存在选举与被选举的关系。2000 年伊始,居委会的选举由原先的“政府任命”形式逐步转向“民主选举”形式,社区的群众自治拉开序幕。由于居委会成员的任职选举由居民投票决议产生,因而居民与居委会成员之间存在着一定的“选举—服务”的关系。“我们当时有些

① 2021 年 6 月 11 日 F 社区实地访谈。访谈对象唐某,F 社区居民,女,35 岁。

人都参与选举了，双过半嘛，他们想要这个工作，我们把他选出来，国家给他发钱，那拿着国家工资的人不是应该为人民服务嘛。”[①]由此可见，无论是常态情境抑或风险冲击状态下，于居民而言，社区居委会成员的胜选与长久任职，需要以身体力行的社区服务换取居民支持为基础。在这一过程中，居民的监督意识、旁观者意识逐渐提升，并被不断赋予正当性，其自治意识则不断被削弱。

三、物业：社区服务的供给者与风险治理的协作者

（1）社区服务的供给者

在社区风险治理范畴中，除了需要厘清政社关系外，还应当关切市场场域的运作。在社区风险治理结构中，物业公司这一市场主体的首要治理责任，便在于社区公共服务的供给。

我国物业公司的服务供给职能，与我国社会制度形式、大众住房形式的双重变迁密切相关。在计划经济时代，在国家经济发展规划中，城市住房的所有权与使用权之间处于一种分离状态。此时房屋由单位分配，单位是城市空间内国家管理与服务的基本执行主体，因而住房管理也是一种单一性的行政管理模式。改革开放以来，在中国特色社会主义市场经济制度确立、住房制度改革深化的背景下，“货币分房”政策成为单位制解体后城市社会中长期实行的福利分房政策的替代，房地产市场得到有序发育。1980 年，深圳东湖丽苑以补偿贸易的形式进行土地批租，建成了中国大陆的第一个商品房小区。随后，商品房住宅小区成为城镇居民主要的居住模式。此时居民住房业已成为个人私有物品，房屋使用权与所有权开始融合，居民及其房屋的关系逐步被拓展为“产权购买—商品服务”的市场契约关系。在城市社会中，基层社会自治、房屋市场发展得到迅速扩容，伴随的是城市权力、利益、治理关系的全面转变，尤其是物业服务企业、业主委员会成为新的社区

① 2021 年 4 月 3 日 D 社区实地访谈。访谈对象胡某，D 社区居民，男，36 岁。

组织力量、治理力量登上历史舞台，与业主间形成紧密利益关联。为了解决城市住宅小区中房产的日常管理和维修问题，在住宅小区中引入了市场化的物业管理模式。物业的出现打破了传统的房地产管理权力格局，专业化的物业管理公司成为房地产经营与管理的重要组成部分。改革开放近 40 年来，物业公司已成为社区治理中的市场主体，它承担着进行专业维修、养护管理以及维护管理区域内卫生状况和公共秩序的责任，主要为小区提供保安、绿化、工程维修、客户服务、保洁等五项常规性生活服务。

同样，当风险事件发生时，物业公司需要为社区居民提供日常公共服务及基础性生存保障，主要集中在以下几个维度：在卫生消杀方面，需要负责采购预防药品及消杀制品，严格遵守消毒程序；在人员流动方面，需要对人流比较集中的场所进行严密监测和防范；在信息上报方面，禁止瞒报、漏报与缓报，同时也要防止乱报引起的社区居民恐慌。

(2) 风险治理的协作者

相较于居委会，物业公司在风险治理中的角色更多地呈现为一种协作者而非主导者、问责者。这与物业和居委会的差异紧密相关：一方面，如前文所述，在行政、政党下沉的背景下，居委会成为风险治理的主要问责主体，然而物业公司无论是在法定意义上抑或在工作使命上皆不具备强制性约束，而仅是依照物业管理合同为社区提供公共服务；另一方面，当风险事件发生时，居委会往往不必在日常行政工作中投入时间精力，而是全身心投入“保供”工作。与之不同的是，物业公司需要在防范风险的同时，为居民提供基础性的日常社区服务，如管道维修、楼道清洁、快递柜管理等。

在此基础上，当居委会扮演风险治理主导者时，物业公司主要发挥着协作者功能。在依据合同履行自身物业管理任务的同时，物业公司也将尽力配合、满足居委会要求，并一同参与治理。“社区就像是一个家，居民是这里的主人，居委会和物业就像是这里的管家，居委会主导，物业就需要配合居委会一起好好维护这里。防灾的时候也是一样，社区和物业要配合好的话才能出‘1+1>2’的效果，否则社区就会乱套了。”[①]正如该社区工作者所言，物业往往成为社区日常、风险治理中跟随居委会的配合者、协作者。

四、业委会：权益表达的耦合体与风险治理的顺应者

（1）权益表达的耦合体

除上述主体外，作为社区“三驾马车”（居委会、物业公司、业委会）重要构成的业委会，同样是社区风险治理中的关键角色。然而在我国当前的社区环境中，业委会并非一种稳定表达居民诉求，与物业、居委会形成良性互动的治理主体，而是时常成为一种随权益表达需求、利益冲突程度而变化的耦合体。

随着社会变迁与市场化经济的驱动，国家权力将不断淡出社区场域，并释放社区自治活力，国家力量与社区场域中的社会力量、自组织力量，将逐步形成较为良性的互动联结关系，这一逻辑同样在转型中国社会中有所呈现。正如近年来在商品房小区勃兴的背景下，于计划经济时期注入基层社会的国家力量不断从社区多元主体互动中抽离。在地方政府引导与一系列制度实践下，业委会这一致力于传递业主需求、保护业主权益、彰显自治权利的自组织，逐步在社区治理结构中站稳脚跟。从国家治理上看，业委会与党组织、居委会共同行使着政治稳定职能。从社区常态治理上看，业委会又与居委会、物业公司形成了保持社区活力的“三驾马车”。

然而值得注意的是，在我国当前的社区环境中，业委会存在不少问题，从而限制了其稳定运行。从外部因素上看，部分制度保障的缺失导致业委会难以在权利实践中保证规范性，居民公共意识的不足也影响了业委会选举的科学性、积极性与能动性。从内部因素上看，业委会内部结构的老龄化、人员专业性缺失，同样致使其难以顺畅运行。作为其结果，社区业委会往往沦为一种“争取消费者主权—社区组织外壳”叠加下的耦合体。在面对

---

① 2021年3月3日J社区实地访谈。访谈对象韩某，J社区网格员，女，51岁。

社区矛盾、冲突时，业主聚合为维权集体的可能性与实际治理效用，取决于不同程度利益考量与心理作用的交互结果。只有在公共利益、个人利益同时受损时，业主方才迫切地寻求以一种联合行动的组织形式参与社区治理，业委会随之成为其便捷选择。“现在商品房小区能成立、做好业委会的确挺不容易，一是有些人没这个意识，不知道社区是什么、业委会是什么，所以不参与。还有就是即使有人有意识、有想法，但是大家都互相不理睬、没时间，那这个有想法的人还是办不成。除非是火烧眉毛了，影响到自己利益或者所有人利益了才会参加，这也挺现实的。”[①]由此可见，在诸多因素的钳制下，业委会在现代城市社区中的日常运转境况与治理参与样态同样堪忧，这也可能在一定程度上影响其风险治理效果。

(2) 风险治理的顺应者

相较于其他主体，业委会在风险治理中的角色定位具有一定的复合性。这在以下三个维度上有所呈现。从构成维度上看，业委会成员与居民群体具有较强的同质性。业委会成员直接源自本社区居民群体，因此其参与风险治理的态度、方式，直接反映了风险情境下社区居民的生存状态、价值观念、行为选择等生动信息。从治理职能上看，业委会与物业公司具有一定的相似性。业委会成员的身份合法性来自业主理性考量下的投票选择，并在相关制度安排的约束下承担着相应的契约义务。因此，业委会需要在社区治理中承载民意，如执行业主大会决议、监督物业服务、向居委会等主体反映业主意见，皆是其作为传递业主诉求端口的角色呈现。从工作义务上看，业委会与居委会又存在着一定的近似之处。在当前中国社区治理结构中，国家合法性主要体现在“社区党组织—居委会—业委会”的治理实践之中，三者既是社区日常治理的核心主体，又同时是基层社会政治稳定的主要保障。

由此可见，在构成方式、职能定位及主体属性的限定下，业委会在社区

① 2021年4月11日D社区实地访谈。访谈对象裴某，D社区党支部书记，男，51岁。

风险治理中同时肩负着治理使命与服务义务，并与居委会、居民、物业公司产生着紧密的关联。然而值得注意的是，相较于居委会、物业公司等社区组织，业委会自身在风险治理实践中往往呈现较强的局限性。“业委会的作用说大也大，说小也小。一般来讲，社区里有物业就必须得有业委会，这是原则，它要约束、监督物业，它代表着居民。但是发生灾害的特殊时期他们又像隐身了一样，你指望不上他们，他们一没有专业的人员，二没有专业的能力。灾害快过去了，他们才向居民传递一些信息。但是实际上这些事情社区都可以做，他们也就是一个陪衬。”[①]正如该社区党支部书记所言，在重大突发公共事件等外部风险影响下，业委会时常以一种顺应者的身份参与风险治理：一方面，由居民构成的业委会往往并不具备其他主体的专业应急素养，因而可能由于外部扰动而失去常态功能；另一方面，一些业委会由于其组织结构较为松散、议事制度较为复杂，以至于在风险冲击下时常出现运转失灵的窘态。于部分治理资源禀赋较强的社区而言，业委会尚可在居委会动员、引领下参与应急实践。然而当居委会、物业公司自身不堪重负时，业委会极有可能在风险治理中悄然隐退，并反向增加其他主体的治理成本。

第三节　社区风险治理中的主体避责博弈呈现

社区韧性的形成，对社区风险治理中居委会、居民及物业等组织的责任共担和风险共治提出了较高要求。于居委会而言，作为社区管理者及风险治理的主要责任主体，一方面需要在风险来临初期，通过较强的风险感知力、较快的风险适应力及有效的学习力来有效地处置风险，减缓其对社区的前期冲击；另一方面，在风险发生时，居委会需要引领并协调多方主体迅速

① 2021年4月11日D社区实地访谈。访谈对象裴某，D社区党支部书记，男，51岁。

展开救援，将社区恢复至常态运行水平。于社区居民而言，作为社区生活场域中的主要构成主体，同样需要在保障自救、家庭救援能力的基础上，致力于实现邻里互救及社区集体抗灾，从而为物业与居委会提供持久、有效的力量支援。于物业公司而言，作为社区公共服务的主要提供者，需要在应对风险的全过程中与社区进行密切合作与默契沟通，从而提升风险治理效能，保障基础性社区公共服务的稳定供给。

与理论构想中的风险共担图景不同的是，我国不同城市社区的韧性水平、风险共治能力往往大相径庭。诚然，不乏一些凝聚力、执行力较强的社区主体，能够在风险来临的短时间内迅速组成抗灾队伍，并具有维持高效风险治理能力的内部增强机制。然而在一些城市社区中，由于包办主义服务模式的影响，居委会、居民及物业公司等主体的行为动机存在较大冲突，难以形成风险治理共识。以至于在应对风险事件时，彼此皆呈现了一种交互的“避责”状态，即无人愿意为风险治理负主要责任，从而可能导致风险责任的旁落以及社区风险治理的失灵。

一、居委会的治理权责不对称与消极性应对策略

在避责式的社区互动结构中，居委会承担着社区风险治理的主要职责，肩负着巨大的治理压力。然而与此同时，囿于风险治理权限的局限性，居委会却往往未能积极、高效地开展风险治理工作，甚至不断为躲避所肩负的风险责任寻求合法性。

（1）居委会治理责任与治理权力的不对称

为履行维持基层政权稳定、社区秩序安定的政治、行政责任，居委会需要在有效运用社区既有的物力、人力、制度、能力等资源禀赋的基础上，充分动员社区其他主体，从而积极共担风险冲击。然而在风险治理实践中，居委会实则面临着“治理责任—治理权力”不对称的困境，这也为风险治理的失效埋下了一定的隐患。这种权责不对称，主要体现在以下两个方面。

一方面，面向社区居民的风险治理存在权责不匹配。在重大突发公共

事件发生时，社区为保障辖区范围内居民的生命健康，规避影响社区秩序稳定的不稳定因素，可能会采取一些强硬手段。如 H1N1 等公共卫生事件防控期间，我国部分社区曾以封闭小区等措施限制出行、阻断传染路径。然而，这种风险治理方式一方面打破了居民的日常流动方式与生活节奏，另一方面由于并未及时获取上级部门的指示抑或没有规范性的法律条文作为封闭小区的依据，可能引发居民质疑甚至矛盾冲突，甚至是网络舆论的广泛抨击。“说实话我们是没有权力这么做的，去管控人家出行的时候，又没有公安、城管配合我们联合执法，那你这么做，别人肯定是要质疑的。但是关键时候，你又没法和他们（居民）讲这么多，只能先保障不出事，其他的只能先放一放。”①

另一方面，与社区外部权力机构存在权责不匹配。风险情境下，社区除依靠自身力量应对灾害，同样需要与外部的政府、医疗部门等职能机构产生良性互动，以联合应对困境。如街道层面的社区卫生服务中心，抑或区政府辖区内的医疗部门，往往成为重大突发公共事件中与社区保持联络、救治社区居民的主要单位之一。然而在一些重大突发公共事件发生时，我国部分城市社区并不具备与相关医疗机构直接协商的权力。在医疗资源紧张的局势下，社区唯有被动地接受相关机构的指示，并对内安抚居民。社区居委会一方面承担着安抚大众情绪、保障基层秩序稳定的职责，另一方面却不具备将患者压力分流而出、安置疑似病例的权力，唯有在权责不对称的窘境中坚守。

（2）居委会的消极性应对策略

如前文所述，与所肩负的巨大治理责任相冲突的是，居委会不但缺乏充足的人力、物力等治理资源，更不具备与治理职责相匹配的适当权力。作为其结果，在风险事件发生的情境下，社区工作者可能会产生规避责任、保全自身的避责思维，或是在社区治理中依附于上级帮扶，或是以抵抗式的日常卸责来消极应对治理。

---

① 2021 年 2 月 28 日 J 社区实地访谈。访谈对象江某，J 社区干事，女，34 岁。

首先,居委会的依附式消极治理。所谓依附式消极治理,指的是居委会在履行风险治理责任时,为避免违抗上级命令、造成风险扩散,而呈现一种无视现实条件、“唯上级命令是从”的麻木态度。当居委会同时面临风险治理能力、权力不足等困境时,将可能在很大程度上消减其主观能动性,使得居委会陷入一种依附于上级的主体性欠缺状态,并主要表现为以下两个方面。第一,对上级部门布置任务的绝对服从式履行。由于上级部门难以与居民产生直接联系,因而往往以宏观政策指导社区单位进行风险治理。在此过程中,社区治理者可能需要根据现实情况向上级反映问题以改进治理策略,而欠缺主体性的社区工作者则可能摆脱这一风险情况的反馈责任。因此,在风险治理责任过大的高压状态下,社区工作者可能将自身的能动意识让渡而出,简单地将自己投入“任务执行”的绝对理性行动框架之中。然而在此过程中,居委会成员可能将科层体制中唯目标论的“非人格化”风格代入社区风险治理中。但是由于居民并非无主体意识的行政对象,因而可能在被“治理”“应对”的过程中产生意见分歧甚至是冲突。第二,对于上级单位的依附式态度。在社区工作者欠缺主体性的条件下,他们往往难以在风险治理中能动地面对、解决问题,而是将自己放置在“政令下放—任务执行”的被动治理的行为框架中。“其实最开始的时候我们是有一些想法的,如找上级多争取一些资源,我们也可以不用心惊胆战,不用披着雨衣(当作防护服)来工作。还有就是搞社区的快递柜一类的,能让居民不聚集地去取东西。但是有时候上级部门还有医疗单位的意思就是你们等着,大家都没有,你不要想着搞什么事情,该做什么就做什么。所以我们干脆就听话,你说什么我们就做什么。直到七八月份,这些东西才慢慢有了,所以你看我们着急也没什么用,没有话语权,没有资源,还是上面说了算。”①由此可见,当社区居委会难以拥有与其他部门商讨、争取资源的话语权时,社区工作者可能产生一种被动等待的姿态。以至于当风险发生时,社区出现需要应急处

① 2021年5月23日Y社区实地访谈。访谈对象陈某,Y社区网格员,女,32岁。

理的情况时，社区工作者无法形成独立应对问题的风险治理能力。

其次，居委会的抵抗式日常卸责策略。抵抗式日常卸责，指的是社区工作者在举步维艰的风险治理中，习惯以一种日常抗争的方式抵抗、推卸自身的风险治理责任。日常抗争最早由美国社会学家斯科特于《弱者的武器》一书中提出，他通过日常抗争这一反抗模式来指涉一种不会产生直接冲突，并且不容易被发现的消极抵抗方式。以日常抗争形式规避风险治理责任的情况，同样发生在我国部分城市社区中，并主要表现为以下三种形式。第一，搁置居民诉求。风险发生后，居委会在面临风险冲击的同时，仍然需要为居民提供资源供给的公共服务以及维持其生存的基本需求。然而在此期间，部分居民在个人喜好的驱使下，往往产生多样化、特殊化需求或诉求，从而在一定程度上增加了居委会的治理难度。作为回应，部分居委会成员往往会以搁置其多样化需求的方式来缓解压力，将主要精力放置在购买药品、运送伤员或病人等更为紧迫的任务上去。然而在这一过程中，则存在着社区工作者积攒消极情绪、忽视居民切实需求的可能。第二，以形式主义虚于应付上级检查。为保障基层社区的风险治理效用，上级地方政府往往通过检查社区台账、查岗等方式考核社区。然而社区工作者往往由于治理任务过多，而难以分身乏术地准备相应的考核材料，以至于可能在这一过程中以形式主义做法应对考察。“发生灾害时你那么多事情要做，哪有闲工夫来精心做台账给上级看，有时候只能应付应付，做得肯定没有平时好……有时候今天该你值班，上面需要知道你一直在这里，那有时候真的很忙很累，就想早点走。正好这个时候下沉干部也要来帮忙，那我们就互相拍个照，他们也舒服我们也舒服，意思就是你来过了，那早走一会儿也无所谓，相互做个证。”①部分社区工作者以偷懒形式应付台账与值班，虽然能够在短时间内缓解其工作压力，然而却也存在着应急人员缺位、风险信息传递失灵的危险。第三，以故意请假等形式表示不满。在特大风险事件发生时，我国社区工作者

① 2021年5月16日Y社区实地访谈。访谈对象曹某，Y社区网格员，女，35岁。

往往需要以“全勤”的姿态时刻待命于岗位中，以至于居委会工作人员往往承受着巨大的精神考验，故而可能以故意请假等方式缓解压力。当个别居委会成员以请假形式调节自我状态时，这尚且在合理性限度之内。然而当众多人员以组织化形式进行日常抗争时，将可能对社区风险治理造成重创。

值得注意的是，催生此类消极应对策略的原因，除治理权责的失衡外，也来自一种“我只是个普通人”的意志消退的责任有限逻辑。从本质上看，社区工作者无异于普通社会成员，皆承担着照顾家庭、辛劳工作、养育子女的义务与责任。“我们也不比谁伟大到哪里去，我也就是普通的居民，只是在另一个地方当社区专干而已，谁不是有爸爸、妈妈、爱人、孩子。所以不要总是跟我们谈什么使命、什么荣誉、什么奉献了，你要钱没钱，要权没权，干得还比谁都多，有什么意思呢，我真的只想好好做个普通人。”[①]诚然，在能力、权力不足的条件下，居委会成员意志消退并希望回归家庭，抑或产生上进心不足、不愿意承担工作责任的“佛系”思维，皆是较为理性的选择。但是在现代风险社会背景下，复合性社会风险并不会选择性地冲击某一固定群体，而是无差别地对各个阶层、职业造成威胁，那么包括社区工作者、居民及物业等各个社会或社区主体，皆无法回避其社会身份、工作所对应的风险治理责任。因此，在风险事件发生时，社区工作者的社会身份将瞬时提升为动员社区多元力量共同应对风险、保障基层社会秩序稳定的责任主体。因此，社区工作者的避责思维将可能直接造成社区风险治理的失灵。社区工作者的诸多日常形式抗争虽然往往是以个体形式发起零散的反抗，鲜有通过组织化、强对抗方式发泄怨气，但这并不意味着其日常性的责任推卸不具备强大的危机力量。

二、居民的灾民意识涣散与风险责任逃避

相较于居委会等社区组织，居民在社区中并不具备法定意义上的社区

① 2021年5月21日Y社区实地访谈。访谈对象陈某，Y社区网格员，女，32岁。

治理义务，因此本身便不存在风险治理的责任压力。在此基础上，社区公共服务下沉所带来的居民社区治理的主体意识不足，更有可能在风险情境下升级为灾民意识，以至于居民可能放弃以自救、互救或集体行动等手段来共治风险，在一定程度上增加了社区与物业的风险治理难度。

所谓灾民意识，指的是一种经受灾难后所产生的消极社会心理现象，一种消极、被动的思想意识，主要表现为“等、靠、要”等消极型思维。[①] 如在汶川地震等特大自然灾害发生初期，部分产生经济损失抑或痛失亲人、家园的灾民可能容易陷入不幸福感、焦虑感等悲观情绪，并亟须国家与社会力量的救助。然而部分灾民则可能在这一过程中形成依赖性思维，即“国家理应帮助灾民”，以至于在灾后重建阶段形成“干部做、群众看”的消极情景。

回到社区风险的分析中，在重大突发公共事件冲击下，部分社区居民同样展现出了一种灾民意识：社区居民无视社区工作者的治理压力，将自身需求随意抛给社区工作者。如发生洪涝、地震等灾情时，部分社区居民要求社区为其提供多样化、个性化需求，当社区工作者质疑时，对方甚至不时以一种“我弱我有理”的弱者语态倒逼居委会为其提供服务：“有些人是习惯你服务他了，认为你是党、你是政府，做这些是使命、是义务，但实际上我们可能是冒着健康甚至生命危险去满足他们的个性化需求。”[②]在此基础上，这种难民意识可能形成传播效应，弥散于整个居民群体之中，继而将居民自救的义务完全转移至社区居委会身上。“在看到我们给别人送东西，知道居委会什么都管以后，有些人就假装空巢老人，要我们爬上楼给他们送菜。结果我打电话的时候听见那边有年轻人，有的还有小孩的，你生气也没用。”[③]诚然，在风险事件发生初期，灾民可能由于经济损失或亲人离世而迅速陷入困境，亟须社区工作者及国家力量的输入以回归生活常态。然而当风险进程步入中后期时，这种灾民意识一方面难以让居民形成“为自己负责”的主体意识以

① 张广利，仝利民．家园重建需克服灾民意识，激发自立精神[J]．华东理工大学学报（社会科学版），2009，24(1)：4－6．
② 2021年6月15日F社区实地访谈。访谈对象张某，F社区副主任，女，41岁。
③ 2021年6月17日F社区实地访谈。访谈对象钱某，J社区党支部书记，女，48岁。

积极应对风险，导致风险再临时可能仍然旋即陷入困境之中。另一方面，将可能对同时承载行政任务、风险治理职责的社区居委会造成较大的外部压力，继而严重地影响到整个社区的恢复与重建速度。

究其根本，这种灾民意识主要来源于以下两个维度的合力因素。

首先，社区包办主义于风险情境的时空延伸。由于社区治理中多个主体的责任边界往往未能厘清，以至于在风险事件发生时同样产生了政党、政府"过度保护"社区的包办主义延伸现象，这也是导致灾民意识的关键因素，主要呈现为时间、空间两个维度。第一，时间维度上的全过程照顾。由"党建力量介入—政府资源输入—社区包揽服务"三股力量形成的包办主义，不但在常态社区治理中日渐频繁，更是在风险情境下延续着这一习惯。重大突发公共事件发生时，我国往往迅速形成以党组织、行政力量为领导的支援力量，对全国各个社区及生活区域进行全过程的生命安全关照。然而这也同时可能会导致公众形成一种"国家理应全面为我负责"的误识，造成居民忽视自己的风险治理责任，产生习惯性享受意识以及依赖心理。"那些一直让居委会的人送东西的、装病的，是认为你既然管我就要管到底，其实就是想着自己承担的风险越低越好。"[①]第二，空间维度上的全方位关照。由党组织、政府组织形成的双重力量下沉，不但能够在日常治理中以网格化管理、党员双报到等形式服务社区及居民，更能够在风险事件发生时形成除社区志愿力量、社会志愿力量之外的不可替代的党、政能量，为社区提供生活界面的全方位支持。但是值得注意的是，在这一过程中，社区居民的风险应对能力并未得到有效培植，在外部力量撤退后，居民可能陷入长久的不适应感，以至于风险重建难以顺利开展。

其次，居民原子化生存境遇下的风险求助本能。如前文所述，随着改革开放序幕的拉开、传统社会联结的日渐式微，在社会大众由"单位人"转变为"社会人""社区人"的过程中，将体验到独自承受风险的不适应感。美国社

① 2021年4月9日D社区实地访谈。访谈对象王某，D社区居委会副主任，女，38岁。

会心理学家弗洛姆(Fromm)曾对社会结构的变迁作出过生动的描述:“现代社会个体为脱离赋予其束缚与安全的‘始发纽带’而寻求‘消极自由’,从而陷入一种无能为力与焦虑感之中……与世界相比,个人觉得世界强大无比,能压倒一切,而且危险重重,由此,他产生了一种无能为力感和焦虑感。一旦成为一个个人,他就形只影单,只能独自面对世界各方面的危险和强大压力。”①弗洛姆将个体化过程视作一种人们追寻“自由”的路径,然而个体化使得社会成员最终沦为风险的唯一承担者。因此,如何“逃避自由”、投入一种新的群体关系以寻求庇护,便构成了人们的理性选择。回到社区风险治理的分析中,居民同样是个体化生存模式中的孤独者,在重大突发公共事件暴发时更是加深了居民的焦虑感。因而当行政、党建力量输入社区时,“亟待被救援的居民群体—全心全意的党政服务”形成了紧密的契合关系。社区居民在品尝到国家政府的全方位关心后,也不愿再回归到独自应对风险的焦虑状态。尤其在我国社会结构急剧转型、社会联结逐步消解的背景下,社区居民的灾民意识极易产生并且难以摆脱,这也可能陷入“风险愈严重—灾民意识愈强烈—自救意识愈消退—重建愈滞缓”的恶性循环之中。

三、物业公司的责任有限逻辑与风险责任转移

在社区风险治理实践中,物业公司往往扮演着除社区居委会之外的“第二号”风险责任主体。然而与居委会的治理逻辑相似,物业也时常囿于诸多现实因素而试图规避风险治理责任,并呈现一种“一分价钱一分货”的责任有限逻辑,将本应承担的风险治理义务推脱至居委会。

(1) 物业的市场主导逻辑及风险治理思维

物业公司的日常运作机制,是基于经济人理性假设的市场交易逻辑。在经济社会学的理论视野中,物业公司的社区治理实践,实则属于一种理性选择下的逐利性社会行动。理性选择概念最早由霍曼斯于 20 世纪 60 年代

① 艾里希·弗洛姆. 逃避自由[M]. 刘林海,译. 上海:上海译文出版社,2015:18-19.

提出，旨在诠释经济学视角下的社会交换与互动行为。此后布劳、爱默森、阿克塞尔罗德等社会理论家也阐释了对理性选择的见解，并由这一流派的集大成者科尔曼系统提出理性选择理论。其中，经济学意义上的理性选择理论是建立在“经济人假设”基础上的，即认为所有行动皆以利益最大化为原则。同样地，在理性选择视域下，市场主体往往以服务为行动导向，以逐利为行动目标。因此，物业作为社区治理中的市场主体，其行动逻辑的背后实则隐含着对于经济利益的无限渴求以及对于契约关系的有效履行。在这一逻辑基础上，物业公司在社区日常治理中往往致力于拓展社区公共服务的涉及范围、完善服务产品的质量，从而实现业主付费价格的提升。所以在社区生活中，物业主体需要与业主群体产生紧密关联，从而避免“社会—市场”两大场域间发生矛盾与冲突。由此可见，物业的主要负责对象是业主自身，物业为维护经济效益的稳固提升，将会对业主所提出的要求与期望进行及时、合适的回应并进行积极规制，从而能够保障自身在法律法规、物业服务原则的框架内获取最大的利润回报率。

由此可见，与社区居委会不同，物业公司本身便不存在行政、党组织所寄予的治理责任与义务，仅需依照市场逻辑进行“服务交易”，为小区提供基础性的日常社区服务与风险治理服务。在此基础上，在风险事件发生时，物业公司往往依照物业服务合同而提供较为基本的社区公共服务。以J社区为例，其辖区内X小区物业公司于特大暴雨事件发生时，其风险治理职责主要分布于排除积水、防洪防涝、灾后病毒消杀等板块：“我们不是居委会，居委会是政府部门，我们是公司，是要赚钱的，那你提供多少物业费，多少人提供物业费，我们就给你多少服务。之前有物业公司被他们赶跑了，因为做得不好，物业费根本收不上来。我们现在物业费大概能收上来70%，还算可以接受，正常范围内吧。至少有灾害的时候我们小区没有什么矛盾，大家还算比较和谐。”[①]正如该物业公司员工所说，当“物业运行支出—业主费用上缴”

① 2021年4月15日D社区实地访谈。访谈对象洪某，D社区物业公司职员，女，45岁。

二者匹配时，社区的公共服务将得到有条不紊的提供。

(2) 社区多元主体的期待提升与物业承担的治理责任边界拓宽

如前文所述，社区物业的行动逻辑来源于业主与其之间产生的市场交易原则。然而在物业履行经济义务、加入社区治理的过程中，这一市场主体所承担的责任空间实则同样不断扩容，并与物业的有限性市场逻辑发生冲突。物业公司所肩负的期待与额外责任主要来源于居民、社区以及基层政府三个主体。

第一，大众对于物业服务的高期待。在近年来城市居住空间封闭化的趋势下，除物业所应肩负的绿化、安保、工程维修、保洁及客户服务责任外，大众对于物业在辖区范围内承担消防安全保障、邻里矛盾协调、车辆乱停乱放管理等问题的治理职责有了愈发高涨的期待。“这几年我们物业费涨了不少，之前是两块，后来两块三四毛，到现在接近每平方米三块左右了，一年下来要将近四千元，这不算便宜了。说实话，我不知道物业要做什么，我们只知道物业他拿人钱财、替人消灾嘛，我交了物业费，那小区里面所有事情就应该物业负责，平时社区里的绿化、车位肯定都是要他们管的。”[①]该小区业主的态度也正是绝大多数居民对于物业服务的认识与期待，但是这实则忽视了物业的有限性责任边界。以我国《物业管理条例》第三十六条规定为例，“物业服务企业未能履行物业服务合同的约定，导致业主人身、财产安全受到损害的，应当依法承担相应责任”。由此可见，物业服务企业在小区治理中所需要承担的仅是法定意义上的合约履行责任，而并非居委会式的使命性兜底责任。于小区居民而言，物业管理相关的知识、条文由于其较强的专业性而难以被广泛、有效地普及，以至于广大居民可能对物业所应承担的责任范围具有持久、深刻的误识。作为其结果，物业在居民心中被建构为一种“全能型”的物业管理角色，居民认为物业在日常治理中应当承担居民需求的无限责任，在风险治理中更是应当以居民生命安全为首要原则。“我们

① 2021年2月3日J社区实地访谈。访谈对象方某，J社区居民，男，45岁。

上一届物业就不太行，你打电话到物业让他来修灯泡一类的，他就应付一下，要不然就是收很高的费用，花那么多钱就像打水漂。我们很不满意，有人就去投诉他们，后来就被炒掉了。目前，换成现在这个，但是说实话，真是越换越不满意，不知道是不是我们期待太高了……那发生灾害的时候更是需要物业呀，他们就是我们的'保镖'嘛，所有业主都出钱，那你拿钱不干活说不过去吧。"[①]由此可见，当"服务供给—居民期许"不对称时，便时常引发物业公司与小区业主的纠纷。

第二，社区居委会对于物业主体的期待提升。在社区行政化趋势下，上级部门任务不断下沉至社区，居委会承载着前所未有的行政压力。为有效应对上级任务与考核，抑或维持社区内秩序稳定，社区往往要求物业对其社区治理任务予以配合。尤其是当社区内出现治安事件、矛盾纠纷时，由于居委会是居民自治组织并且不具备执法权，因此并不存在应急处理、风险治理机制，并倾向于依赖物业管理服务的力量。"一个好的社区服务，是需要居委和物业在平时配合好。我们社区（两委）是没有执法权的，那有些事情你必须依赖物业，或者就直接报警。比如有些居民车子被刷了、车子丢了，那必须得物业出面了，我们居委会毕竟只是起到一个协调的作用。"[②]在此基础上，地方政府与社区倾向于以物业服务企业管理社区，从而减轻自身的行政压力。同样地，在风险事件发生时，物业便成为居委会所仰仗的"队友"："像我们社区有物业还好，物业帮我们做了好多，你不知道有些'老、破、小'是没有物业的，发生暴雨、洪涝的时候，那一系列防灾的事情全都是社区自己做的，还没有志愿者来帮忙。"[③]显然，当物业服务机构愿意为居委会承担额外责任，与其一同治理社区风险时，社区往往能够呈现出较强的韧性水平，并在风险来临时有条不紊地开展风险防控工作。然而物业作为一个以营利为目的、依法自主经营的企业组织，并无"包揽"社区风险治理的责任，因此不

① 2021年2月3日J社区实地访谈。访谈对象方某，J社区居民，男，45岁。
② 2021年4月12日D社区实地访谈。访谈对象裴某，D社区党支部书记，男，51岁。
③ 2021年4月2日D社区实地访谈。访谈对象裴某，D社区党支部书记，男，51岁。

应当承担社会治安、矛盾调解等国家有关机关的法定职责。正如《公司法》、物业委托合同中并不存在此类职责，因此物业也往往不愿配合，以至于在部分社区中同样存在着物业避责导致社区风险治理不足的可能。

第三，地方政府对于物业主体的期待提升。在社会治理重心下移的趋势下，基层生活场域的和谐、社区秩序的稳定与否，直接关系着基层社会的治理水平，以及地方政府官员的政绩考核。然而由于包括街道办事处在内的各级地方政府皆存在着行政任务层层加码的压力困境，因而习惯于依托物业组织等市场力量协助其规避治理难题。正如在地方政府的行政管理实践中，倾向于以物业服务企业管理小区事务："物业他们虽然是一个以营利为主的经济组织，但是他面向所有小区业主，所以他有很强的公共属性。那么平时小区有一些治安问题、车位问题，物业是不能逃避责任的，他们应该主动为业主负责。"[①]正如该街道党工委副书记所言，物业作为市场交易下的服务供给方，需要为居民提供高质量商品。但是不可否认的是，物业服务、业主自治作为国家规划性变迁的产物，其有效运行需要以政府的公共管理角色为依托，从而规范市场行为、培育居民自治。然而，由于地方政府出于自身需求，往往使得物业不得不形单影只地处理社区事务，导致行政机关的责任可能被推向物业管理企业，扩大物业的服务管理职能。其中也自然包括在风险事件中，物业需要承担维持社区秩序稳定、保障社区居民的生命安全的责任。正如在新冠疫情防控期间，杭州市在新颁布的《杭州市物业管理条例（修订草案）》中，特别增设了"将物业服务纳入相关突发事件应急处置工作体系，并建立物资和资金保障机制"的规定。对于我国社区风险治理而言，该举措彰显了较强的进步性意义，有助于提高市场组织参与度以及整个社会的风险治理水平。但是在风险治理中，地方政府能否有效维护公共利益、履行法定职能，从而消减物业承担的额外压力，对于能否有效提升物业的风险治理水平而言至关紧要，否则将可能引致物业等市场组织的避责思维。

① 2021年4月25日N街道办事处实地访谈。访谈对象卫某，街道党工委副书记，男，49岁。

(3) 物业的责任有限逻辑与避责呈现

在社区居民、居委会及地方政府期待物业风险治理能力提升的前提下，作为社区风险治理主体的物业公司，则往往以市场逻辑作为其责任有限的避责策略，从而可能造成风险责任的转移。物业公司的避责理由一般集中于以下两个维度。

一方面，日常、风险情境的双线治理能力有限。于物业公司而言，其主要职责在于保障社区日常秩序与业主服务，应急治理、风险应对能力的培育同样是其薄弱环节。因此，当重大突发公共事件侵袭时，物业决策者及员工并不具备处理风险的能力。“谁也不会专门为百年一见的大灾去做应急培训，因为平时根本遇不到，所以真发生(大灾)的时候大家都是摸着石头过河，刚开始谁也说不准这事儿该怎么处理，所以都很恐慌。”[①]在此基础上，相较于居委会而言，物业同样承担着巨大的治理压力。如前文所述，在特大风险来临后，居委会的主要职责在于叫停行政工作，全身心投入“保供”之中。而物业则需要在协助居委会处理社区风险的同时，继续提供日常性社区服务。“那有的住户就认为他花了钱，你就得办事。这没错，绝对没问题。但是你要知道，我们一方面人手不足，另一方面我们要做的事情太多。除了防灾，平时的社区服务你还得做，包括有人家楼道里漏风漏雨了要你去修，但是干这个活的人可能在做其他的或者回家了，我怎么去给他修。所以就有人跟物管科反映、投诉我们，或者在网上骂我们，说我们不作为、不满足他们基本诉求。”[②]由此可见，于居委会而言，由于其特殊的政党、行政属性，尚可以通过国家使命、党员责任约束组织成员挤压假期与个人休息时间，投入抢险救灾之中。然而物业公司作为市场组织，则无法迅速召集已返乡员工回到工作岗位，以至于物业公司在面临“风险治理—日常治理”双重压力叠加时，仅能以现有人力尽力提供服务保障。

另一方面，市场机制失灵下的治理动力不足。在理性选择理论的视野

① 2021 年 2 月 25 日 J 社区实地访谈。访谈对象周某，J 社区物业公司负责人，女，44 岁。
② 2021 年 2 月 25 日 J 社区实地访谈。访谈对象周某，J 社区物业公司负责人，女，44 岁。

下，追逐经济利益与效益最大化，构成了行动者参与社会行动的根本动机，即韦伯笔下的工具理性。因此在市场选择逻辑下，小区物业费用、公共收益等经济效益直接决定了物业公司的公共服务质量与社区治理运转效果。同样地，较低的经济收益也显著地限制着小区日常治理尤其是风险治理的水平，这在不同类型的小区及其配套的服务差异中有着深刻的体现。在一些物业费高昂的高档小区中，业主于风险事件中往往能够获取到丰富、完整的外部支持。如在重大突发公共事件发生时，一些高档小区便能够在物业公司的照料下有条不紊地维持常态生活秩序、实施风险治理。然而在部分城市棚户区、老旧小区、撤村建居小区中，由于物业运营的成本过高，往往难以吸引物业公司入驻。此类小区往往通过街道的主导与支持引进物业公司，但由于此类物业服务属于政府兜底性质，因此物业费用较为低廉，物业服务人员也往往较少，也仅能提供打扫公共区域、小区大门站岗等较为基础的社区服务："业委会的人总觉得物业在贪污、不作为还是什么，所有业委会都想换物业，结果越换越差。但其实你想一下，他们这边物业费很低，才5角钱，总共才十几号人，你指望它（物业）平时给你提供什么服务？能给你通通水管、扫扫路就不错了。你想它还需要给经理和下面的保洁、管理人员、收费的人员发工资，还要给保安发工资，物业能在基础运转下再去管理其他事情，已经算很不错了，对吧？说句不好听的话，你想要好一点的物业可以，你像碧桂园那边物业费每平方米3.9元，人家物业服务就是好。网上不是还有新闻嘛，说武汉武昌那里还有一个碧桂园的物业费是每平方米7元钱。疫情防控期间，那个小区基本上一例疑似或确诊病例都没有。因为他们业主基本上都不出门，有物业给业主做团购，物业每家每户给业主送物资，业主的垃圾都由物业丢。所有的东西都是楼栋管家安排好，每个月交上去的物业费平均就是90%（业主数量），你那10%没交（没交的人）我就不给你服务。其实你买得起那里的房子，你就享受得了那个条件了。你想想5角钱和7元钱差了多少，自己算一下这个账，对吧，人家的公共收益肯定也比这边高。这边基本没有什么公共收益，也没有电梯，即使有电梯，也都是后面加装的，不算物业的，人家电梯都有公共收益，是可以让物业分钱的。”[①]因此在“利益受益—治理行动”的理性选择框架下，撤村建居小区、老旧小区往往难以在重大突发公共事件发生时得到物业等依照市场逻辑运行的主体所提供的有偿服务，而仅能够在社区等受命于国家责任、党政使命的基层组织所供给的服务中得到支援。

因此，由于经济收益的入不敷出，抑或组织人员数量、治理能力与精力的有限性，物业公司往往在风险治理中呈现出三种避责行为。第一，对于业主所寄予的额外期望与治理要求予以回避。当重大风险事件发生时，部分物业企业在理性考量下，为保障自身机构运行、员工薪资发放的组织稳定性，而选择性地满足居民的较高价值期望，回避其力所不能及的、业主所企盼的治理责任。“我们能做到的就是消杀、站岗、巡逻，还有帮着业主团购，人力物力实在有限，我们毕竟也要生存。但是有的业主就会骂你，说你不作为。”[②]第二，对于居委会所提出的部分协助治理要求进行卸责。风险情境下，当部分物业无暇自顾时，更是难以对居委会所提出的风险共治诉求进行回应。“到四月份的时候还好，那个时候没那么紧张了，我们开始和社区做常态化防控。但是二三月刚开始的时候，我们真是自身难保，当时社区也很忙，他们想让我们帮他们排查重点人群，但是我们根本没能力去做，我们只能去做好自己该做的消杀一类的。”[③]第三，对于地方政府的协调治理要求进行讨价还价。地方政府为完成风险治理任务，时常将物业、社会组织等市场主体纳入社区风险治理的责任框架之中，然而此类商业机构则可能由于能力、人力、物力的限制而有限地参与其中。“政府想让你一起行动，出发点是很好的，我们也非常配合。但是实际做起来的时候，我们有时候未必能达到那个效果。不是我们不好好做，实际上谁还不是个普通人呢，都是出来打工的，不会故意害人、盼着人家不好，那是真的能力有限。”[④]作为物业避责的结

① 2021年4月5日D社区实地访谈。访谈对象洪某，D社区物业公司职员，女，45岁。
② 2021年4月24日D社区实地访谈。访谈对象洪某，D社区物业公司职员，女，45岁。
③ 2021年6月4日F社区实地访谈。访谈对象陈某，F社区物业公司负责人，男，39岁。
④ 2021年2月24日J社区实地访谈。访谈对象周某，J社区物业公司负责人，女，44岁。

果，额外溢出的风险治理责任，或是以居民自我消化、应对风险为代价，或是造成社区承担治理压力的责任转移。

四、业委会的摇摆性治理思维与应激性风险抵抗

如前文所述，社区业委会在身份属性上彰显着一定的复合性特质。一方面，业委会如居委会、物业公司一般肩负着一定的服务义务与治理责任；另一方面，它又直接传递、表现出居民群体的利益诉求与价值期待。理想状态下，在重大突发公共事件发生时，自治能力较强的业委会能够在风险治理中发挥承上启下、配合治理的积极作用。然而对于部分先天禀赋较弱的业委会而言，多样化职能实则增加了其角色定位的模糊性。正如重大突发公共事件发生时，一些城市社区业委会在风险治理中时常呈现出一种摇摆性治理策略，其行动逻辑也同时凸显出了一种应激性特征。

所谓摇摆性治理策略，指的是业委会在社区治理中，往往在不同情境下摇摆于公共利益与个人利益之间，造成风险治理的不稳定性：风险事件发生初期，业委会同样可能呈现出与居民群体近似的风险逃避思维，并未主动承担起风险防治责任；当外部风险形势较为严峻时，业委会为保障社区秩序稳定而搁置该组织与其他社区组织的利益争议，通过配合居委会、物业公司消杀病毒、采购应急物资来履行其治理职能；随着外部风险缓和，业委会与物业等主体间的社区内部利益矛盾将再次显现，并影响风险共治的积极氛围的形成。

业委会于风险治理中的摇摆性思维，主要来源于以下几个维度的合力。第一，激励机制的匮乏限制着业委会风险治理的积极性。业委会作为发挥居民自治功能、承载业主需求的社区组织，其内部成员不但无法从社区服务中直接获得利益收益，并且需要耗费一定的时间成本维持组织运转。这种“付出—收益”的不对称，不仅较大地限制了普通居民参与业委会竞选的积极性，更可能无法在风险情境下维持业委会成员的公共性与积极性。第二，内部结构的混乱造成业委会风险治理的责任感匮乏。在近年来一系列制度

安排与权利赋能下，社区业委会对于公共事务的决策权日渐增强，甚至存在以权谋利的寻租空间。因此在业委会激励机制缺失的同时，部分居民加入业委会的动机便可能基于私利考量，而非出自维护公共利益的奉献精神。“哪种人想进业委会呢？一是想做实事的人，他们在单位可能只是一个小领导，学历比较高，这种有但是比较少。二是一些和物业有意见的人，和社区的人也不对付，他才来竞选进入业委会。再一个就是想要谋取私利的，挤破头都想要进。这些人不会做事，但是很会提要求、发表意见。实际上他们权力很大，不只是能监督物业，有什么工程项目，他们也有招标权、录用权的，那凭什么做这个污水工程选你这个公司，背后有没有猫腻，你自己想想嘛。有些少数的退休老党员真的做得是蛮好的，但是也蛮少的。”[①]在此基础上，由情感、利益等因素杂糅而成的私利，将可能凌驾于社区自治所需要的责任感、使命感等公共价值需求之上，造成风险治理的积极性缺失。第三，法律规定的模糊界定，导致业委会缺乏治理动力。《物业管理条例》《中华人民共和国物权法》等虽然不断对于业委会职能、行为边界予以厘清，但仍存在诸多模糊之处。正如在小区管理问题上，《中华人民共和国物权法》规定“业主可以自行管理建筑物及其附属设施”，而《物业管理条例》则将业主的合约委托人身份倒置，规定小区物业管理需要以业主大会选取物业管理公司为前提，并强调业主行为需要“按照物业服务合同约定”，从而限制业委会对于小区治理的选择权。因此，制度保障缺失下的业委会将可能遭受市场主体的钳制，却又不具备制度化、合法化的诉求表达渠道，因而可能在日常治理、风险治理互动中丧失主动权与能动性。第四，业委会的治理角色边缘化，导致其主体性地位缺失。从组织设立的初衷上看，业委会的成立需要以维护居民权益为核心。然而在“维稳”思维主导下，部分地方政府甚至将业委会这一整合社会意见、表达居民利益诉求的主体，视作干扰基层社会秩序稳定的“风险”。“业委会其实是一个很尴尬的存在。按理说业委会就是应该监督

① 2021年4月25日D社区实地访谈。访谈对象裴某，D社区党支部书记，男，51岁。

物业，提出居民的要求。但是实际上，业委会这个东西的负面作用大于正面作用，五分之三的小区业委会是不做事的，基本是形同虚设。而且业委会里大多数的人是不做事的，只有少数人是认真做事的，可以说其他人就是只想享受便利。只有搞事情的时候，那些搭便车的人最在行。"[①]因此常态情境下，业委会日常治理行动时常受到地方政府主体的干预及控制，该主体难以具备较强的主体性地位，也难以具有实质性的治理功能。以至于风险事件发生时，业委会应急资金的保障、应急制度的设计、应急物资器具的运用调用效果，以及风险知识学习等等风险治理能力更是无从谈及。

作为这种摇摆性治理思维的结果，业委会往往难以在风险治理中肩负重要职责。当风险程度轻微时，业委会并不会主动肩负起治理责任。仅有当风险规模较大时，业委会将自发地或在基层政府动员下配合其他社区主体，发挥有限的风险治理作用。由此可见，业委会等业主组织凸显了一种"应激性"特质[②]：只有当风险事件同时危及社区公共利益、私人利害时，只有当维护"公利—私利"的动机叠加时，业委会才会积极地参与到风险治理实践之中。

第四节　社区风险治理中的责任共担失灵与风险再生产

重大风险发生时，囿于种种原因，部分社区内多元主体往往趋向于规避风险治理责任，从而导致风险治理的责任共担失灵。与其他治理主体不同，居委会由于其承载政党、行政等意涵的特殊属性不得不承担起风险治理责任，却也在这一过程中悄然地造成了风险的基层堆积，以及风险再次平均分配的潜在危机。最终，风险逐步散落于整个社区之中，并且伴随着舆论极化

① 2021年4月25日N街道办事处实地访谈。访谈对象卫某，街道党工委副书记，男，49岁。
② 吴晓林.理解中国社区治理[M].北京：中国社会科学出版社，2022：135.

而引致了风险的二次社会建构。

一、风险共担的责任旁落与使命约束下的居委会兜底

从社区居委会来看，其繁多的行政任务、失衡的权责关系、微薄的薪酬待遇，导致其风险治理能力、权力、动力的三重不足，并且时常以消极治理、日常抵抗来消减治理责任；从社区居民来看，地方政府的包办主义思维形成了保姆型政府、巨婴型社会的社区治理结构，居民不存在参与风险治理的意识与能力，以至于风险来临时，往往滋生其显著、广泛的灾民意识，从而为居委会工作、社区风险治理增添诸多压力；从物业公司来看，原本以市场交易逻辑而立足的物业服务企业，却不断为业主、居委会、地方政府而寄予全能式治理期望，导致其风险治理时常面临着"责任期待—治理效果"的不匹配，从而引发了物业主体的风险治理避责。

然而与此同时，风险事件所造成的社会损失将继续存在，风险共担失灵下的社区空间仍需要主体担责，以保障社会基础生活场域的政权稳固与秩序稳定。居委会便不得不被推上了这一位置，为社区居民、物业承担兜底角色。"社区在无形之中以一个很不好的形象被推出来了，一方面有很多居民不理解我们做了什么，另一方面上面还要求我们卖力地为人民服务……他们物业这方面的事情，本身应该督促他们做的，因为你(居民)是家的主人，物业是帮你家做事情的，物业还是管家，你也要督促好。但是实际上你要知道，大多数工作是我们社区在做的，其实又存在越俎代庖的问题。像是现在，我们社区跟物业多出的力更多，像这次我们去找律师，这本来应该是他们(业委会)做的事情，就好像有点过了。发生重大灾情的时候，如果没有物业的小区或者物业不作为的小区，那都是由社区做，更辛苦了。"①居委会成为风险治理补位的责任主体的原因，主要包括深层原因与直接原因两个维度。

① 2021年5月22日Y社区实地访谈。访谈对象陈某，Y社区网格员，女，32岁。

从深层原因上看，“使命型政党”的责任与义务决定着居委会需要为风险治理兜底。马克思主义意义上的“使命型政党”，指的是“以马克思主义为指导，以对人类社会发展规律的认知与把握为前提，以人民至上为价值宗旨，以实现自身民族、国家的解放或发展为自觉使命，以推进人类进步、世界大同、实现共产主义、实现每一个人的自由全面发展为最终使命，具有强烈的历史主体意识与舍我其谁的责任担当情怀的一种政党类型”①。当前时代背景下，中国共产党将实现共产主义远大理想视作终极目标，将有效代表全体人民的根本利益为宗旨，将自我设定的历史使命、发展责任、政治责任视作存在理由与长期执政的合法性基础，并将这种使命感与责任感作为政党组织以及每个党员的内驱动力与首要激励因素。由此可见，中国共产党具有使命型政党的典型特征。从这个意义上讲，当重大社会风险事件发生时，中国共产党对于全体人民的生命健康、工作生活等基础利益将作出全面保障。正如在新冠疫情防控中，我国在病例救治、疫苗接种等涉疫治疗中皆保持免费模式，为全体人民抵御疫情风险提供保障。居委会作为中国共产党执政意志与组织下沉的载体，同样肩负着风险治理的责任与义务，并且以这种工作使命与责任作为组织激励、行为动力的根本源泉。“我最困难的时候，就是用我是党员来鼓励自己，告诉自己就是要坚持下去，为人民负责。不说虚话，我以前骑电动车会闯红灯，但是我戴上党徽以后，我真的是觉得有一股力量在约束我，让我知道我是党员……所以疫情防控期间一些没人做的事情，我咬着牙也得干，即便不是为了工作，自己也要对得起党员身份。所以老百姓再误解你、过度使唤你做一些事情，物业再不好好做消杀，我们也得去做，说起来有些辛酸，但是谁让你是党员，你就是要明知山有虎，偏向虎山行。”②正如该社区党支部书记所言，在政党使命、责任的约束与激励下，居委会需要为基层政权稳定、社会基础生活场域秩序维持负责。因而在这一过程中，即便是超脱于居委会自身的职责范围外的治理责任，也将自动回

① 李海青. 中国共产党：马克思主义的使命型政党[J]. 江西社会科学，2018，38(2)：5－11，254.

② 2021年5月28日Y社区实地访谈。访谈对象郭某，Y社区党支部书记，女，46岁。

流入社区管辖的责任范畴。

此外，从直接原因上看，居委会的工作属性决定了其作为“使命型政党”介入人民生活的直接力量。作为“使命型政党”的中国共产党，时常于危难时刻、风险情境之中为人民发挥兜底作用。但是于居民而言，“使命型政党”尚属于一个较为抽象的理论概念，尚需要一个实际载体作为其具体指涉。相较于地方各级党委，居委会成为直接贴近居民生活场域的政党意志载体，并往往以小区党支部等形式开展党建工作。因而当风险事件发生时，居委会由于其自身的特殊属性，也自然成为社区内社会主体、市场主体的依托对象，并容易造成“被动兜底”的窘境。“平时都那么宣传的，党为人民负责，走群众路线，所以有事找政府这谁都知道，社区就是政府。那家里解决不了的事情和物业纠纷解决不掉的话，就找社区就好了。所以你也看到了，不论是要闹离婚的还是家里水管堵了，都找社区解决，因为大家知道你‘逃不掉’。”[①]由此可见，在“使命型政党”执政理念的日常宣传下，居民、物业也往往将社区作为“救命稻草”，从而造成社区成为风险治理共担失效的被动承担者。

二、治理责任的“底层积聚”与居委会的压力超载

在社区风险共担失灵的背景下，作为使命型政党之基层意志延伸的居委会，全面承载着上级政府、居民、物业的治理期待。作为其结果，社区居委会化身为承载风险治理责任、积聚治理压力的“底层”单位，并可能造成其治理能力超载。

首先，居委会成为积聚风险治理责任与压力的底层单位。在对于风险社会中风险分配问题的探讨上，贝克认为风险与财富的分配皆与社会阶层挂钩，但是却以一种财富于顶层聚积、风险于底层积压的反向模式呈现。同样地，当社区风险治理的责任共担不足时，居委会成为其中承担风险的“底

① 2021年4月7日D社区实地访谈。访谈对象王某，D社区居委会副主任，女，38岁。

层单位”。居委会之所以被建构为底层角色，一方面来自它承载着上级政府对于基层治理机构的治理期待，另一方面取决于其被迫承受着来自居民、物业所转嫁的风险治理责任。正如某位社区网格员所言：“物业可以在不违法、不违背物业管理条例的前提下少做一点点，那他们本身该做的事可能做得不到位，就要我们社工（社区工作者）自己去替他们完善，因为我们是主责。”[①]无论是在现代科层治理体系意义上的治理末端、社区风险治理的追责主体，抑或社区居民生产生活的保障者，部分居委会都在一定程度上呈现出了为街道办事处、物业公司、社区居民所“兜底”的被动姿态。风险事件发生时，不但是“风险于底层聚积”，更为显著的是风险治理压力于作为治理结构底层的居委会聚积。

其次，作为其结果，社区居委会的风险治理压力时常面临超载的险境。居委会作为一个基层自治组织，除发挥日常的行政、党建治理作用外，仅能以现有人员、资源、制度、能力作为其风险治理的调用资源。由于其本身便面临着动力消退、主体性欠缺、权责失调的治理能力不足困境，因此当特大风险事件发生时，居委会趋向于以日常式抵抗、消极式应对等方式来规避风险治理压力。然而在各方主体均采取避责逻辑时，作为社区治理结构之“底层角色”的居委会不得不全力面对风险，并呈现为一种“明知不可为而为之”的工作状态：“我们一共只有 12 个人，可是你要面对一个 3 000 多户的社区，任务是极其繁重的。因为物业做得很有限，人家毕竟没有义务要做那么多事情，但是如果做不好的话，责任终究是我们社区的。居民又帮不上忙，还要你给他送东西。那这样我们只能硬着头皮做，即便你知道根本做不好，也做不到位，但如果上面问责下来，我至少可以问心无愧地说一句‘我是真的尽力了’。”[②]正如该社区副主任所言，在重大突发公共事件中，居委会除自身必须完成的物资、药品保障供应外，仍需为居民、物业提供额外帮助，以至于远超出其责任与能力范畴。这一超载状态严重地限制了居委会的常态运转

① 2021 年 5 月 19 日 Y 社区实地访谈。访谈对象曹某，Y 社区网格员，女，35 岁。
② 2021 年 5 月 21 日 Y 社区实地访谈。访谈对象张某，Y 社区副主任，女，35 岁。

能力，限制了风险治理以及社区韧性的有效性，更可能在风险的持续增强后外溢出次生性风险。

三、风险外溢下的损失平均分配与社区焦虑的无序倒逼

风险事件发生时，居委会成为风险共担失灵下的唯一责任承担者，以牺牲个人健康、家庭生活为代价来保障社区风险兜底性治理的有效性。但是由于居委会的权力与能力较为有限，以至于这种以自我加压、挤压正常生活节奏来换取社区秩序稳定的效果并不能持续满足社区风险治理的需求。当社区风险持续存在甚至愈益强化时，将会以风险外溢的形式危及除居委会之外的多元主体，并造成广泛的社会焦虑，甚至引发非理性舆论、诉求的倒逼与挑衅。

首先，当社区风险超脱于居委会能力范畴并发生外溢时，社区内全部主体将被迫平均地分摊社会损失。贝克的风险社会理论认为，短期地看，风险分配呈现为一种底层聚集式的不公平分配，其生产者、受益者将暂时躲避风险。然而长期地看，现代化风险总会具有一种"回旋镖效应"，重大的灾难将无视阶层图式，它如"民主的烟雾"一般按照平等主义的原则冲击着所有人，无论其是否曾分摊了制造烟雾的责任，这一逻辑同样在社区风险的分配样态中展现得淋漓尽致。正如洪涝、疫情等重大突发公共事件发生时，物业公司、居民往往在自身市场交易逻辑、依赖性思维的主导下规避其应肩负的风险治理责任，因此当风险无法有效得到控制并逐渐扩散时，诸多避责主体皆构成了一定程度上的"风险制造者"。以至于当居委会无法抑制风险的蔓延趋势时，社区内全部主体将共同地品尝由其所"培育"的风险滋味。"社区在那个时候（有灾情）就像是一个大水池，什么都能往里面塞，而且你还看不出来有大动静。街道有任务、上面有任务，居民想依靠你，物业又不着调，我们社区真的就是扛下了一切，这么说真的不为过。"[①]正如这一社区工作者所

① 2021年2月27日J社区实地访谈。访谈对象江某，J社区干事，女，34岁。

言，居委会宛若积攒社区风险的蓄水池，当风险发生初期，尚能够承载一定的风险责任压力。然而当风险愈益增强且无人分摊时，这一蓄水池所能够存续的风险便可能外溢而出。

其次，作为其结果，倍感社会焦虑的居民将可能以非理性舆论等方式，向居委会甚至是地方政府发起诉求倒逼。风险外溢背景下，社区居民可能承受显著的社会焦虑感，这主要来源于两个方面的因素。一方面，宏观社会结构中便广泛弥散着社会焦虑。较之传统社会，在由现代性所形塑的充满不确定性的风险社会中，传统联结的式微、社会结构的转型导致了人们往往以个体姿态应对风险，社会焦虑成为现代人类本体性安全缺失境遇下的普遍化社会心态表征。在全球化的背景下，我国在社会变迁与转型的过程中同样被卷入了现代化的风险洪流之中，社会焦虑也成了一种社会结构紧张的日常呈现。社会焦虑同样频繁地渗透在社区居民的生活结构之中。另一方面，微观风险情境下的社会焦虑得到进一步强化。当风险共担失灵、社区风险出现外溢时，社区居民将成为风险灾难的直接承受者，此时从物资配送缓慢到风险信息沟通不畅，皆会成为增强其焦虑感触的敏感因素。

在此基础上，社区居民亟须将日渐膨胀的风险焦虑感倾泻而出，他们往往选择两种方式。第一，直接面向社区居委会发起诉求。在风险事件发生后，社区居委会往往由于其肩负的使命性责任，以及与大众存在直接性社会关系的原因，而成为一些社区居民传递诉求、寻求抚慰并释放焦虑的主要窗口。“居民就会觉得照顾他们是你该做的，我们为了开展应急工作，可能就会满足他的部分要求。反正那个时候就是什么事情都找社区，就像是病急乱投医吧，社区是离他们最近的，他们找单位、政府都未必找得到，但是社区是‘跑’不了的。”①正如该社区工作者所言，为保证社区风险治理工作的推进，社区居委会成员不得不对部分深感焦虑居民的诉求予以一定回应，从而可能不断地遭受居民无理需求的倒逼。第二，以非制度性方式进行抗争。

① 2021年6月13日F社区实地访谈。访谈对象涂某，F社区网格员，女，51岁。

在部分社区中，当居民难以通过社区居委会、物业公司以及其他制度化方式反映诉求、缓释焦虑时，将可能以非理性的极端方式发泄怨气，从而给社区风险治理造成负面影响。如J社区中，曾有疑似发热病人由于对自身病情深感焦虑且诉求无法得到满足，而直接"以身抗争"地赶赴居委会："当时有个老头直接冲到居委会，把口罩摘掉了，故意对着我们咳嗽，而且破口大骂，我们当时都吓坏了，但是你又不敢排斥他，因为那个时候大家都很敏感，他如果真是感染了，你还要给他希望，不然他自己绝望了那更麻烦。"①该案例属于以个体方式进行的原子化抵抗，其影响效果尚为有限。更有甚者，部分社区则可能以集群形式发起抗争。

四、社区安全阀失效与焦虑型共同体的风险幻象建构

风险事件发生初期，社区居委会往往能够借助既有的经验、能力与资源对外部冲击进行一定抵御。当风险规模持续升级，并且多元社区主体未能够积极参与风险的共同治理实践中时，作为风险责任唯一主体的居委会，开始化身为承载治理压力、居民诉求倒逼的"暴风眼"。"社区是所有人的发泄桶、矛盾点，什么责任都能甩给你，没人管你能不能撑得住。现在转过头想想，当时居民也不知道找谁投诉了，或者是找谁发泄，那只能投诉社区管理者，社区就成了一个点。我们当时把所有的电话都公布出去了，一方面是为了方便他们报备，另外一方面是方便居民及时向我们反映情况。"②由此可见，此时的社区居委会实则扮演着科塞意义上的"安全阀"。在社会学的理论视野中，德国社会学家齐美尔与美国社会学家科塞、舒尔茨皆提出过"安全阀"抑或与之近似的"排气孔"理论。此类理论认为，当社会矛盾积聚时，需要设置用以释放、发泄消极社会情绪的通道。同样地，在风险共担失灵情境中，失去风险治理能动性的居委会，只得沦为了被动的安全阀。但是当居委会由于工作极度繁忙、身心俱疲而无暇他顾时，安全阀这一被动角色将被

① 2021年5月23日Y社区实地访谈。访谈对象于某，Y社区网格员，女，31岁。
② 2021年4月2日D社区实地访谈。访谈对象戴某，D社区居委会副主任，男，34岁。

暂时抛离。“所以真正忙起来的时候，我们谁都没空安抚了，只有把眼前能做的实际的事情给做好了，消杀、送病人、筛查群体、团购物资、保供，这些都忙不过来呢，哪有时间管别的事呢。”[①]与此同时，积压的居民诉求将无法在现实中寻求到一条顺畅发泄的渠道，从而可能以形成网络极端舆论等非理性的方式于线上发泄负面情绪。

在风险弥散的时代境遇下，如何有效地提出诉求、吸纳关注并得到社会援助，从而共同抵御社会风险？贝克曾对此作出回应，他认为风险的对应物并非只有共同的痛苦，“焦虑型团结”[②]是风险社会中对抗不确定性因素的共同需求。而这一策略同样为身处急剧转型社会中的中国网民所掌握，正如近年来通过“闹大”等策略提高事件等级，吸引社会舆论关注从而解决诉求，便是以“焦虑型团结”动员广泛的网络力量来消解风险的恰适案例。于社区工作者而言，重大突发公共事件发生时的失实猜测或谣言传播造成了治理成本的提升，然而对于居民群体来讲，在社区风险弥散、安全阀缺位的情境下，网络舆论、谣言则扮演着编织社会团结与社会支持的“风险共同体”角色。“不管是哪里发生爆炸、洪涝还是地震，当时新闻也不会具体说你自己小区什么情况，我们看到有人在公众号上面发信息，说小区有灾情或者病例一类的，如果有人站出来说说话，总归比什么都不说要好，大家一起焦虑反而没那么焦虑了。”[③]由此可见，从积极的意义上看，当“焦虑型”共同体形成时，社区居民可能将碎片化的诉求夯实为一种众志成城的群体符号象征，从而在舆论的形成过程中获得群体集体意识所赋予的安定感并缓释焦虑。然而在消极的层面上，当负面情绪、非理性舆论于线上的“信息茧房”中凝聚时，社会成员的话语将可能呈现出一种高同质性、机械性趋同的话语倾向，并以污名相关主体的形式迸发而出。同样地，当社区风险弥散开来且安全阀机制缺位时，由社区居民所建构的危机性话语同样可能以群体极化的形

① 2021年4月2日D社区实地访谈。访谈对象戴某，D社区居委会副主任，男，34岁。
② 乌尔里希·贝克.风险社会[M].何博闻，译.北京：译林出版社，2004：13.
③ 2021年4月14日D社区实地访谈。访谈对象王某，D社区居委会网格员，男，36岁。

式扩大焦虑情绪并生成网络话语暴力。这种极端话语将可能无视既有的风险治理成效,并将现有的风险遭遇描绘为一种人人自危的危机情境。正如拉什的风险文化理论认为的那样,现代社会风险的增加并非客观意义上的数量增多,而更多的是由于识别风险的主观感知能力的提升,造成风险愈发地为人类所感知到。同样地,在网络极端舆论、谣言的建构中,社区所面临的风险,将可能在居民群体的互动中被建构为一种风险幻象,从而造成风险的再生产。与此同时,这种被建构而出的风险存在着由虚拟场域向现实生活界面溢出的风险。"当时有些地方疫情严重,然后就有居民在网上和微信群看到了后说我们小区几号楼的地下停车库有那里牌照的车,说他们带着病毒回来了,大家小心。结果当天就有人拍照上来,说有人把这辆车砸了,真的是非常过分。车主很气愤,也很无辜,人家既然能回来,说明也是满足放行条件了。所以当时大家非常害怕,又非常冲动。"①正如该社区居民所言,在网络舆论的动员与形塑下,现实风险将可能被营造为一种超越其真实面貌的额外性风险幻象,继而对社区风险治理造成阻力,更不利于社区韧性的有效形成。

① 2021年4月3日D社区实地访谈。访谈对象胡某,D社区居民,男,36岁。

第五章　社区外部的治理体系失衡与风险共治不畅

如前文所述，在经受“复合性”风险的冲击时，我国城市社区往往由于自身资源配置错位、多主体风险共担失灵，而缺少一定程度的社区韧性，无法凭借自身力量应对风险。因此，社区在陷入风险治理困境时，便增强了对于外部物力人力等资源的有效下沉、及时救援的强烈依赖。在此基础上，社区风险的有效治理、社区韧性水平的呈现，愈发关涉到社区所处的基层风险治理体系的实践效果。政府职能部门、社会组织等外部主体对于社区的有效、迅速支援，构成了增强社区风险治理效能、形成社区韧性能力的关键所在。

但是同样不可忽视的是，社区外部治理体系对于社区的驰援，并非普遍、稳定地呈现为一种良性的交互关系。比如在近年来的一些重大突发公共事件中，部分地域中的基层治理体系，往往无法顺应风险走势，在“常态治理—非常态治理”模式中顺畅切换。作为其结果，一些街道辖区内的诸多社区，可能无法形成弹性化的治理体系，或是在风险发生初期未能迅速启动应急治理机制，或是在风险消退时仍陷于刚性治理而引发公众质疑。这种治理体系切换的不稳定性，实则产生于“常态治理碎片化—非常态治理动员化”的结构性失衡与交互掣肘。本章将围绕由基层政府、社会组织、商业机构构成的“国家—社会—市场”主体，致力于观测社区外部的基层风险治理体系对常态情境、非常态情境的治理实践效果，挖掘导致“常态—非常态”治理结构性失衡关系的产生逻辑，以及其对社区风险治理、社区韧性的形成所造成的消极后果（见图 5-1）。

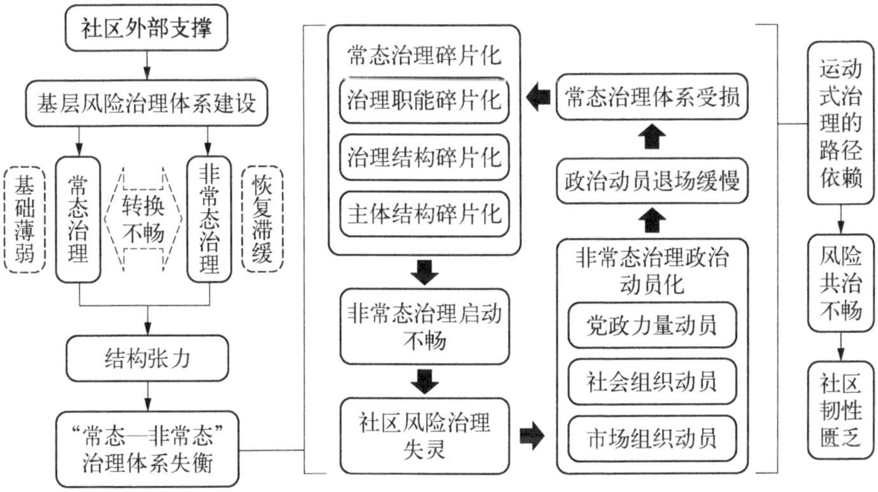

图 5-1　基层风险治理体系中的结构张力

第一节　基层风险治理体系及“常态—非常态”治理的转换矛盾

近年来，我国风险治理体制、机制建设不断革新，形成了愈发成熟的基层治理体系。然而由于制度建设起步较晚，我国风险治理体系尚存在较大的发展空间。正如近年来在重大突发公共事件等风险发生后，一些地区的基层风险治理体系，可能在常态治理、非常态治理的切换中存在梗阻甚至是互斥现象。

一、我国基层风险治理体系的结构呈现

地方基层风险治理体系对于社区风险治理的支撑效果，是影响社区韧性能力强弱的重要因素。在社会治理体制、机制、能力现代化不断推进的背景下，近年来我国地方基层风险治理体系愈益成熟，并逐步呈现为多元主体参与的共治结构，主要体现在以下两个维度上。

第一，从国家行政结构维度看，当前我国基层风险治理体系，呈现为以应急管理部门为核心主体，以水务、地质、综治、城管等职能部门为辅助性角色的共治格局。这种结构的形成，与我国应急管理部的设立密切相关。我国应急管理部成立前，在应对影响社会安定、社区秩序的突发公共事件时，主要是依据风险事件的类型来划定主责部门，其他部门则需要对其进行协助性治理。如发生生产安全事故、火灾、水灾、交通事故、地震、疫情等自然灾害或突发事件时，主责单位分别是地方治理结构中的安监局①、消防救援局、城管局、建设交通局、水利局、国土资源局以及卫健委等职能部门。但是由于风险事件的生成往往牵涉到复杂因素，需要多个权力部门的联合协作，因而上述部门同样按照突发事件属性、影响程度对彼此的应急治理任务进行协助与补充。“在前些年，都是谁的领域出了什么事，那他自己负责。比如出了奶产品问题——三聚氰胺，那主要就是食品安全局自己负主要的责任，但是卫生局、工商局也同样要负一部分责任。”②正如该街道党工委副书记所言，在“毒奶粉”等公共卫生事件发生时，除食品安全局等与食品风险直接相关的职能部门外，卫生部门、工商部门同样需要配合食品安全局进行联合执法，从而对食品安全局执法范围之外的真空地带进行权力监督、惩戒的补充。因此这一时期的风险治理模式，呈现为一种“单一部门主要负责—多

① 安监局全称为安全生产监督管理局，为应急管理局的前身（宏观层面上，国家安全生产监督管理总局为国家应急管理部的前身）。应急管理局成立前，该部门主要负责生产安全问题的监督、管理工作，后于2018年3月应急管理部成立后取消。

② 2021年4月25日N街道办事处实地访谈。访谈对象卫某，街道党工委副书记，男，49岁。

部门共同参与”的特征。

应急管理部成立后，传统的治理结构发生了较大的改变。2018年3月，根据第十三届全国人大第一次会议批准，我国设立应急管理部。在国家行政机构的改革下，多个职能部门、协调机构被整合为综合化的应急管理部，将原先碎片化的结构与职能统合为有机的应急系统。基于此，自上而下的“中华人民共和国应急管理部—省应急管理厅—市应急管理局—区应急管理局—街道应急管理相关部门[①]”，成为处置风险的统筹协调部门。与此同时，与风险类型相关的职能部门，承担风险治理的主要职责。因此当突发公共事件出现时，将根据事件规模、影响程度，在卫生、消防、公安等职能机构中划定主导角色，其他职能部门负责与之进行积极联动与协同治理。“现在应急管理局是一个指挥机构，负责统筹协调的一个机构。就是假如出了和水利、城管、消防这方面相关的问题（突发事件），那责任还是在各个职能部门上，不在应急管理局。只是每个局都要向它来汇报情况，遇到紧急情况的时候，比如路面塌陷了，我们要第一时间赶赴现场，然后口头给区政府打报告，再以书面形式给区政府打报告，同时还要给应急管理局做一份报告。不像是以前好像两三个同级别的职能部门一起去执法，现在的应急管理局是一个比较独立的新成立的机构，我们和他们联系很密切。”[②]应急管理部成立至今，我国风险治理权力结构展现为一种“应急部门协调—多部门联合行动”的特征（见图5-2）。

第二，从社会共治角度看，基层风险治理体系的构成，除政府及相关职能部门外，社会组织、市场组织也开始逐渐融入其中。风险社会背景下，现代风险由于其高度复杂性与复合性的特征，而难以被轻易地掌控与防范。因此无论是隶属于现代科层体系的政府风险治理组织，还是具有专业性风险治理理论知识的相关商业组织与专家组织，抑或具备地方性风险治理经

① 我国街道层面的应急管理职能部门叫法各异，如广州将其称作街道综合应急管理中心，宁波将其称作街道综合应急管理中心。

② 2021年8月19日实地访谈。访谈对象赵某，B区城管局工作人员，男，43岁。

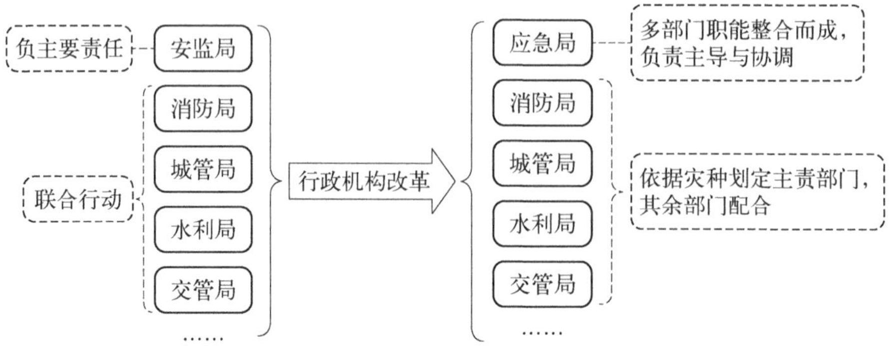

图5-2　基层风险治理体系的结构转型

验、价值判断能力的社会大众，皆难以独立地把握具有不确定性的现代风险。在此基础上，激发、培育、引导多元社会主体参与社会风险治理，将异质性风险治理思维统筹、整合为具有先进性的风险共治机制，便构成了现代社会风险治理的根本需求。因此如何在保持单一制国家政治特质的秩序性要求基础上，将社会组织、市场组织置入现代风险治理体系，是我国现代社会风险治理所追求的优势理念。

在当前的社会风险治理体系中，政府组织、社会组织、市场组织等多元主体，皆构成了城市社会风险治理的关键力量。同样地，在韧性理论思维中，对于社会风险的有效治理需要构建以政府为主导，以多元社会主体为赋权、吸纳对象的"多中心式"风险协同治理体系：其中政府单位负责为社会风险治理提供政策、法律等制度环境与协同式治理机制，商业组织能够提供高质量的有偿性风险救助服务，社会组织则主要负责提供公益性的风险救助。

二、"常态—非常态"治理及其结构性矛盾隐患

（1）基层风险治理体系中的常态治理与非常态治理

传统时期中的应急管理，往往单向度地注重非常态情境下的应急举措。与之不同的是，现代社会中的风险治理，尤其是韧性治理逻辑，强调的是对"常态治理—非常态治理"兼顾的状况，即对"灵活处置—刚性管控"的调适

与切换。其中的常态治理,指的是对日常事务的处理。这些事务往往属于确定性事件,其构成元素、运行规律等内容,在一定程度上已被治理主体所了解与把握。常态治理往往通过有效运用既有风险治理体系,以满足常态情境下的治理需求;而非常态治理,指的是突发情境下对大规模风险事件的处理。这些事务一般属于不确定性事件,具有高度复杂性、突变性等特征,治理主体时常无法迅速对其构成要素、发展规律进行清晰的把握,以至于常态治理中的体制机制可能难以满足此时的治理需求,而是需要通过临时的、特殊的动员式治理,于短时期内迅速消解风险。

因此,有效的风险治理,有赖于常态治理与非常态治理的顺畅转换与协调运作。一方面,非常态治理需要以良性的常态治理为基础。常态治理中常设的、稳定的组织形式以及科学的转换机制,构成了非常态治理中有效的治理资源,从而能够保障城市及社区在非常态情境下保持基础的良性运行状态。正如我国于2018年设立的应急管理部,便是一种以常态思维应对风险的科学性产物。这一机构的设立,意味着我国风险治理中的应急指挥机构完成了从临时性到常设性的转向,体现了以常态化治理应对非常态事件的先进性思维。另一方面,非常态治理需要通过制度化的方式转换为常态治理。非常态治理往往采取打破常态组织运行的方式,进行暂时性的特殊动员。因而在风险逐步消散时,应当切换为常态治理模式,以避免社会系统由于刚性治理、活力不足而陷入运转困境。

(2) 常态治理与非常态治理的结构性矛盾隐患

常态治理与非常态治理,是现代风险治理逻辑中一对相辅相成的治理模式,它们具有不同的适用情境与内在特征。因此在面对现代社会中纷繁复杂的风险挑战时,有效的风险治理,需要"常态治理—非常态治理"的有机协作与顺畅切换。然而值得注意的是,在基层风险治理体系的实际运作中,常态治理与非常态治理之间可能呈现为一种结构性矛盾状态,以至于两者间难以有序转换,无法有效适应、应对基层社会与社区场域中持续变动的客观风险环境。

首先，既有的常态治理能力，可能对非常态治理的启动形成限制。相较于西方社会，我国无论是在社会风险治理的理论认知上，还是在风险治理体系的现实建构上皆起步较晚，并在治理效能、制度设计等维度上，具有较大的提升空间。为应对这种局面，一方面，党中央和政府近年来通过出台一系列政策法规，以厘清各级地方政府及应急管理部门在风险治理中的职责边界，致力于形成有机协作的高效联动体系。另一方面，在不断推进机制创新的基础上，各级党组织、基层政府、群众自治组织以及其他社会组织等多元主体，皆陆续被纳入风险治理体系之中，以保障风险治理实践中的资源多样性和丰富性。然而在当前发展阶段，部分地区的风险治理体系仍存在诸多问题，阻碍着风险治理效能的实现。比如部分基层政府未能较好地执行党和政府对应急管理体制改革的相关要求，轻视常态情境下的应急部署工作。又如在一些地区的风险治理体系中，各个主体间存在一定的协调阻碍，共建共享共治的理想格局并未能够稳定实现。作为其结果，以有效的常态治理为基础的非常态治理模式在启动与运行时便可能受到消极影响。

其次，非常态治理可能同样对常态治理的日常运作产生消极影响。与较为稳定化、日常化的常态治理模式相比，非常态治理实则是一种紧急治理机制，旨在能够于特殊情境下迅速整合各类人力、财力、物力资源，形成社会多元合力以共同抵御风险冲击。为实现强效的资源统筹，非常态治理往往需要以暂停常态治理中的分工原则与行动规则为代价。因此，非常态治理往往具有较强的时效性，若非常态运作机制未能随风险势头衰减而切换回常态治理模式，则可能导致风险治理成本的提升，甚至影响常态治理体系的分工基础。

第二节　基层风险治理中常态治理的碎片化困境

在我国大力推进国家治理体系和治理能力现代化的现实背景下，风险治理体系同样经历着频繁的改革与发展，这一过程中不可避免地伴生着一系列问题。其中，“碎片化”是当前常态化风险治理中面临的主要治理困境。所谓“碎片化”，指的是治理实践中存在的一种整体分裂状态，即治理体系中各部门、组织等主体之间交互排斥，难以促成合力以应对问题。在近年来的风险治理中，地方政府尤其是作为国家行政体系末梢的基层政府，往往囿于传统体制的限制、主体利益分化等种种因素，而频繁陷入条块分割的治理碎片化窘境之中。这不但阻碍着日常情境下常规组织体系的良性发育，更可能阻碍风险情境下非常态治理模式的顺利启动。

基层风险治理体系中的常态治理碎片化，主要表现在风险治理职能的碎片化、联动的碎片化，以及主体结构的碎片化三个维度上。

一、风险治理职能碎片化：纵向职能分割与条线对接错位

风险治理职能的碎片化，具体指的是各级应急管理部门之间在工作条线、治理职能上的不对称。

随着我国应急管理部于 2018 年成立，各层级应急管理部门逐渐成为风险治理体系的核心角色。在应对风险事件时，过往由多元部门交互负责、责任重叠、松散联动的治理形式已退出历史舞台，取而代之的是分工愈发精细化、科学化的严密规划形式。显然当前以应急管理部门为核心的风险治理体系具有更为强大的资源整合能力，但与之相伴随的是，应急管理部门所承载的相关任务与治理职能空前提升。各级应急管理部门往往面临着职能涉及范围广、治理任务复杂等繁重挑战。为应对这一系列治理挑战，日常治理中地方应急管理部门需要将相关治理内容再次切分、摊派至基层单位以缓释压力。

与此同时，被摊派至基层的应急治理条线的工作，则可能并非由相应的基层应急部门所承担。在我国当前的行政体系中，行政任务的摊派路径，一般由基层领导的分工来决定。因此各个专业部门的特定职能将会受到忽视，上下级单位的职能对接、组织衔接便可能出现错位的窘境，这一现象同

样在风险治理条线中有所呈现。当市、区级应急治理任务摊派至街道层面时，相应的治理内容并非单独由基层应急部门所承担，而是时常散落于维稳、消防、公安、城管等多个部门之间。“应急管理部成立得晚，我们这边应急管理局和退役军人局都属于新班子，他们手下没有队伍。他们手下最大的力量，居然是第三方民间的救援队。他们在街道的单位叫‘综合信息指挥室’，主要负责网格工作，然后全街道的监控都是他们在做，他们的上级部门是区应急管理局。但是说实话，我都不知道应急管理部门是干吗的，他们更像是个‘套子’，里面的工作人员很少，实际作用不能说不大，但是很有限。因为术业有专攻，不管是大雨、洪水、火灾还是马蜂窝，遇到什么事情都是平安办在做事，我们联系平安办下面的消安办（消防安全办公室），还有社工配合着一起，都是他们来处理。所以上级单位分配下来任务的话，还是需要其他部门的人配合他们完成。没有消防、城管、公安的话，应急管理就变成空架子了。”①

作为其结果，一方面，随着日常治理的分工细化，基层应急管理单位的实际治理能力、职能范畴将可能受到一定幅度的缩减，造成与上级职能部门的关系不对称。正如在对 H 市 N 街道的调研中我们发现，区级与街道级应急管理部门联系较为松散，不同层级、各街道应急管理部门之间的科室设置在数量、名称、人员配比上具有较大差异。因而当区级应急管理局摊派任务至街道层面的应急管理单位时，便时常面临着无对应科室对接的尴尬情形，以至于基层维度的风险治理工作无法落地。另一方面，基层应急部门缺少统筹、协调基层部门参与风险治理的能力。于 2018 年政府部门结构优化后形成的应急管理部，由多部门结构简化为整体性结构。然而在此过程中，应急管理部门实则并未如其前身机构安全生产监督管理局一般，具备专业性人员力量和物资储备，而是仅负责担任统筹角色，并需要依托于其他部门开展风险治理的实际工作。因此相较于市、区级应急管理局而言，基层应急部

① 2021 年 8 月 6 日 D 社区实地访谈。访谈对象戴某，D 社区居委会副主任，男，34 岁。

门更是在风险治理能力、治理权限上较为匮乏。因此在基层应急部门处理相应条线的日常事务时，若得不到消防、公安、城管等横向的职能部门的支持，将难以开展相关工作。

二、治理结构碎片化：横向利益分化与协同运作不畅

治理结构的碎片化，指的是政府及职能部门间难以得到有效整合，从而限制常态治理中的联合运作效果。这一现象主要来自横向部门间的利益分化，以及协同机制的缺失。

(1) 基层风险治理体系中横向部门间的利益诉求分化

在当前基层风险治理格局中，由于基层应急管理单位并不具备实际风险治理能力，以至于该条线的风险治理任务、工作内容，往往需要街道层面的公安、消防、城管、综治等部门共同分担。然而在这一过程中，科层制体系中不同职能部门的利益诉求分化、协调机制运行不畅等结构张力，将可能限制风险处置的效果。

首先，在我国的政策执行中，不同职能部门之间往往存在显著的利益诉求分化。自工业革命以来，高度的社会分工迅速地推动了社会专业化、组织化发展，结构松散的封建政府不断朝向组织严密的现代科层制转变。在此背景下，政府各个部门同样呈现出分工专业化、细致化的特征，促进着政府组织的高效运转以及公共政策的有效落实。然而分工愈发细致的职能部门，往往在工作性质、治理责任、行政目标上存在较大差异，并具备不同的核心业务及现实需求，其利益诉求趋于多元化。各个职能部门在政策执行的过程中时常依据其核心业务不同而产生各自的利益诉求，甚至导致日常工作中的各自为政以及“政策打架”，各部门之间无法形成统一谋划与有机合作。

其次，在此基础上，当风险治理的相关任务、治理内容向下传递时，多个部门间的利益诉求分化将愈发显著。应急管理单位作为风险治理的职能部门，承担着日常风险防控、风险处置工作的职责，包括举办应急演习、应急知

识培训等工作，这些都属于该部门的核心业务。然而与此同时，从工作性质上看，对于公安等其他职能部门而言，应急管理相关政策、任务并非其专属任务，并且难以产生直接收益。因此风险治理的相关政策、任务，更多地被其他职能部门视作一种“边缘性业务”。如某街道综治办负责人所言：“其实多个部门联合起来一起搞演习、锻炼一下集体的凝聚力是挺重要的，因为城市越扩越大，综合性的这种大的突发事件肯定是经常发生，所以搞演练是很重要的。但是现在问题是你做演习它本身需要的人员设备、车辆油料等等的资金就是问题……平时的应急演练等的工作，就是一种‘综合性社会任务’，就和工商、民政部门自己的一些任务一样。这种任务对自己来说是主业，但是对其他部门来说却很少有直接收益。所以你应急部门喊着其他单位来配合你，这种吃力不讨好的东西别人来一次两次可能还愿意，但是就算来也是应付一下做做样子。往后的话，他们也要做自己的事情，所以能不来就不来，自己的事情还忙不过来，哪有心思帮你完成任务。”[①]因此在风险治理任务、治理内容的执行中，即便基层应急部门需要公安、消防等职能部门的紧密协助，但是其他职能部门作为非直接利益相关主体，往往可能秉持一种本位主义的工作风格，“独善其身”地以自身部门岗位的本职工作为行政目标。作为其结果，各个职能部门便在风险治理中逐步丧失其主体意识，仅仅对应急管理部门的号召、相关政策的落实予以象征性合作。

(2) 基层风险治理体系中协同机制的运行不畅

随着科层制环境中职能部门专业化分工的日渐成熟，不同部门间的结构张力、利益分化随之愈发显著，政府行为的碎片化及其消极后果开始显现。“跨部门合作”“政策协同机制”[②]开始被学界所提倡，试图以此强化政府不同职能部门的合作效果。

欲形成多部门间的政策协同机制，一方面，需要以宏观的顶层设计为基

① 2021年8月16日实地访谈。访谈对象徐某，N街道综治办负责人，男，44岁。
② PERRI. Joined-up government in the western world in comparative perspective: a preliminary literature review and exploration[J]. Journal of Public Administration Research and Theory, 2004, 14(1): 103-138.

础。近年来，我国不断通过出台法律法规，形成了以《中华人民共和国宪法》为制度基础，以《中华人民共和国突发事件应对法》为主要制度依托，以相关单项法律法规为配套制度的应急管理法律体系，从而为规范风险治理权责、促进风险治理的多部门合作提供制度依据与法律保障。

然而从地方政府的制度实践中，与风险治理相关的政策协同战略规划却未能及时形成。2019 年《H 市意见》曾提出健全城市应急治理协同机制与监督管理体系，却并未对各个职能部门如何进行跨部门协作进行清晰界定，风险治理的协调机制仍欠缺制度依据。“之前 2019 年的时候是有文件下发，要求锻炼联合行动的能力，我们也试着搞过几次联合演习。但是实际上社区里很少有大灾大难出现，平时出现一个小规模的火灾是常有的事，这些也不需要那么多部门行动，一般只需要消防或者某个部门就足够了。所以时间久了，没有一些系统的制度法规可以执行，各个部门之间没有一个合力，没有凝聚力。”①

另一方面，风险治理的政策协同机制需要以多部门间的信息沟通与共享为基础。理论上看，当前的风险治理体系中应急管理部门成为传递风险信息、协调多部门关系的核心。

然而在实际的风险治理实践中，多部门间往往在本位主义思维的限制下忽视应急管理单位等其他部门的风险信息互通的需求，从而缩减了协同式风险治理机制实现的可能。“你比方说出了暴雨、地震、疫情等灾害，其实卫生、公安、交通多个部门是需要信息互通的，不然经常出现信息不对称，比如要重复地填表格，浪费大家的时间。但是实际上，现在大家还是比较担心自己的业务，把这个应急管理局的角色架空了，都是完成任务后给应急单位一份备案，但是实际上应该是让应急单位来协调关系，把自己掌握的、需要的信息都和彼此交流一下。所以各个部门之间没有很好的凝聚力，干起事情来还是单打独斗的多，各顾各的。”②由此可见，由于顶层制度设计的缺失

---

① 2021 年 8 月 16 日实地访谈。访谈对象徐某，N 街道综治办负责人，男，44 岁。
② 2021 年 8 月 16 日实地访谈。访谈对象徐某，N 街道综治办公室负责人，男，44 岁。

以及本位主义导致的信息鸿沟，以至于各个职能部门间无法形成协同式风险治理模式，并呈现为一种碎片化的应急治理模式，加剧了应急管理部门以及各个职能部门间的结构性张力，阻碍了社区风险治理效能的现实发挥。

三、主体结构碎片化：政社共振缺失与社会参与不足

主体结构的碎片化，指的是在基层风险治理实践中，政府缺乏与社会组织、企业等多元主体的同频共振与有效互动，以至于常态治理中的多元共治格局难以形成，这一情形主要体现在社会组织与市场组织的有限性治理参与方面。

（1）社会组织的外部支持不足与内部发育滞缓

随着当代城市社会风险类型愈发复杂多样，政府单一中心式的风险治理体系、治理能力日渐暴露出社会资源整合不足、风险感知迟钝、能力范围有限等不足之处，这一传统的风险处置理念受到了频繁质疑与严峻挑战。在此基础上，亟须一种主体多元、合作互补的复合式风险治理机制作为既有风险处置体系的补充，而社会组织参与风险治理便是一种恰适的选择。在风险治理中，社会组织由于其服务的多样性、社会资源的丰富性、高度的专业性而具备较强的先天性优势，并在近年来城市风险治理、社区风险治理中被期望发挥除政府外的补充性应急治理职能。然而在部分地域中，由于受到外部环境因素与内在发展要素的交互影响，社会组织在参与城市社区风险治理实践中往往遇到一定的困难，从而难以发挥其对政府主导的单一式风险治理体系的补充作用。

从外部因素上看，社会组织对于风险治理的补位能力不足，主要来源于政府对社会组织的重视度、支持度有限。过往政府主导型的城市社会风险治理模式，往往暴露出社会力量匮乏、社会公众参与不足等缺陷，而社会组织的出现便能够对政府部门的风险治理、公共安全职能进行承接。在近年来的风险治理中，社会组织带来了多主体协同参与模式，使得政府中心型的主体结构得到重新配置。然而与此同时，地方政府对社会组织扶持力度、充

实程度的有限性，往往造成社会组织参与风险治理时由于欠缺政策环境、资源支持而难以为继，限制其在风险救援中的功能伸展。政府对社会组织的有限性帮扶主要表现在以下几个方面。

第一，顶层设计未能为社会组织提供充足的政策环境。在既有的《中华人民共和国突发事件应对法》等风险治理相关法律条例中，对于社会组织参与风险治理实践的规定，主要集中于划定社会组织参与风险预防、风险监测、风险预警等治理工作的责任范畴。此外，在相关条文中，仅仅将社会组织模糊地描述为“其他组织、单位、法人”等歧义称谓，尚未对社会组织的参与风险治理时的具体流程、可获得的政策支持、应当享有的权利等方面作出清晰的、可遵循的明文规定。“好听一点的说法是，社会组织是法律许可的社会力量，但是实际上我们都是自给自足，因为没有哪条法律明文规定你是正式的单位，所以我们生存得比较艰难。”[①]这种对于社会组织的“非正式”名称界定的价值取向，也意味着当前法律规范对于社会组织法律保护的有限性，从而限制着政府及职能部门将社会组织纳入风险治理体系的积极性。

第二，传统风险治理理念限制了社会组织的发育。在过往的风险治理思维中，对于突发事件的应对更多地集中于事后应急处置，而对于突发事件的前端预控存在一定程度的忽视。在此基础上，有关风险预防的组织建设、人力储备、资金投入在数量与质量上较为稀缺。因而包括社会组织在内的发挥冗余性作用的社会主体，难以得到政府及有关部门的资源投入与政策支持，社会组织参与风险治理的积极性将遭受一定消减。“社会组织其实出现了很多年了，但是现在发展的程度很尴尬，官方不太认可你，居民不了解你，所以没人知道你遇到大型突发事件的时候能起到什么样的作用，所以对你的支持度就更低了，我们也就更难了。”[②]不难发现，传统风险治理理念对社会组织风险治理能力的质疑，与社会组织难以获得某些基层政府、社会肯定之间逐渐形成了恶性循环，深刻地限制着社会组织参与社会风险治理的可能。

① 2021年5月26日实地访谈。访谈对象张某，N街道Y社区辖区社会组织负责人，男，46岁。
② 2021年5月26日实地访谈。访谈对象张某，N街道Y社区辖区社会组织负责人，男，46岁。

第三，基层政府对培育社会组织风险治理能力的资源支持有限。社会组织参与风险治理的前提在于持续的配套资金、政策支持、人力资源与环境场地等物质条件。然而由于与社会组织相联系的基层政府、社区位于科层体系的末端，时常面临着公共资源紧缺以及风险治理能力、意识薄弱的现实困境，因此社会组织参与风险治理的项目、活动成本将随之提升，削弱了其参与风险治理的积极动力。“我们每年都会有很多项目，比如今天的食品安全讲座，你要写投标书、拿项目，然后街道给你拨款。但是实际上这些钱远远不够用。如果是有关应急的，你还要找专业团队来演示，成本就更高了。社会组织想要生存下来，就要找各种手段来自我‘造血’。比如我们经常会找企业拉赞助，他们企业需要做宣传、做慈善、做公益，我们就在开讲座的时候帮他们做他们需要的东西，他们就给我们提供资金，算是互相帮助。你不能指望街道会给你多少钱，因为应急这个事儿关注度本身没那么高，还有就是政府他们的钱也是给的标准比较低的。所以只有找企业我们才能长久地做下去，我们做这些实在是不赚钱，能活下来就很不错了。”[①]由此可见，基层政府与社会组织间往往难以形成长久、稳定的合作关系与联合机制，从而失去了增强社会组织风险治理能力、参与社区风险治理的机遇。

从内部因素上看，社会组织之所以难以在风险治理实践中产生充足效应，受限于社会组织自身的局限性，并主要表现在风险治理能力与利益诉求两个维度上。

首先，社会组织的能力无法满足风险治理需求。风险治理议题中的社会组织主要分为两类，一是发挥日常社会治理、社区治理作用的社会组织，二是包括红十字会、救援队、慈善总会在内的具备救灾抗灾职能的社会组织。就前者而言，日常型社会组织由于其类型差异、经验有限，在风险事件发生时难以承担风险治理职能，一些社会组织甚至由于风险冲击而陷入运营困境。就后者而言，救灾型社会组织的服务范围往往围绕城市中心城区

① 2021年5月25日实地访谈。访谈对象张某，N街道Y社区辖区社会组织负责人，男，46岁。

而展开，对于城郊社区等脆弱性较强的地域难以进行有效帮扶。其服务对象也主要集中于街道办事处、社区等购买服务的主体，而残疾人、老年人等脆弱性较强的相对弱势群体则较少地享受到救灾服务。此外，其服务内容一般以应急讲座、培训等方式为服务对象赋能，并且主要局限于消防安全、心理健康、医疗卫生等现实领域，相较于风险治理对多灾种风险、复合性风险的理论储备需求、综合性处置需求而言仍是捉襟见肘。因此在重大突发事件等规模重大、情形复杂的风险情境下，一些救灾型社会组织可能会因缺乏规范性、系统性应急机制与管理机制而难以发挥作用。

其次，社会组织的利益诉求限制其参与风险治理的积极性。社会组织虽然具有较强的社会属性，但是为谋求生存仍然需要依照“成本—收益”原则进行组织利益层面的考量。当前社会组织生存主要依赖于政府财政支持以及社区、基层政府购买服务，社会捐助、企业资助的有限性造成其资金来源渠道的单一性。作为其结果，在日常工作、活动方案的选取上，社会组织需要更多地选取能够带来高回报预期的项目。相较于一些日常性作用较强、能够带来高额利益的活动项目而言，有关应急治理、风险预防的活动方案往往未能立竿见影地呈现效用，故而相关活动可能被社会组织有选择性地减少项目频次或控制活动规模。在此基础上，社会组织难以形成强健的风险治理培训能力，无法承担政府风险治理职能的转移，更是不利于与政府形成风险治理合作机制。

最后，社会组织志愿者储备的局限性。与社区内志愿者主要由老龄党员构成的情形不同，社会组织招募志愿者时往往依照专业性、匹配性要求选取社区大众或高校学生。然而囿于社会组织的风险治理能力培育有限，抑或志愿者自身专业能力有限，导致其组织内志愿者时常由于缺乏专业的风险处置能力而难以在风险治理实践中发挥显著作用。除此之外，受社会组织发展前景不稳定、制度环境缺失以及个人福利待遇有限等因素影响，社会组织中的志愿者往往呈现出临时性意愿强、志愿意识薄弱、流动性大等消极特征。这不但影响着日常志愿活动的举办进程，更有可能在面临风险事件时出现临时退出、拒绝提供志愿服务等窘境，在增加社会组织运行成本的同时，也较大地损害了社会组织所提供的社区风险治理服务的质量。

(2) 市场组织的市场化困境与风险救助能动性缺乏

在社会风险治理中，相较于政府部门的风险感知效能有限和社会组织的专业性欠缺，市场机制呈现出了一定的补充性优势。处于市场环境下的商业组织，往往对市场供求、竞争环境以及价格波动具有敏锐、准确的感知能力，因此市场组织相较于政府部门与社会组织而言能够在资源配置实践上呈现更加自觉、高效的特征。然而从风险治理的实践经验来看，市场机制同样存在一定缺陷，并限制着市场力量参与社区风险救援的可能。

第一，市场化不足是当前市场力量难以融入社会风险治理体系的主要因素。在当前风险治理环境下，商业组织往往难以得到社会公众的了解与认可，部分大众对于其服务效果持怀疑态度。以商业保险为例，保险服务作为对个体、家庭的普遍性商业保障，是风险社会中市场组织参与社会风险治理的重要呈现。然而部分领域中的商业保险承保能力较为有限，以至于当突发性公共事件对社会公众造成严重社会冲击后，个人、家庭的损失补偿仍然依赖于国家财政补助与民间力量捐助。“如果是面对突发事件的话，这些公司最应该为社会做的就是捐钱捐物，要不然就是好好赔付商业保险，让受难的人可以多拿些钱有个保障，主要就是这两个。商业保险也算是双赢嘛，你拿老百姓的钱投资，出事了你赔付，两者都不亏。就是怕有些公司耍赖，如郑州 7·20 大雨的时候，不就是很多新闻说涉水车不能赔付，一些公司的要求非常多。那老百姓就不认账了，要求你公司理赔或者是政府兜底，最后也有很多都不了了之了，这些公司也就没有任何信誉可言了。”[①]因此如何动员商业组织广泛参与社会风险治理，增强公众对于市场力量的认可度，对于风险治理体系的丰富化而言至关紧要。

第二，过度市场化影响风险治理效能。除市场化程度有限外，过度市场

① 2021 年 8 月 25 日 N 街道办事处实地访谈。访谈对象卫某，街道党工委副书记，男，49 岁。

化同样存在着破坏风险治理体系的可能，这在我国医疗卫生服务产业的发展中有着一定呈现。随着改革开放序幕的拉开，我国医疗体制同样被卷入了市场化改革的洪流之中。在经历放权让利、医改深化、新医改等阶段后，我国建立起了覆盖药品价格、医疗服务等多个领域的医疗卫生体制，为城乡居民就医、日常健康提供了基础保障。然而与此同时，医疗卫生服务体系存在“政府—市场责任边界模糊”、医疗服务属性不明确以及定位不清晰等问题。医疗卫生作为社会、国家的基本公共服务内容，本应由政府承担主要责任，以市场作为配置医疗资源的重要载体。但如今医疗服务的过度市场化，甚至造成公立医院开始异化为营利性机构，部分公立医疗机构通过专家资源、大处方换取高额医疗费用，导致看病难、看病贵等问题逐步凸显。虽然我国在近年来以推动民营医院发展、限制增加公立医疗机构数量等方式进行医疗改革，然而逐利性的资本逻辑愈发影响着部分医疗组织的发展原则，导致其偏离医疗机构的公益性、非营利性定位。因此在市场机制不健全的背景下，自律性市场往往具有较大的局限性，以至于商业组织的过度市场化将直接影响着国民获得医疗资源、风险救助的便捷性，甚至深刻地影响着国家风险治理能力与基层社会的稳定。

第三，市场组织的利益需求难以得到满足，深刻地限制着其参与风险救助的能动性。正如马克思所言，人们奋斗所争取的一切，都同他们的利益有关。由此可见，利益是引导社会行动者付诸行动的关键理性动机，于身处市场逻辑中的企业组织而言更是如此。在风险治理中，政府、社会对于企业所抱有的期望，往往在于其社会性价值凌驾于牟利性意图之上。“商业公司人家也是人啊，你不能说让人家白白付出，对不对？他们是要参加救援，但是也不能让别人亏钱，不然谁会吃力不讨好地做呢。要不然得给人家一些补贴，一些政策支持，让他们可以养活下面一大批员工，至少是盈利状态。要不然就是要给他们做好宣传，打好广告，才能让他们至少不亏本。”[①]由此可

① 2021年4月25日N街道办事处实地访谈。访谈对象卫某，街道党工委副书记，男，49岁。

见，当商业组织在投入风险救助后难以获取到与其经济目标相匹配的利益回报，以至于承担着“入不敷出”的经济压力，甚至因此陷入运营困境之中时，将可能深刻地影响着其参与风险治理的积极性。

四、常态治理碎片化与非常态治理的动员化倾向

常态治理中，基层风险治理体系频繁显现出风险治理职能、治理结构、主体结构三个维度的碎片化困境，社区难以与“国家—社会—市场”力量发生有效互动。在此基础上，风险事件发生时，基层政府在非常态治理中所采用的特殊应急制度，可能由于各主体联动能力有限、联动机制缺位，而难以顺畅启动。为应对风险、维持基层社会稳定，政治动员时常成为非常态治理的选择。政治动员往往能够于短时间内运用高效的举国体制，统合丰富人力、物力、财力等资源，拯救基层社会、社区于危难之中。正如我们看到的那样，2021 年郑州“7・20”特大暴雨初期，郑州市及周边地域社区场域由于内部基础防灾架构崩溃、外部力量支援有限，而旋即陷入困顿之中。为有效化解重大复合性社会风险，国家及地方政府迅速以运动式治理的方式替代常规式风险治理，通过发起“党政—市场—社会”三个维度的政治动员，向社区输入风险治理资源并协助其逐步摆脱危机情境。但是值得注意的是，这一非常态治理中的政治动员化倾向，同样存在着损害常态化风险治理分工基础、结构稳定性的可能。

在常态治理碎片化的背景下，非常态治理可能逐步呈现出政治动员化的倾向。政治动员是运动式治理模式下进行资源配置的主要方式。在特大突发事件等复合性风险发生时，以政治动员的方式广泛调动社会力量，从而支援基层社会、保护人民安全，是我国当前风险治理的关键路径。正如在郑州“7・20”特大暴雨事件等特大风险发生时，强大、广泛、迅速的政治动员，实现了对党政、市场、社会等多元力量，政府公务人员、党员、企业、社会组织、公众等广泛群体的高效整合，有效地保障了人民生命安全，以及基层社会秩序的稳定。

从本质上看，政治动员属于运动式治理的范畴。运动式治理也被称作运动型治理、运动化治理，一般指的是治理主体运用自身资源、借助一致性行动方案来主动打破常规程序，以期解决重大社会问题的治理实践过程。[①]因此运动式治理这一概念的出现，是对社会治理实践中"非常规型"治理手段的诠释，这一解释框架也是研究历史中国、当代中国社会治理问题的关键入口。

从发生条件上看，运动式治理往往产生于常态治理效能不足的基础之上。正如在基层风险治理中，常态治理的碎片化便可能引发非常态治理、应急机制的启动失效，而以政治动员为表征的运动式治理，便是通过叫停常规制度运作规则、以强大的动员能力应对基层治理碎片化的困境，从而实现风险事件的迅速消解。

然而不可忽视的是，运动式治理的实践效果是以常规治理体系长期处于预备状态为前提的。[②] 在此基础上，当常态治理存在多维度碎片化、体系运转不畅等问题时，风险情境下的政治动员、运动式治理同样可能因此受到限制，无法顺畅、及时动员多方主体参与风险治理，进而难以形成多重社会力量的有机整合。

第三节　"常态治理碎片化—非常态治理动员化"失衡下的社区韧性梗阻

基层治理是维护社会稳定、保障社会成员安全的重要基石。党的十九大报告强调，要加快推动社会治理重心向基层下移，打造共建共享共治的社会治理格局，加强社区治理体系建设。因而基层社会治理、基层风险治理的

① 贾秀飞，王芳．运动式治理的缘起、调适及新趋向探究[J]．天津行政学院学报，2020，22(3)：22-29.

② 李伯重．十八世纪中国的官僚制度和荒政[J]．读书，2002(10)：64-71.

水平,直接关系到社区风险治理效能、社区韧性的强弱。当前阶段,我国社会治理及风险治理的难点、重点皆在基层,因而"常态治理—非常态治理"的有机协作、协同转换,对于基层社会矛盾、风险事件的有效解决而言显得愈发重要。[①] 然而与此同时,"常态治理碎片化—非常态治理动员化"的存在,可能导致基层风险治理体系的结构性失衡。

作为其结果,社区韧性同样难以呈现。一方面,在风险事件发生后,面临紧迫形势的社区,无法及时获得外部资源支持。另一方面,更为重要的是,为消解风险,基层风险治理体系、社区风险治理又时常对政治动员、运动式治理形成较强的路径依赖,并可能在政治动员退场后,频繁出现治理短板的反弹,造成常态治理的碎片化加剧,最终造成"常态治理碎片化—非常态治理动员化"的交互增强。

一、"常态治理碎片化—非常态治理动员化"的结构性失衡

在基层风险治理体系的实践中,常态治理的多重碎片化、非常态治理的政治动员化现象愈益显著,二者之间甚至形成了一种对政治动员保持强烈依赖的结构性失衡,限制着基层风险治理体系的运作,"常态治理—非常态治理"之间的良性协调转换便无法形成。

一方面,常态治理的碎片化加剧了非常态治理的政治动员化。在风险治理职能碎片化、治理结构碎片化、主体结构碎片化的客观环境中,应急管理部门、消防部门、城管部门等风险治理的权力主体之间常常面临职能边界不清晰、角色定位模糊、治理能力差异化显著等问题。与此同时,社会组织、市场组织等作为现代化社会治理体系中的重要参与者,也往往囿于外部政策支持不足、内部发育滞缓,而难以被融入基层治理的常态体系之中。因而多元化的风险治理主体、权力运行方式,未能得到有机整合,"国家—社会"之间仍在探求一种新的平衡关系。[②] 风险事件发生后,预设的风险治理联动

---

① 罗哲.常态治理与非常态治理如何协同[J].人民论坛,2020(20):24-27.
② 罗哲.常态治理与非常态治理如何协同[J].人民论坛,2020(20):24-27.

机制可能无法获得及时激活，组织动员难以得到有效回应与顺利开展，更是难以形成风险治理的共同体。在此背景下，以有效的常态治理为基础的非常态治理，在启动与运行时便可能会受到消极影响，造成风险治理的效率低下与时机延误。为有效应对烈度陡增、规模迅速扩张的风险事件，地方政府甚至是国家政府，往往需要发动大规模的广泛政治动员，促进党政力量、社会力量、市场力量的多重下沉，从而冲破风险治理梗阻、化解基层风险。因此，原本以法理制度、联动机制为核心的基层非常态治理，便有可能在碎片化常态治理的影响下朝政治动员化的趋势迈进。

另一方面，非常态治理动员化对常态治理造成了反向冲击。常态治理的碎片化带来了政治动员的可能，然而与此同时，非常态治理的动员化可能对常态治理造成消极影响。相较于以运动式治理为核心的政治动员，常态治理一般主张依照规章制度行事，在制度框架、专业分工的基础上对资源进行分配，故而注重保持分工明确、层级差序的科层组织结构。而作为政治动员之核心的运动式治理，其特性主要表现为资源配置的整合化、治理手段的灵活化，以及组织形式的扁平化。① 相比之下，运动式治理一般是通过高层实施竞争性授权的方式，以强化政治任务激励、打破各部门间的职能边界，从而实现科层制系统中行政结构的整合，因此不同横向部门、纵向层级之间将会呈现出一种临时性的高度化协作状态。② 为应对实际问题，运动式治理时常偏离正式制度与科层组织，选择以准正式或非正式制度为行事准则③，根据既有经验而非制度进行决策。④ “重大公共事件和其他所有的综合性社会任务是完全不一样的，它是一个必须完成的任务。不像是平时要去联合执法的时候，其他部门不配合，一定要找一个牵头的上级领导来带领大家。

① 潘泽泉，任杰．从运动式治理到常态治理：基层社会治理转型的中国实践[J]．湖南大学学报(社会科学版)，2020，34(3)：110－116.

② 文宏，崔铁．运动式治理中的层级协同：实现机制与内在逻辑：一项基于内容分析的研究[J]．公共行政评论，2015，8(6)：113－133，187－188.

③ 周雪光．权威体制与有效治理：当代中国国家治理的制度逻辑[J]．开放时代，2011(10)：67－85.

④ 杨志军，肖贵秀．环保专项行动：基于运动式治理的机制与效应分析[J]．甘肃行政学院学报，2018(1)：59－70，127.

不管你是城管、消防还是哪个部门，只要有文件、政策下来，那就是使命，就是必须完成的任务，不可能会有不协调的情况发生。”[①]显然，运动式治理是通过舍弃常规性资源配置的动员方式，来实现丰富、高效的社会资源整合。[②]由此可见，运动式治理是一种具有较强时效性、不具备长期绩效的临时性手段，从而可能产生较高的治理成本，这与国家治理现代化的价值需求存在一定的相悖之处。风险事件衰退后，若运动式治理无法及时切换为常态治理，那么基层风险治理体系的常规运作模式便难以开展，常态治理能力、基层治理效能的发挥将会受到较大限制。

与此同时，更为关键的是，在一些区域中迅速退场的运动式治理，不但可能无法让常态治理回归稳定的分工结构，更有可能导致既有的风险治理体系对运动式治理形成强烈的路径依赖。“政府的工作就像是大家在开一辆车，公安、消防、城管各个部门在一起，每个人都要扮演一个角色。但是驾驶员得是上面的领导，如果不是他来牵头，那就是得有政策、命令下来要求大家在一起开车。这样上面(领导)开会研究，定基调、拍板，说谁来负责监督、谁来负责执法。但是如果没有这个领导在，没有这个政策在，那这辆车就很难开起来……发生重大事故、灾情的时候大家团结一心，就是因为有这个政策、特殊的机制在，但是一旦回到平常没有机制约束的时候，这个车子又可能开不起来，甚至还不如从前，因为大家觉得有人、有这个外力帮助在兜底。”[③]在运动式治理开启后，人力物力虽然得以下沉、大规模风险得以消散，但基层治理资源却存在着结构性流失的可能。与此同时，常态化、制度化、法治化的风险协同治理机制非但未能有效形成，甚至可能在这种非常规治理中遭到弱化。作为其结果，常规性风险治理的可预期性将不断降低，存在着风险治理失灵、多元主体协作失序的碎片化加剧隐患，以至于形成一种脱离运动式治理后，常态治理无法正常运作的路径依赖式窘态。

---

① 2021年4月8日D社区实地访谈。访谈对象王某，D社区居委会副主任，女，38岁。

② 文宏，郝郁青. 运动式治理中资源调配的要素组合与实现逻辑：以武汉市创建“全国文明城市”活动为例[J]. 吉首大学学报(社会科学版)，2017，38(6)：38－46.

③ 2021年4月14日N街道办事处实地访谈。访谈对象卫某，街道党工委副书记，男，49岁。

二、社区风险治理的短板遮蔽与动员依赖

基层风险治理实践中，碎片化常态治理与动员化非常态治理的失衡，导致社区对政治动员的显著依赖，并在其退场后无法保持良好的风险治理效能。这一结构性矛盾的存在，同样可能对社区自身内生动力的培育、社区韧性的形成产生限制。

首先，政治动员下的社区风险治理短板得以隐藏，但并未系统地提升其自身风险治理能力。从社区基础设施上看，受行政化资源冗余错位的限制，社区物力、人力、制度等多维资源的储备较为匮乏，难以在风险事件中凭借自身力量进行有效应对。从社区内部互动样态上看，囿于包办性治理环境的存在，社区居委会、物业公司以及居民等主体时常呈现为避责式互动结构，社区风险治理往往面临着责任共担失灵的困境。在此基础上，社区对于基层治理体系等外部支持可能形成较强依赖。诚然，在党政力量、市场力量、社会力量的政治动员、资源输入下，社区自身的风险治理缺陷能够得到有效弥补。然而在此过程中，社区自身动员能力等内生动力则未能得到锤炼。"重大事故、灾情过后，所有人都泄了一口气，没那么紧张了。但是实际上社区这次没有提升多少，我们能打败洪水、暴雨、地震主要靠的是政府，靠我们居委会自己拿命拼的，但是居民参与真的挺有限的。我们只是心理上有了经验，但是实际上你说让我下次遇到大型灾情事故的话，我该慌还是慌，因为我自己没有能力应对这个事情。我觉得还是应该多给老百姓讲一讲不聚集、不乱跑等道理，因为社区不能只靠居委会，也不能只靠物业，居民是最重要的，他们只要配合得好，我们的工作就能减轻很多。但是实际上在以前的事故、灾情处理中，一些居民并没有好好配合，有可能是因为政府和社区（居委会）做得太好了、太拼了，才让居民觉得，原来我们应急治理得这么厉害啊，这其实是有误解的。"①正如该社区工作者所言，风险治理的内生

① 2021年5月23日Y社区实地访谈。访谈对象于某，Y社区网格员，女，31岁。

动力不仅来自地方政府、社区人员的有效引导与积极服务，更是有赖于大众、物业公司等主体的风险治理能力与意识的提升。但是在过往特大暴雨等风险治理中，外部性力量的迅速、全面植入无法对社区自身内生性风险治理能力进行有效提升，反而将其缺陷予以暂时掩盖，限制了其风险处置能力的有效培育。简言之，强大的政治动员为社区带来了“形式化”的有效风险治理，以至于运动式治理退场后便可能引致社区治理缺陷的“原形毕露”。

其次，为保持持久、有效的风险治理，社区可能对外力支持形成强烈依赖。在风险事件迅速演进的危机情境下，政治动员及时地缓解了社区的燃眉之急，营救公众于危机之中。在此背景下，包括居民在内的社区多元主体，可能对于举国体制下的大规模政治动员产生较强的信赖感与崇敬感，中央党组织、国家政府及地方组织的正面形象与公信力也随之得到稳固提升。与此同时，社区主体同样可能对于党政力量的资源下沉、外部支持产生较强的依赖心理，甚至产生了不符合实际的治理期待。作为其结果，社区多元主体对于社区包办式服务的依赖，可能由此强化为对党和国家全权兜底的依赖思维。当风险事件再次发生时，若政治动员无法顺畅启动或无法得到迅速落实，基层治理体系、社区自身治理短板无法在政治动员下得到补齐，居民便可能在较大的价值落差中，对党组织、政府单位产生消极、怨怼情绪。在此基础上，作为党组织与政府组织之基层延伸的居委会，便可能在承载大众期待、“上级”压力的过程中，再次沦为风险治理、多样诉求的唯一兜底者。“经历这几年的特大暴雨、多次卫生事件以后，社区的应急工作被提到了很高很高的位置，因为政府和党都发现社区可以和企业、社会团体进行对接，而且效果还很不错，居民也觉得很有安全感。习近平总书记也说把社区建设成‘堡垒’嘛，这是好事，但是实际上我们自己的能力很有限，可是大家期待又很高。没有政府的人、社会上其他志愿者来帮忙的话，我们自己是忙不过来的呀，有时候恨不得自己有‘三头六臂’。”[①]因此，政治动员不但可能无

① 2021年8月16日F社区实地访谈。访谈对象涂某，F社区网格员，女，51岁。

法有效增强社区自身能力，更有可能在提升多元主体期待后造成治理压力超载，以至于共治、共享的风险治理共同体愈发难以形成，深刻地限制着社区自身韧性能力的形塑。

三、社会组织的角色迷失与有限支援

常态治理碎片化与非常态治理动员化的失衡，造成了社区对政治动员的依赖。在此基础上，政治动员的缺位，将可能导致社会组织在社区风险治理中的角色迷失，阻碍着社区韧性的形成。

首先，缺乏政府协调、政策引导的社会组织，在社区风险治理中存在着角色迷失的困境。在政治动员下，社会组织有限的参与度、模糊的定位等问题，得以在政策下沉与政府领导的多重实践下得到矫正，并有效参与社会风险救援。然而从经验现实来看，风险治理中社会组织所扮演的角色及其工作的风格，往往取决于对其进行统筹、协调的基层政府主体，部分社会组织甚至成为其衍生的办事机构。“社会组织不可能说是直接发挥自己的特长的，这太理想了。因为发生重大事故、灾情的时候我们大家都是砖头啊，哪里需要你，你就去哪里。国家有相关的政策和要求，到那时候和你说你该做什么你做就好了。就像防灾的时候我们去社区里做志愿者，做的就是和街道人员、社工（社区工作者）一样的事情，不分你我……我们说是社会组织，但是别人就把我们当成政府的人了，也把我们当成他们一样，其实也没什么，都是为社会做点事情。”[①]接受政治动员、官方领导的社会组织，可能难以发挥其本身角色，而是被居民视为与社区工作者雷同的、作为基层政府“下属”的同质化角色。诚然，风险事件发生时，社会组织的良性运作离不开政府的统筹协调、政策的积极引导，否则可能陷入治理混乱之境。然而这并不意味着社会组织应当以舍弃其专业性、独立性之基本原则为代价，成为纯粹化的政策工具与同质化的办事机构，而是需要明确其自身定位，与市场共同

① 2021年5月24日实地访谈。访谈对象张某，N街道Y社区辖区社会组织负责人，男，46岁。

担负起对政府主导型治理模式的补位角色。否则，社会组织将习惯性地接受外部力量的牵引与管理，其所具备的提供文化服务、促进社区文明建设等精神层面的特殊能力也难以在风险事件发生后得到锻炼。当风险事件再次出现时，社会组织可能仍旧难以找寻到与之匹配的准确定位，从而陷入缺乏政府领导便无法独自运作、行动的怪圈之中。

其次，缺乏政府背书的社会组织，面临公信力不足的现实困境。与将利润视为行动目标的商业组织不同，社会组织往往由于其非营利特性而被公众寄予更高的公共性期待。在此基础上，当社会组织的行为流露出有违公共性的私利意涵时便可能遭受广泛的公众质疑。正如新冠疫情防控期间，包括北京"壹基金"基金会等"明星机构"的社会组织在启动风险救援项目仅一周后便筹集到 1.4 亿元公益善款，然而与此同时却受到"挪用善款进行投资""虚假宣传"等质疑并引发舆论一片哗然，该机构只得早早结束募集活动。随后直至北京市民政局调查、通报实情，对该基金会予以支持后事件方才得到澄清。同样，一些社区服务中心志愿者在为居民提供义务采购服务时，被一些业主质疑刻意哄抬物价并从中获利，对社会组织及其工作者的正面形象与积极性造成了一定的影响。"当时很多双眼睛都盯着你看呢，你稍有不慎就会身败名裂，你看那个明星做的'壹基金'，只要有人眼红你、质疑你，你就永世不得翻身了。所以我说我们这行难干，吃力不讨好，我们自己去帮业主采购东西，也有业主在群里说谁谁是不是故意提高价格来挣钱，很让人寒心的！"[①]正如该社会工作者所言，即便社会组织在政治动员过程中得到了政府机构对其的无形背书，并得以在短时间内提升其社会声誉以及资源募集能力，但公信力不足、社会舆论质疑仍会成为影响其参与风险治理的巨大阻力。因此当政治动员结束时，社会组织也便存在着由于官方背书的缺位而再次陷入信誉匮乏、社会支持有限的困境之中，并深刻影响着其风险治理能力。

① 2021 年 5 月 25 日实地访谈。访谈对象张某，N 街道 Y 社区辖区社会组织负责人，男，46 岁。

四、市场组织的宏观引导缺位与补位效果异化

在政治动员的作用下，市场组织能够在政府引导与管理下迅速被激活，成为风险救助工作得以持续进行的有效资源保障。然而若对政治动员形成依赖、罔顾常态治理情境下的能力培育，市场组织便可能在市场选择机制的作用下滋生出过度追逐私利的思维，难以主动、有序地参与风险救援，进而阻碍社区韧性的形成。

首先，市场组织的利益需求难以得到满足时，其风险治理的能动性将可能再次被削弱。如郑州“7·20”特大暴雨事件期间，政府以实现政策下沉的方式动员诸多市场组织，促使其积极投入医疗、生活物资的生产中以解燃眉之急。然而这种外力干预下的利益激励与政策倡导，并未能从根本上解决市场组织参与风险治理时所面临的市场化不足以及过度市场化的运作困境。以至于当政治动员缺位时，市场组织就有可能暴露出历史性难题。“其实就是有点治标不治本，大雨过去了以后，一些营利组织就‘现原形’了，没人约束它、引导它，它又不知道该怎么做了，它就等着你再次给它政策鼓励，否则做应急这块还是赚不到钱，还是会饿死的。”[①]由此可见，如何在政治动员与风险应对过程中有效动员市场力量，形成参与风险救援的持久性、稳定性机制，仍然是我国风险治理工作中亟待解决的问题。

其次，政治动员的约束缺位后，市场调节的盲目性可能导致其风险治理实践异化为牟利性行为。诚然，市场逻辑具有敏捷性、灵活性等优势，然而这一特质也时常使得市场主体为谋取利益而聚焦于短期性、局部性信息，以至于可能盲目地忽略了长期性、整体性信息，并深刻地影响其参与社会风险治理的效果。一方面，市场调节的盲目性埋下政府被迫补位的隐患。政府在风险治理中往往负责调控公共事务以及提供公共服务。市场机制虽然能够依赖其灵敏特性而高效地提供公共物品、调节公共事务，然而市场调节的

① 2021年6月17日F社区实地访谈。访谈对象钱某，J社区党支部书记，女，48岁。

盲目性将可能造成市场机制在公共物品供给、宏观经济调控中出现“失灵”，以至于政府不得不时常弥补市场缺位所导致的风险治理隐患。另一方面，市场调节的盲目性造成风险治理目标异化。在风险事件发生后，市场机制有可能在“理性经济人”思维的主导下，自觉地为提高预期收益而提升服务价格。在这一过程中，风险治理中市场组织所应发挥的一部分社会功能，也有可能在其利益驱动抑或生存需求的作用下违背其参与社会风险共治的初衷，造成风险治理的目标异化。正如2021年郑州“7·20”特大暴雨事件发生初期，一些嗅觉敏锐的市场组织在为受灾群众提供紧急救援与社会支持的同时，也为谋求私利而悄然抬升物价，引发舆论的深度怀疑，市场组织参与风险治理的公信力也可能随之受到影响。

第六章　风险社会中社区韧性的重塑逻辑建构

社区韧性治理作为一种创新性的风险治理思维，注重的是社区能够依靠自身禀赋、内部主体互动以及外部主体支持，从而在风险事件发生后消减损失并迅速回归至常态的能力。然而在我国当前发展阶段，社区自身风险治理能力与意识依然较为薄弱，社区韧性治理的理论构建更是尚处于起步阶段，因而我国城市诸多社区的韧性水平仍存在较大的提升空间。正如我们看到的那样，在突发公共卫生事件等风险冲击下，社区风险治理暴露出了诸如预警不及时、资源不足、主体间冲突以及外部力量驰援不畅等一系列问题，传统的社区风险应对策略显然无法适应新时代风险治理的多重需求。

在此基础上，亟须针对当前我国城市社区风险治理中呈现出的诸多困境及结构张力，重新构建出适用于我国社区的韧性提升逻辑。在面对重大突发公共事件等复合性风险时，社区韧性能够通过具有前瞻性、预备性、联动性的治理思维，预先对社区风险治理的预防、处置、恢复等工作进行完善，并强化社区风险治理体系的自我适应、调整、学习能力，从而使得社区得以在重大突发事件的周期性扰动下继续实现自身的可持续发展。我国城市社区韧性的重构策略，主要聚焦于“基础配置韧性”“内生互动韧性”“外部支持韧性”三个维度（见图 6－1）。

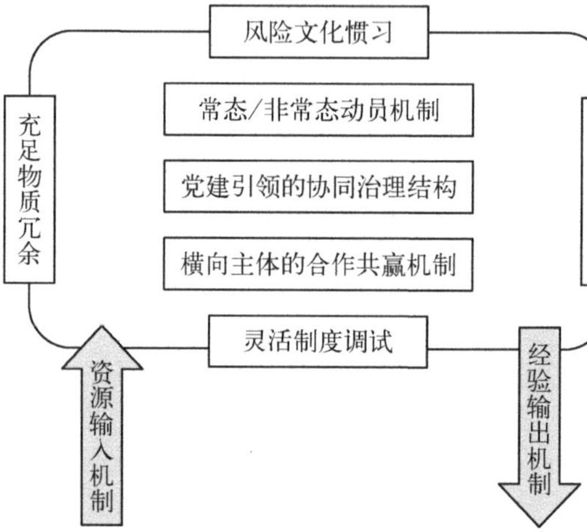

图 6－1　城市社区韧性的重塑逻辑

第一节　基础配置韧性：社区抗逆潜能培植与风险缓冲效果提升

所谓基础配置韧性，指的是风险事件发生初期，社区能够运用自身既定的资源储备、空间场所、制度体系、文化氛围等基础要素来减缓风险冲击，从而最大限度地降低社区及其主体所产生的社会损失的能力。在与其他两个维度的社区韧性的关系上，这一部分的有效运行既能够为社区内生互动韧性提供前端保障与能源供给，也得以为地方政府、社会组织等外部性救援力量的注入争取时间。从组成结构上看，基础配置韧性可以分为以下几个部分。

一、多样化应急设施：日常冗余充足与风险治理保障

多样化应急设施指的是社区在自然灾害、特大疫情等突发公共事件发生前，便能够在日常治理中储备充足、丰富的用于处置风险的资源，从而得以在风险冲击的情境下将诸多资源进行有序的调用与分配，以缓解遭遇风险时造成的直接影响。多样化应急设施具体地指向了物质资源、人力资源、公共空间三个方面。

（1）物质资源

对物质资源进行冗余性的日常储存，能够在风险事件发生时形成持久性的后方能源保障。物质资源主要包括以下几种类型：一是保障社区居民生命安全的物资，如速食食品、多样化药品等较为便捷使用的救援物资；二是协助社区主体开展风险救助的具有较强实用性的常用救援设备，如口罩、酒精等医疗用品，以及探照灯、绳索等消防用具；三是用于维持社区运转秩序的便民服务设施，如快递柜等避免人群聚集的安全化、自动化利民设备。

（2）人力资源

多样、富足的人力资源，能够在风险发生的全周期提供可持续性的风险治理动能。人力资源主要涵盖以下几个方面。一是充足的社区工作者。作为社区风险治理的主要问责者与行动者，社区居委会成员往往承载着较大的压力。然而与此同时，部分社区存在着社区居委会成员配置不足或是长期借调至街道的现象，以至于风险事件发生时有限的居委会成员难以应对巨大工作量，因此与社区体量相匹配的社区工作者是为社区提供风险治理服务的基础条件。二是强健的社区志愿力量。所谓强健的社区志愿力量指的是，应当改变当前以老年党员、社区外社会群体（为落户或优惠政策而参与志愿活动）为志愿力量主体的失衡境况，转而发展社区内年富力强的年轻居民为志愿群体。强健、稳定的社区志愿力量，既能够成为风险治理的主力军并为社区工作者减负，又能够吸引其他居民加入其中以形成志愿风尚与氛围，从而维持风险治理成效的稳定性。三是广泛参与的社区自组织。诚

然，以舞蹈队、诗画社等兴趣小组为代表的社区自组织，无法如同社区居委会、风险救援队等较为专业的队伍一般行使风险治理职能。然而此类社区自组织则往往由于其较强的积极性、广泛的参与性而主动加入社区风险治理序列，起到了较好的辅助作用，因此这类组织实则扮演着非正式性的应急预备队伍角色。“平时这些人就很积极地在社区里搞模特队、书法小组、歌唱队等一些队伍，我们社区也很支持他们，大家关系都很好，发生洪涝、疫情的时候他们来当志愿者的人也蛮多的。”①

(3) 公共空间

在社区韧性的议题中，社区公共空间的存在兼具实用价值与人文关怀两个维度的功能。首先，社区公共空间具有实用性的冗余功能。在当前风险复杂性、破坏性剧增的宏观环境中，充足的公共空间是社区开展风险治理、救援的重要基础，比如能够为居民提供包括地震、生产事故等突发事件在内的避难场所，以及疫情等风险中的隔离、物资分配场所。与此同时，在当前城市化与工业化程度不断提高、部分社区出现人口过密现象的背景下，社区避难所等用于疏散大众的公共空间的存在意义愈发凸显。其次，社区公共空间具有强化集体感、归属感的人文功能，并间接服务于社区韧性的形成。从本质上看，社区实为居民的生活场域，而公共空间的存在便能够为日常生活的文娱互动实践提供环境基础。比如一些社区中由于存在大范围的空余场所，时常能够为社区居委会筹办文化节创造条件，而这也间接地增强了社区居民间的集体氛围、情感归属程度。“比起其他小区，我们这里还算是空旷一些，我们这里居委会门口有一大片空地，我们每个季度都会搞一次邻居节，每月 9 日都会搞敬老节，平时年轻人都不来、老年人来得也有限，那我们就通过搞这种大范围的、热热闹闹的活动来吸引大家，这样也能拉近大家的关系对不对。”②在此基础上，社区内部的社会信任、情感联结也将随之增强，从而在风险事件发生时能够成为夯实大众信念、形成社区团结的文化

---

① 2021 年 4 月 5 日 D 社区实地访谈。访谈对象裴某，D 社区党支部书记，男，51 岁。
② 2021 年 4 月 5 日 D 社区实地访谈。访谈对象裴某，D 社区党支部书记，男，51 岁。

基础。

二、多元性抗逆能力：风险动态适应与成长性学习思维

社区多元性主体抗逆能力指的是社区居委会、物业、业委会、居民家庭等多元主体，需要在日常培训中习得适用于感知风险、预防风险、处理风险以及灾后恢复的抗逆能力。社区主体抗逆能力致力于营造一种“以不变应万变”的适应性模式，当遇到风险冲击时社区能够快速地适应并应对外部干扰，保障有序的运转秩序以及居民的生命安全与心理健康。具体的抗逆能力分布于以下几个维度之中。

(1) 领导力

所谓领导力，指的是社区居委会、社区组织工作者等社区风险治理的主要问责者对于社区内人员与物资的及时动员、调配与统筹能力。与西方社会中所倡导的多中心式风险治理结构不同，我国的国家治理体制决定了作为“行政体系末梢”的居委会承担着社区风险治理场域中的核心角色。与此同时，社区居委会却时常难以对居民、物业公司以及自组织形成较强的约束力与领导作用：于居民而言，社区意味着生活、生存所处的地域，在不产生需求的情况下与居委会并无紧密联系；于物业公司而言，居委会则是与其并无直接行政关联、利益关系的其他社区主体，因此无须受其管理。在此基础上，居委会在社区日常治理中对社区内多元主体的有效领导便显得更为重要。居委会的充足领导力能够在风险事件发生时为其发起的社会动员提供基础，否则将可能无法整合多元主体及其资源，也难以进行有效的风险处置。正如近年来在诸多公共卫生事件中，一些具备较强领导力的社区决策者与工作者，往往能够身先士卒、身体力行地充当着带头消杀、巡逻的抗疫“冲锋手”，或是以缜密高效的逻辑调用人力、物力资源，保障社区生活秩序的有序运行。

(2) 应急处理能力

应急处理能力指的是应对自然灾害或人为风险的特定应对能力，其主

要指涉居委会与物业公司，以及居民家庭两个方向。一方面，居委会、物业成员需要熟练使用应急器具，并对应急程序的启用方式、信息沟通渠道的运用方法进行掌握，从而为社区风险治理提供指导帮助与兜底功能。“我们平时会有洪涝演习、卫生演习，其实作用还是有的，主要是心理层面的和实际操作的感觉不一样了。以后如果再来疫情，就知道找街道卫生部门报告、找社区医院联系了，知道如何、在哪里给居民分发东西。”[①]另一方面，居民家庭需要明确频发性风险的应急处理方式以保证自身、家庭成员的生命安全，减轻社区及政府工作者的治理压力，避免因应急知识的缺失而导致风险规模的再扩大，造成治理成本的提升。“其实有些居民的风险意识还是挺强的，每次各种疫情来临的时候，刚开始有一点动静就买了很多口罩和消毒液，后来他还主动捐给我们 100 个口罩，算是帮了大忙了。”[②]由此可见，充分的应急处理能力不但能够自上而下地由居委会、物业为居民形成一种外部保护，更是能够自下而上地由居民为居委会等主体的风险治理提供内在支持，从而形成双向的应急处置功效。

(3) 成长性学习机制

社区主体的抗逆能力的实现，不但应当注重强健的社区领导力以及预先性的技能训练，更应当建立一种增强学习能力的成长性机制。组织学习理论认为，组织需要持续积累知识、开发技能才能不断适应环境的变动以维持组织稳定。[③] 同样地，成长性的学习机制要求社区多元主体一方面能够从相关理论中持续习得有关风险治理的知识，另一方面需要从风险治理前、中、后期的现实实践中反思、提炼并积累经验与教训，从而能够不断革新、提升社区的风险处置水平，避免由于风险治理的知识匮乏、经验滞后而造成风险治理失灵。正如近年来在 H1N1 等公共卫生事件中，一些拥有学习意识的社区工作者，能够在疫情治理中迅速组织居民等主体学习防疫相关知识，

① 2021 年 3 月 4 日 J 社区实地访谈。访谈对象郑某，J 社区党支部书记，女，46 岁。

② 2021 年 5 月 18 日 Y 社区实地访谈。访谈对象郭某，Y 社区党支部书记，女，46 岁。

③ SOMERS S. Measuring resilience potential: an adaptive strategy for organizational crisis planning[J]. Journal of Contingencies and Crisis Management, 2009, 17(1): 12 - 23.

并培育了多元主体的风险自救能力、风险感知意识以及风险处置能力。“我们的社工（社区工作者）很有活力，他们会像记日记一样做工作手册，说这次去采购什么东西的时候怎么样更方便，或者说演练的时候有什么感想，我觉得这就挺好的，很有上进心，我们年龄大点的人就有点懒了。说实话，这个如果弄成一种机制的话就非常好，教大家、居民一起总结经验，不管好的还是不好的大家畅所欲言，虽然有些理想化，但的确是一种好办法。”[①]然而与此同时，也不乏部分社区由于忽视治理教训与经验，从而导致风险意识松懈、应对能力不足，引发新一轮疫情的猛烈反弹，这也从反向凸显了成长性学习机制的关键之处。

三、全周期性制度设置：多阶段风险审视与权变式转换机制

全周期性制度设置指的是社区风险治理制度规范的设定，应当能够覆盖风险事件发生的前、中、后等多个阶段，从而得以保障社区治理者在做出决策时有科学、规范的依据，此外社区多主体的行动、联动也能够具有连续性与稳定性。全周期性制度设置具体指向了风险识别机制、风险处置机制与权变式转换机制三个部分。

（1）风险识别机制

所谓风险识别机制，指的是当风险未发生时或发生初期，社区能够对风险因素进行日常性排查，并对易受伤害群体进行持续性关照，从而避免突发事件等风险的暴发对该群体造成较大的生活影响与心理创伤。风险识别机制的建立，并非要求社区面向风险事件设置一种单独的、成本高昂的应对制度，而是可以依赖社区自身的网格化治理模式。正如一些治理水平较高、社会关系融洽的社区，能够在网格巡查等日常治理中持久地摸排独居老人、残疾人、失独家庭、失业群体等弱势群体，从而在风险发生时对其予以充分照料，以最大限度地降低易受伤害人群所面临的风险冲击。

① 2021 年 3 月 11 日 J 社区实地访谈。访谈对象郑某，J 社区党支部书记，女，46 岁。

(2) 风险处置机制

风险处置机制指的是社区具备一套应对风险的完整程序与制度性准备,从而保障社区风险治理的实践效果,该机制一般在风险显现并扩散时起到减缓社会损失的作用。这一机制的有效运行,一方面有赖于社区日常应急制度的设计,即社区应对风险发生时的报备流程、风险沟通等处置程序进行预先性准备;另一方面,该机制同时考验着社区决策者能否依据风险走势作出灵活的预判式治理,避免刚性应急制度的治理失灵。

(3) 权变式转换机制

权变理论认为,有效的管理模式需要依据情势变动而进行相应改变。其中的"权变"即权宜应变,即管理者要根据内部条件、外部环境的现实反应而及时权衡,从而选取特定环境条件下的管理模式、方案或方法。① 由此可见,权变理论的思想并不局限于某一种普遍的、统一的管理模式,而是要根据内、外部环境的变迁而发掘与之相匹配的应对思维。在此逻辑基础上,风险治理制度议题中的权变式转换机制,则意味着社区应急制度不应当受限于单一化管理思维,而是需要随着情境等因素的变动而对治理内容进行适时调整,从而恰适、有效地应对风险。

有鉴于此,权变式转换机制即根据风险走势而及时、灵活地调整社区风险治理的"刚性"与"柔性"程度,以提供不同时期所需要的制度性保障。一方面,在风险程度增强时社区风险治理需要以保障居民生命安全为目标,采取紧缩式管理的刚性治理模式,对危及群众生命健康的不恰当举措予以必要的严格约束;另一方面,在风险程度降低时,社区治理者要更多地对居民常态生产生活需求作出理性考量,及时地转换为开放性管理的柔性治理模式。因此这一机制的有效与否,既考验着社区应急制度的设计水平,也检验着社区领导者的灵活性思维与防控节奏把握能力。正如我们看到的那样,在重大突发公共事件发生时,一些应急体系具备较强弹性、领导者风险意识

① 李育林.基于权变理论的海洋灾害应急管理研究[J].太平洋学报,2014,22(5):85-94.

较强的社区，能够形成变通式的疫情管理体系，在保障居民正常生产生活、社区活力丰富与秩序稳定的前提下，实现社区风险治理模式在“风险”与“常态”情境下的迅速转变。

四、公共性文化惯习：社会团结孵化与风险焦虑消解

恐慌情绪、质疑心态往往是伴生于突发性公共事件的消极反应，此类情绪不但可能削弱社会成员的风险应对信心，更可能对既有的风险治理成果造成反噬，形成冲击社会秩序稳定基础的舆论暴力等风险变量。正如近年来在诸多重大突发公共事件中，一些网民在焦虑情绪的传散与渲染下大肆传播谣言以宣泄情感压力，对相关权力机构、官方形象进行了刻意污化。部分敏感谣言甚至一度直接影响到我国宏观治理议程、微观社区风险治理工作的有效推进。在此背景下，如何增强社区居民于风险情境下的正向情感能量，从而激发团结性意志、消解负向心态便显得至关重要，而积极文化环境的塑造便是一条恰适路径。

在社会学的理论视野中，无论是布迪厄的场域思维抑或福柯的文化规训逻辑，皆强调了独立于社会个体而存在的客观文化氛围对社区成员有着潜移默化的教化作用。这意味着不同类型的文化环境，将对包括社区居民在内的社会成员的行为选择产生深刻影响。因此除物理因素、能力因素以及制度因素外，精心塑造与维护的文化环境，对社区韧性水平的提升而言有着根本性的作用。

社区韧性议题中所对应的文化韧性，主要指向了一种具有公共性的社区文化惯习。在布迪厄的文化社会学中，惯习即客观结构在主体心智结构上的反映[①]。换句话说，惯习是社会规范、法律等客观社会事实，于社会个体主观意识、行为选择中的生动呈现。而社区场域中的公共性文化惯习，指的是社区居民能够在日常社区公共活动或事务实践中习得、形成一种利他主

① 洪岩璧，赵延东. 从资本到惯习：中国城市家庭教育模式的阶层分化[J]. 社会学研究，2014，29(4)：73-93，243.

义的行动逻辑与文化观念，并在风险事件发生时得以营造出涂尔干意义上的集体意识与社会团结，从而在一定程度上维持稳定的社区情感氛围以抵御风险引致的焦虑。然而从我国现实文化环境中看，社会生存模式的更迭带来了原子化生存态势与不安全感，利益结构变迁带来了社会不信任甚至是社会敌意，诸如此类的负面影响都在不同程度上限制着我国城市社区公共性文化惯习的形成。为应对这一挑战，应当从以下两个维度入手来思考社区文化层面韧性水平的增强路径。

首先，社区归属感。在诸多既有研究中，社区依赖感、认同感是考量社区韧性的关键指标[①]，充足的归属感意味着社区成员对于所属社区及其居民有着强烈的身份认同与群体认同，即一种"家园意识"。"我们这里是拆迁后的老小区，就是撤村建居之后成立的，大家以前都是一个村里的，所以都有那种老一些的观念，谁家办红白事的话都会帮着一起做。所以大家对于彼此的认同感还是很强的，觉得我们是一个'集体'……但是在新的城市小区的话，大家都不太认识，都是天南地北聚在一起的，那么社区对他们来说就是一个住的地方而已，不是一个'家'的感觉，等再有钱了就会搬到另一个地方，那他就不会觉得自己是这个'家'里的人。"[②]恰如F社区党支部书记所言，归属感所带来的社区认同不仅包括将自己视作该组织、群体中的一员，同时能够将自身的利益视为社区公共利益的有机组成部分，将自身权益的获取与维持建立在社区公共利益能够得以维系的基础之上。在强烈的社区归属感支撑下，社区居民能够为自身的行动赋予一定的积极意义，从而主动地参与到日常社区治理与风险事件的救援工作中，致力于实现共同的社区美好愿景。[③]

---

① DMITRY L, MOOLI L, RAN C, et al. The dynamics of community resilience between routine and emergency situations[J]. International Journal of Disaster Risk Reduction, 2016, 1(8): 125-131.

② 2021年6月18日F社区实地访谈。访谈对象钱某，J社区党支部书记，女，48岁。

③ MAYUNGA J S. Understanding and applying the concept of community disaster resilience: a capital-based approach[J]. Summer Academy for Social Vulnerability and Resilience Building, 2007: 1-16.

其次，社区信任感。吉登斯曾就如何应对现代风险时提到，日常生活实践中所形成的信任是现代人类本体性安全得以实现的基础。[①] 同样地，欲减弱风险事件中社区居民的本体性焦虑情感，便需要在社区内营建出充分、坚实的信任关系网络。这种信任主要表现为两个方面。一是居民对于社区其他主体的信任。社区、物业公司、业委会等主体作为社区治理的引导者，需要具备较强的公信力，这是社区治理者获得广泛社会响应与积极支持的根本要素。“大家信任我们，那很多事情都很好办，比如加装电梯的时候要动用公共维修金、发生突发事件的时候找志愿者，如果大家都信任社区就没有那么多麻烦了。归根到底还是觉得我们是对立的，你是社区、你是物业，都是挣我们钱的……这几次突发事件经历下来，大家看我们做了这么多事，也就放下戒心了，很相信我们，见面都是主动打招呼‘书记你来啦’，我们心里也暖暖的，毕竟要经历一些事情才能让别人信任你。”[②]二是社区居民彼此之间的信任。在一些撤村建居社区、老旧城市小区中，居民之间往往具备一定的互惠关系网络。而正是这些稳定的社会情感联结，构成了风险情境下有效社会动员的根基。“老小区好就好在人们彼此都熟悉，谁家的家长里短都知道，出了事情（突发事件）大家都互相支持、相互理解，其中也有一定的‘面子’问题，至少大家面上过得去吧。但是我以前在城市小区做副主任的时候感觉就不一样，那里虽然也挺好管、大家比较守规矩，但是人都太‘精’了，各种都是白领呀一类的。各人自扫门前雪，如果他有一点点觉得权利被侵犯了那就很不愿意的，大家都怕别人占了自己的利益。”[③]显然，社区成员对于彼此、社区组织之间保持的信任感，不但能够促进日常社区生活中的交互频率，更是得以在风险事件中兑现为坚实的集体信念，从而抵挡焦虑与外部冲击。

---

① 安东尼·吉登斯. 现代性与自我认同[M]. 赵旭东，等，译. 北京：三联书店，1998：40.

② 2021 年 3 月 4 日 J 社区实地访谈。访谈对象郑某，J 社区党支部书记，女，46 岁。

③ 2021 年 5 月 28 日 Y 社区实地访谈。访谈对象郭某，Y 社区党支部书记，女，46 岁。

第二节　内生互动韧性：多维协作体系构建与风险共担效能增进

对于物质资源、人员能力、应急制度等基础性社区要素的建设，能够在社区风险处置与灾后重建中起到至关重要的保障性作用。但是社区韧性的形成不应当仅仅依靠静态资源的储备与堆砌，也有赖于居委会、居民、物业等多元社区主体交互协作下的有机性互动实践。然而从社区风险治理的实践经验来看，我国城市社区内的多元主体，往往囿于权责模糊、利益冲突等结构性张力因素而难以形成默契协作以共同抵御风险。因此，亟须在社区风险治理中置入一些提升社区内部协调性互动效果的增强机制，从而理顺多元主体间的协作逻辑，将既有的社区资源予以充分调用，实现社区韧性的可持续发挥。而对内生互动韧性的建设便是一种合适的选择。

内生互动韧性指的是风险事件发生后的处置阶段，社区得以通过一系列的增强机制来激活社区内居委会、居民、物业公司等多元主体的风险共担意识，强化社区治理者自上而下的动员能力，以及社区多元主体自下而上的风险反馈能力，从而实现社区风险互动式治理，保障社区内应急资源的有效循环，应急工作的顺畅开展。内生互动韧性的构成，主要依赖以下三个维度的机制的共同支撑。

一、引领式社区动员：常态与非常态动员的交互增强

引领式社区动员指的是一种自上而下的社会动员，其核心思路在于将满足居民需求的社会目标转化为社区成员广泛参与的社会行动。[①] 当风险

① 孙逊，张静，司江华，等. 慢性非传染性疾病综合防治的社区动员[J]. 中国公共卫生，2002(7)：65－66.

事件发生时，社区居委会等担任社区治理领导者角色的主体，应当引领社区党员、居民等主体开展救援行动，从而能动地对社区、居民的社会损失予以挽回与重建，或对未发生的风险作出积极准备。引领式动员机制主要可以分为日常动员与应急动员两种类型，二者虽具备一定互斥性，却又存在一定的交互增强逻辑。

（1）日常动员

日常动员指的是社区领导者动员居民参与日常公共事务的治理。这种动员规模往往较小，往往呈现于文娱活动、环境整治、治安防卫等具有高度重复性的、牵涉公共利益的社区建设事务的实践之中。日常性动员不但能够在频繁的公共事务治理中培育居民的共治意识与集体行动能力，而且能够将居民的利益、情感诉求牵引而出。在此过程中，社区治理者得以顺利地洞察、熟悉居民群体，随之在回应需求、照料情感的过程中累积治理权威，以便为风险情境下的社区治理形成社区合力。正如某社区为应对环境整治任务，以有偿形式招募居民参与老龄居民拾取垃圾的日常性动员，在满足其生活需求的同时实现了社区公信力的增强。“区里不是有‘洁净杯’的比赛吗，每周都要评比排名，我们就把老年人动员起来。钱不多，一天上午两个小时就30元钱，但是大家闲着也是闲着，平时除了带孩子他们也挺无聊的，来这里还能做一些比较有意义的事情，何乐而不为呢？他们自己来了以后，就像滚雪球一样地带着其他的伴儿一起来，大家来的次数多了就开始比较认同社区，也来我们的活动中心玩，大家以真心换真心。虽然都只是老年人，但是我觉得他们对社区认同了，他们的孩子、朋友也会慢慢信任社区。而且如果真的有突发状况了，他们也是比较积极的，虽然的确做不了太多事情，但是都很积极地参与进来。”[①]由此可见，引领式日常动员不仅是增进社区领导者与被领导者情感联结与社区凝聚力的优势路径，也是应急性社区动员能够得以孕育并取得风险治理成效的基础所在。

---

① 2021年3月12日J社区实地访谈。访谈对象郑某，J社区党支部书记，女，46岁。

（2）应急动员

应急动员指的是为应对突发性公共事件、大型公共事务而进行的社区动员。较之日常动员而言，应急动员往往会以凌驾于个人利益之上的公共利益为行动目标，因而较为考验社区领导者的动员能力与居民的配合意识。这种应急动员往往能够通过行政路径与党建路径两种形式开展。

一是行政引领下的应急动员，即主要依据社区网格化治理体系，在风险情境下排查有待帮扶的居民家庭及个体，并能够快速形成全社区参与的风险共担环境，其动员逻辑呈现为“社区网格长—网格员—楼道长—居民”的路径。显然，这种动员方式注重于面向全体社区成员展开联络，沿着网格线条将物资、法规、信息动态及时地传递给千家万户，因此该动员形式的有效程度，与社区自身既有的日常网格化治理水平有较大关联。如公共卫生事件发生期间，一些资源丰富的商品房社区往往具备优异的网格化治理水平，能够以众多网格员分担疫情恢复阶段的多条线行政压力。而且又得以在整个疫情防控期间，对网格员进行购药、采购物资、运送病人、入户走访等细致分工，或是充分调动小区成员、楼道长、居民的力量进行后期疫苗接种的宣传工作，很大程度上减轻了疫情防控期间的风险治理压力。而一些资源禀赋水平较差的社区，则可能时常陷入过大行政压力、社区风险治理空间遭受挤压的窘境。

二是党建引领下的社会动员，即在党建力量的主导下发挥党员带头精神，带领、指导居民进行抢险救援与灾后重建，该逻辑一般呈现为“社区党委会—小区党支部—社区党员—居民”的路径。该动员形式的特点在于能够在紧急时刻打破常规式行政逻辑，以党建的特殊力量注入应急治理实践，以组织纪律作为核心观念，对诸多党员资源进行整合。如新冠疫情防控期间，部分社区迅速成立“社区临时党支部”作为指挥风险治理的临时核心机构，组成多条社区疫情防控战线。随后在社区党员的宣传与动员下，居民力量被充分置入合作治理体系之中，发挥了较好的防疫效能。

诚然，较之日常动员，党建、行政引领下的应急动员缺失了一定的行动自由度与目标随意性，以至于公众仅以服从姿态参与到集体行动之中。然而风险情境下，地方政府领导者、社区决策者对社区成员的高效指挥与正确引导，对风险的有效应对，能够夯实其权威基础、赋予大众以坚韧信念，有助于维持风险期间以及常态情境下社区内部的融洽氛围。从这一点上看，应急动员在一定程度上能够反向增强日常动员的积极性，从而形成两者间的交互增强效果。

二、协同性治理结构：科层模式主导与多中心协作补位

诚然，社区治理者以自上而下的动员方式来引导多元主体参与风险治理，是内生互动韧性得以形成的关键所在。然而不可否认的是，这种思维更多的是以社区领导者为核心，而未能立足于居民视角以充分发掘其参与风险治理的优势所在，更无法有效培育其应对风险的能动性，从而可能导致居民在"被迫适应"之中产生对社区领导者的依赖心理。因此内生互动韧性的形成，同样需要一种自下而上的反馈性互动来推动社区这台机器的运转，而注重多元主体力量的协调性治理结构便是一个恰适的选择。所谓治理结构，即社区风险治理主体之间的关系安排，而协同性治理结构指的是对不同治理模式的协调与整合，从而致力于更为广泛地调动多元主体以积极应对风险。

在风险治理领域中，对传统科层结构与多中心结构的争论从未停息。其中传统科层结构指的是将政府科层工作逻辑代入到风险治理当中，以任务逐级下沉、信息层层上报等为主要行动特征。科层结构的正常运行，意味着政府组织需要在社会事务的处理中具有绝对主导性，以高度统一的权力体系来实现组织运作。如社区风险治理中作为政党意志、政府职责延伸的居委会便是风险治理的主导者，一方面将社区层面的风险信息动态向上传递，另一方面在吸收基层政府意见后作出决策。社区风险治理中科层模式的优势在于高效性与规范性，这在重大突发事件发生后的恢复重建阶段有着显著的呈现。相应地，该模式在突发事件初期则可能由于事态发展的不规律性而显示出一定的治理滞后性。因此，欲提升社区风险治理的整体水

平，亟须一种具备灵活性、应变性的应对思维，对科层模式所暴露的局限之处予以填补。与科层制逻辑不同，多中心治理体系摒弃了单一主体决定论，强调将社区内居民、自组织作为具有能动性的治理主体，通过对此类主体的还权赋能来营造民主性的社区决策平台、构建起多元共治体系。无论是在社区常态性治理抑或非常态治理环境中，多中心治理体系皆是以作为科层治理体系的补充者角色而出现的。① 在不确定性因素较多的风险发生初期，多中心治理体系较之科层体系而言更具备一定的敏捷性，比如能够通过多方力量的风险感知、信息沟通实现迅速预警与处置。

而协同式治理结构则更多地强调缓和科层治理与多中心治理的内部张力，从而致力于促进二者的有机结合，以形成互补的协调效应。这种治理结构一方面需要保持一种扁平化的治理结构，比如对兴趣小组、议事平台等冗余力量的风险治理能力、权力进行培育和赋予，以增强其治理灵活性与对多主体的协调能力。另一方面，仍然需要以科层制中领导者的积极协调来激发多主体的能动性，促使多中心治理体系实现效能的最大化。因此，协同式治理结构的建设，既需要注重对"多中心"的充分权能赋予以及主体意识的培育，避免社区内多元主体对科层式动员的强烈依赖，造成风险治理模式的僵化。同时，又需要保障领导者具备统筹、协调等稳定局势的能力，从而实现规范性治理与高效性资源配置。在此基础上，当风险事件发生时，日常情境下获得充分赋权、具有较强主体意识的多中心主体，便能够在应急状态下得到潜能激活，不但能够主动、及时地提供风险信息、消减风险冲击，也能够对科层体系的压力进行一定的释放。

三、横向增强的互惠式共赢机制

互惠式共赢机制指的是一种建立于社区多元主体层面的风险共担平

① PLOUGH A, FIELDING J E, CHANDRA A, et al. Building community disaster resilience: perspectives from a large urban county department of public health[J]. American Journal of Public Health, 2013, 103(7): 1190－1197.

台，旨在当风险发生后，社区居委会、物业、业委会、居民等主体能够形成利益共享、风险共担的优质社会联结，从而增强社区能动性与抗风险能力，在应对任何风险冲击时皆能够游刃有余地适应外部感染与环境变化。与引领式动员机制和反馈式互动机制不同，互惠式共赢机制并非自上而下的党建化、行政化引导，亦非自下而上的诉求传递，而是一种致力于横向式多主体民主协商的机制。通过社区党建联建平台、居民代表会议、社区理事会或议事会等社区内部自组织，对仅限于社区内部且能够自发解决的社会损失予以救援或重建。如近年来诸多公共卫生事件中，部分社区治理水平较强的社区单位能够在居委会的倡导下将诸多社区范围内的组织及居民主体整合进某个社区议事平台，从而在药品配备、食品供应、病人接送等多个需求层次上进行民主协商，并在公共卫生事件发生的前、中、后期保持了较好的可循环性。

第三节　外部支持韧性："社会—社区"韧性的共生性发育

自社区韧性概念提出以来，部分学者强调韧性视角下的社区风险治理过度聚焦社区自身的内生性要素，并认为这种治理具有一定的局限性。首先，社区的基础设施水平未必能够适应社区韧性治理要求。包括中国在内的部分发展中国家，可能由于现代化发展起步较晚、结构性资源基础薄弱，而难以在社区内部迅速形成有效的危机应对能力与韧性水平。其次，既有的社区韧性未能与城市治理较好地关联起来。社区韧性水平与其所处的地方治理环境往往密切相关。从结构组成上来看，城市社区并非独立地存在于社会系统之中，那么社区韧性的形成也自然关联到了社区所处局部区域的综合治理水平，因而需要在社区韧性的考量中关照基层政府机构及相关社区的利益。从风险传播上看，风险社会中的复合性风险往往具有较强的传散性与穿透性，以至于一方面社会风险能够瞬间涌入各个城市社区并危及公众安全，另一方面社区风险也存在着迅速扩张规模、延展范围并演化为城市社会风险的可能。

在此背景下，城市社区风险治理不但关乎社区自身秩序的稳健与否，更是指向了宏大的城市安全与社会稳定问题。因此需要注意的是，社区韧性的有效培育与积极建构，不但需要培养社区自身能力，关注社区自身内部静态的基础设施韧性建设、动态的多元主体互动韧性营造，同样需要将社区置于更为广阔的地方治理体系之中进行思考，寻求外部力量的广泛、持久的支持。

因此社区韧性议题亟须与城市公共安全、城市社会韧性紧紧联系起来，即在社区风险治理中植入一种外部资源支持社区的系统化逻辑，而外部支持韧性便是这样一种可行的路径。所谓外部支持韧性，指的是社区与其所处的街道、区政府等职能部门，以及市场、社会组织等主体具备较为紧密的社会联结，从而形成两个方向的资源支持：一方面，当风险事件发生时，在社区风险治理中能够保持上级政令的有效落实、地方职能机构人力与物力资源的有效输送，以及社会力量的支持；另一方面，通过建立共建共享平台，将社区自身风险防控的有效经验等资源向周边社区组织传递与辐射。因此外部支持韧性主要呈现为“外部资源输入机制”与“内部经验输出机制”两个方面。

一、外部资源输入机制

外部资源输入机制，即社区需要具备畅通的资源流入渠道，既需要为社区所依附的城市系统与基层政府、周边社区以及社会组织所具备的风险治理资源提供输入路径，也离不开上级政策给予的制度性支持。这一机制主要由政策输入、物资输入与人力输入构成。

一是政策输入，即上级政府的决策与政令能够有效、及时地向社区居委会传递，避免由于信息互动滞后而导致的制度落实缺位与风险治理失灵。这一机制较为考验社区与基层政府的沟通程度与社区自身的执行能力，因为风险发生时，科层制下的政令传递具有一定滞后性，而社区既需要在接到命令后迅速作出反应，甚至也需要提前依照街道、社区自身情况作出制度框架内所允许的预判性处置。

二是物资输入，主要指的是来自上级职能部门、社会力量的防险物资。虽然社区内部储备能够为社区风险治理提供暂时性的支撑作用，然而仍需要外界物资的注入以保持可持续性抗风险能力。这一环节对社区多元主体的信任感、集体行动力提出了较高要求，由于物资输入往往牵涉到运输时间、分配公平、实际需求等繁杂问题，因而如何及时、有效、公正地分配物资便是问题关键。

三是人力输入，主要指社区以面向社会招聘志愿者以及党员下沉两种形式补充社区救援力量。与居民间救助彼此、维护生活空间的动机不同，社会志愿者机制的维持主要依赖于利益激励，党员下沉机制的保持则有赖于责任约束，因而在特殊风险情境下亟须以稳定的激励形式为基础，建构起畅通的人力输入渠道。

二、内部经验输出机制

内部经验输出机制，即将建构后的社区韧性效应外溢至城市社会风险治理体系中。社区作为城市发展的基本单元，其韧性的形成目的不但在于社区自身具有显著的抗风险能力，而是应当致力于将社区韧性建构经验、教训向城市社会辐射。从而在自身形成公共安全基层堡垒的同时，为其他城市单元提供支持与示范作用，广泛搭建起“社区韧性—城市韧性—社会韧性”间的互动桥梁，促成更为广阔的社会韧性、城市韧性的形成，以整体性的风险共同体姿态应对社会风险挑战。

这种示范性作用既可以是局部性的，也可以是跨域性的。如近年来诸多突发公共事件发生后，一些社会治理水平较高、韧性能力较强的社区，能够作为同类型或相似类型其他社区的模范案例而得以在同一街道、行政区范围内被推广，从而强化区级政府、街道办事处及其他社区面对风险的治理效能。

第七章　风险社会中社区韧性建设的实践路径

社区基础配置韧性、社区内生互动韧性以及社区外部支持韧性作为城市社区韧性的主要组成部分，它们共同作用于缓解城市社区风险治理的内部结构张力、优化城市社区的风险应对能力，并能够以此促进社区的可持续发展与社会治理现代化。但是这一系列社区韧性思维尚处于理论构想层次，仍需要铺陈出诸多具象化的建设路径，方才能够将社区韧性构想与现实社会予以恰适地衔接。

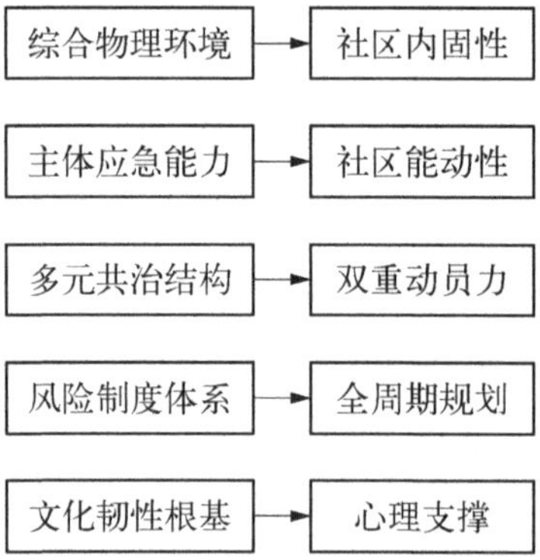

图 7－1　城市社区韧性的具体建设路径

纵观社区风险治理中的结构张力，社区组织及成员的权力缺失、社区多元主体抗逆能力的匮乏，成为制约社区韧性能力形成与成长的核心所在。在此基础上，本章将分别立足于物理环境、主体能力、组织结构、制度体系以及文化环境五个板块，重塑社区风险治理的组织权能、注重面向多元主体的治理赋能，将基础配置韧性、内生互动韧性、外部支持韧性思维付诸实践（见图 7－1）。

第一节　营造综合物理环境与孕育社区内固性

社区韧性的有效建构，往往牵涉到经济、文化、制度等多维度要素，然而值得注意的是，安全的物理环境实则是这一理论构想得以顺利实施与运行的基石所在，它指涉的便是作为社区韧性特质之一的社区内固性。因此亟须在城市社区中积极推进对综合性物理环境的建设，从而强化社区自身的冗余性基础防灾框架，这种物理环境主要包括公共空间、基础设施以及技术治理三个维度。

一、制定韧性空间规划以营造稳健化生活模式

具备韧性的社区空间，是构建安全化社区物理环境的基础所在。随着社会发展速率迅猛提升、城市结构日益复杂，城市社区也不再仅是简单的建筑物、居民集合，而是演变为了一种积聚不稳定因素的风险场所。在此背景下，空间设计的合理与否，往往成为社区遭受风险冲击后，能否迅速展开风险救援的首要因素。正如当火灾、地震以及疫情等自然灾害、现代风险发生时，宽阔、稳固的社区公共空间，在居民疏散、人员隔离、物资分配等行动中发挥着积极效用。然而在过往技术性应对、被动式处理的风险治理观念主导下，社区空间规划的优势效果未能被充分发掘。在此基础上，亟须对传统的城市安全观念进行一定的扭转，将韧性思维植入城市社区的空间规划之中，在日常生活中增添社区活力，并在风险情境下释放韧性空间的冗余性能量。在具体操作层面，对于韧性化社区空间的营造，需要从以下两个维度进行。

第一，在社区空间规划时注重其防灾效果。在社区各类空间的建设中，不但要聚焦日常功能性需求的考量，更需要按照“相对集中、便于转移、就近安置、确保安全”的政策要求，在空间选址、面积、结构分布等问题上兼顾社区空间的防灾能力。比如新建社区在建设居民日常交往、集体活动、锻炼所需公共场所时，一方面要注重提升不同开放空间之间的连通效果，设置一种双重性的便捷通道，不但能够在日常生活中便于居民通行，也能在风险情境下增加救援的灵活性。另一方面，需要致力于增加公共空间的数量并提升开放空间在社区内的均匀分布，使得居民能够在风险发生时获得充足的逃生、自救机会。而不具备重新规划的老旧小区，则需要抓住社区微更新的宝贵机遇，在完善环境建设、提高生活质量的同时，兼顾公共空间的扩容，将韧性思维置入城市微更新之中。“老小区的微更新也有关于应急的东西，比如改善楼道便于逃生，但主要还是修路和大门，建设社区公共空间的话主要还是为了停车位，至于公共活动区域的话还是比较奢侈的。其实不管是老小区还是新小区都是这样的，城市里尤其是市区寸土寸金，公共空间少也是可以理解的，可是出事情的时候可能会比较麻烦。”[①]由此可见，城市社区尤其是老旧小区在韧性框架规划层面上，仍具备较大的上升空间与强化潜力。

第二，营造社区生活圈以提升生活稳定性。社区生活圈的积极建设，对于不同社区而言皆具备一定意义。对于一些基础设施水平较强、现代化程度较高的高档社区来讲，社区生活圈能够在该小区自身内部高效防灾水平的基础上，以外部完整的食品、药品供应链为其提供更为丰富的保障。而对于我国城市中大量楼体老化、空间狭小的老旧社区来说，社区生活圈的建设更是可以在节省社区更新、改造成本的基础上，以社区周边生活圈的先进设备、良好环境来分散老旧社区的风险变量，从而在日常生活中增加其居民生活便利程度，并在风险情境下保障居民通信、生存、交通等层面的基础需求。

① 2021年5月28日Y社区实地访谈。访谈对象于某，Y社区网格员，女，31岁。

“社区生活圈是一个很好的概念，但是说实话也只是个概念。我之前在高档小区做党支部书记，那里做得蛮好的，周边商场、菜场、医院什么都有的，十五分钟之内都可以到达。但是现在这个老小区附近就不理想，我们虽然也可以叫十五分钟生活圈，但是实际上外卖十五分钟送到也可以算，所以是有点虚的。”[①]正如该社区党支部书记所言，社区生活圈的有效构建也有赖于城市系统及多元主体的整体发展水平，因此现存的社区生活圈在不同区域中的运行效果仍然可能存在一定偏差，这也为社区空间韧性的提升提供了方向。

二、优化应急配套设施以强化基础性保障效能

除社区公共空间这一基础要素外，面向应急基础设施的积极建设，同样是实现社区韧性、提供应急保障的关键路径。于2015年颁布的《中华人民共和国国家安全法》，更是在坚持原本11类安全大类的前提下，进一步将“基础设施安全”纳入总体国家安全观涵盖范畴之中，这充分地凸显了社区配套应急设施对于社会安全保障的关键意义。在韧性理论的视野中，社区基础设施的建设需要同时从时间与主体两个维度上进行考虑：从时间上看，社区应急设施的实用性要考虑到风险发生的全周期；从主体上看，对于社区应急设施的应用要关照到社区内的多元主体。在此逻辑基础上，我们得以发现我国城市社区的应急配套设施并非全然缺失，而是往往由于仅关注洪涝、火灾等灾害，而在基础设施的数量、类型上存在一定局限性。总的来看，对于社区抗逆配套设施的完善主要应当聚焦在以下两个方面。

第一，对于物资设备、场所设施的考虑。在物质维度上，对于社区基础设施的建设主要包括硬性固定设施与软性应急设备两个类型。在硬性固定设施建设上，社区内一方面需要增加文化活动中心、多功能文娱场地等场所，从而在常态、非常态情境下发挥满足日常生活与应急处置需求的双重作

① 2021年6月12日F社区实地访谈。访谈对象张某，F社区副主任，女，41岁。

用，在避免资源浪费的基础上增强社区抗逆效果。另一方面，要重视对社区医疗服务中心的建设，完善社区层面的基础医疗设施，不但能够在日常社区生活中强化居民对基层医疗机构的信任感，而且能够在风险发生时为分级诊疗的实现、市级医院的减压创造前提条件。在软性应急设备建设上，领导者、居民则需要具备不同类型的应急资源。对于社区领导者而言，包括社区居委会成员在内的领导角色应当配备足以应对多类型、高强度风险的应急设备，如充分运用新技术、新材料以有效应对现代风险，从而有条不紊地应对不确定性冲击，为社区居民等主体提供持久引导。对于社区居民来讲，应当鼓励、引导社区居民未雨绸缪地预备必要的应急物资。一方面，国家政府与各级地方政府需要因地制宜地制定统一化的应急物资储备建议清单，为居民的应急设施配置提供专业指导意见。正如 2020 年 11 月应急管理部出台《全国基础版家庭应急物资储备建议清单》后，北京市、南京市、郑州市等地区的减灾委员会办公室便通过印发《家庭应急物资储备建议清单》的方式为市民家庭提供应急物资储备建议清单，其中主要包括应急物品、药品、用具、食品四大类，对其他城市社区防灾做出了较好的示范。另一方面，在此基础上，社区领导者需要对居民对于小型发电机、照明灯、逃生绳等自救器具的理解与使用提供引导，发掘居民的应急处置潜能。

第二，对于人力配备与应急力量训练的考量。不同于传统应急治理理念，韧性理论视野下的社区风险治理思维要求摆脱单一部门、单一灾种式的治理模式，转向一种全流程、综合性的风险治理发展方向，因此这也对社区自身的应急队伍建设提出了更具专业性、开放性、灵活性以及快速响应的要求。一方面，社区应当本着“少而精、能管用”的原则，培育一支人员数量足够、专业化素养较高的应急治理队伍，对各类型风险具备高度科学化的研判、响应与处置能力，对社区内部、外部应急资源具备一定的协调与组织能力。为达成这一目标，需要社区及其所属街道、区政府等上级单位保持社区风险防控治理的持续长效投入，储备、培育一批具备专业化、现代化、国际化视野与水准的社区风险治理人才；另一方面，社区领导者也应当积极培育适用于风险治理的志愿者队伍。与专业化队伍不同，志愿者队伍需要具备基本的应急救灾意识与能力，其主要职责在于协助社区专业应急队伍开展风险知识宣传教育工作、风险模拟演练活动，并面向社区居民尤其是易受风险影响的弱势群体风险信息进行排查。需要注意的是，不同阶层、职业的居民群体对于风险的感知能力不同，因此需要在志愿者队伍中吸纳各个层次的居民，如学生、老年人、残疾人等多方力量，从而在风险发生时不但能够激发不同社会角色的积极性，同时也能够以不同视角审视社区居民需求，增强风险治理的叠加效应。

三、推进社区数字化转型以提高风险智治水平

对于数字化工具的合理应用，是提升社区物理环境安全水平、强化风险治理智能化效用的关键步骤。与传统社会存在显著不同的是，风险社会中的突发事件往往搭乘着现代化发展模式、现代先进技术的便车实现规模的迅猛扩张，正如疫情等公共卫生风险便是在高频率人员互动、广范围社会流通、高密度人口分布、多样化扩散途径的环境影响下完成隐匿、快速的传播。在此基础上，相应的风险治理工作同样应当以科技植入的方式，通过数字化、智能化建设的技术路径，促进风险治理的现实效能，避免传统应急模式中的滞后性缺陷。具体的实现路径主要分为以下两个方向。

第一，扩大数字化工具的覆盖面积。在社会治理重心下移的宏观背景下，近年来数字治理思维在诸多超大城市的社区中实现了迅速、广泛的植入，如北京、上海、广州、深圳等超大城市皆不断推进智慧社区、安全社区的创建工作以提升社区数字化水平。然而值得注意的是，在部分欠发达省份、地域的城市中，广泛分布的撤村建居社区、老旧社区等社区仍然未能获得数字治理转型的机遇，依旧采用传统的风险治理模式，致使风险情境下未能及时预防风险发生、消减风险的冲击程度。因此，一方面，社区及其所属地方政府需要坚持创新发展、治理现代化理念，从市政府、街道、社区层面自上而下地推动智能设施、装备的技术更新以及网格化信息技术的更迭，加快社区

组织的智慧社区建设进程。另一方面，在具体的社区场域中，在大力开发技术硬件的同时，对社区领导者、居民、自组织开展技术工具的使用培训工作，促进智能化治理与社区主体治理的相互作用，实现社区数字化治理的积极转型，为社区居民、自组织、民间组织的风险治理提供便利，为构建韧性化的风险治理格局贡献力量。

第二，深化数字化治理的嵌入程度。诚然，较之老旧社区而言，高档社区具备较强的经济资本以开发、维持数字化设备的运作，并在风险治理中展现出一定的积极效用。然而不容忽视的是，部分社区中存在唯数字治理论、数字鸿沟及数字治理碎片化等误区，反而限制了其风险治理的优势效果以及社区韧性的形成。“现在小区很多地方都有摄像头，基本上无死角，让人觉得很安全，但是这反而让人疏忽了一些东西。如入户访查时和老年人沟通还是很必要的，他们的心理问题也是大问题。而且我们走访的时候发现很多老年人不会用健康码、手机码，那他们进小区只会用门禁，所以我们需要耐心教他们，有时候刚开发一个新软件他们就会觉得莫名其妙的。”[①]因此，部分数字化设施覆盖面积充足的社区，需要推进信息技术与社区应急治理的有机融合。一是整合多样化技术工具的功能以增强风险治理效用。社区及其所属地方治理体系应当引入专业性较强的工程公司等市场组织，在坚持服务居民为主旨的原则下提供整体性的风险治理方案，确立智慧社区、数字治理的发展规划，从而对诸多技术工具进行有效整合，避免技术使用的碎片化与技术失灵。二是增强社区治理者对技术工具的掌控能力。推进街道办事处、社区居委会的智慧化治理的深度嵌入，通过“互联网＋”、大数据、云计算等新兴技术手段，依据社区所面临的风险类型、影响程度等因素，打造面向风险前中期的风险研判、预测、处置与重建的数字化治理模式，转变传统应急思维中重处置、轻预防的惯性思维，实现对社区中的诸多复杂风险因素进行系统化监测、评估与信息沟通的目标。三是填补部分社区居民与

① 2021年3月7日J社区实地访谈。访谈对象韩某，J社区网格员，女，51岁。

技术设施之间的数字鸿沟。社区领导者应当动员居民尤其是老年人、残疾人等弱势群体有效运用、妥善维护技术设备并作出真切反馈，促进风险治理智能化与技术治理人性化的相互支撑，从而更好地实现数字化治理的有效嵌入，避免表面化、悬浮化的技术植入。

第二节　培育多元主体抗逆力与提升社区能动性

风险社会中的现代风险，往往并非如地震、洪涝等传统自然灾害一般得以直观地被发觉与处置，而是可能隐匿地滋生于日常生活之中并在一定条件下突发迸现。因此即便实现了社区物质性要素的有效铺陈与运作，欲达成有效的社区风险治理，仍然需要居委会、居民、物业等多元主体具备较强的风险感知、处置、恢复能力，从而能动地面对、抵抗并消解风险冲击。然而在当前发展阶段，我国诸多区域的风险治理思维仍停滞于政府主导逻辑，对于风险治理能力的培育未能有效地下沉至社区维度，以至于风险发生时社区内多主体习惯于保持等待救援的被动姿态，间接地提高了风险治理的时间成本与救治成本。因此，亟须面向社区内多元主体展开抗逆能力的培训，以增强其风险治理的主体性意识。

一、促进治理赋权增能以提升社区工作积极性

社区居民委员会作为城市基层自治组织，从名义上看主要负责引导社区居民发起自治工作，因此并不具备风险治理的主要职责以及相应的执法职能。在实质上，由于居委会成员的晋升情况、福利待遇受街道办事处这一基层政府所影响，居委会往往成为纵向到底、横向到边的政府触角，并在社区风险治理中扮演着主要问责者与兜底者的角色。然而与此同时，在社区行政化程度加深的背景下，社区工作者则时常由于行政任务繁多、权责不对

称、待遇有限等原因，而在社区风险治理中呈现出“心有余而力不足”的能力困境。因此，亟须从能力、权力以及动力三个维度出发为社区工作者赋权增能，提升其应急工作的积极性以及社区风险治理的有效性。

首先，落实社区工作者减负减压，增加风险治理能力的培育空间。诚然，社区风险治理属于社区治理工作中的某一部分。韧性思维下的风险治理，则对社区工作者专业性、系统性的风险治理能力提出了更高的要求，因此应当突出风险治理在日常社区治理中的特殊地位并予以强化训练。但是从经验现实上看，城市社区工作者则往往由于社区过度行政化而承载了过多额外职责与任务，导致其难以接受系统化的应急能力培训，故而对于社区工作者的工作减负、任务减压显得愈发紧迫。因此相关部门在制定减压减负文件时，一方面应当明确指出社区工作者所需要承受的责任边界，排除这一范围之外的额外职责。另一方面，地方政府要在政策传递、下沉过程中对减负要求进行有效落实，避免相关工作在形式主义思维影响下流于表面。在此基础上，地方各级政府需要在保证居委会成员生活有序的前提下，为其提供系统化的应急治理培训，通过应急演练、风险评估等方式强化其风险排查、应急处置的能力与意识，为社区韧性的形成提供能动性基础。

其次，保障特殊情境下的权力下放，实现社区工作者的应急赋权。相关部门应当制定一系列制度化规范，一方面明确规定社区领导者对社区内组织或下沉至社区的行政、党建、社会力量的指导权，尤其是风险情境下的灵活性裁量权，从而避免社区风险治理陷入资源配置、人员调配的滞后性困境。另一方面，面向居民积极宣传社会公众配合社区居委会进行风险治理的必要性，以及居委会对部分居民进行强制约束的合法性，规避居民对居委会产生权力滥用、执法不规范的消极印象。

最后，同步提升社区工作者“面子”与“里子”的双重社会地位问题，增强其风险治理积极性。正如访谈材料所展现的那样，诸多社区工作者由于工资待遇、上升通道的有限性而往往将自己视作“社会底层”，或是受部分居民歧视而产生社会声望层面上的自卑心态，极大地限制了其维持基层社会秩序、帮助居民扭转危机的内在动力。在此背景下，有关部门需要共时性地从以下两个方面对社区工作者提供帮助。第一，积极宣传并维护社区工作者的正面形象。社区工作者不但作为贴近居民的社区治理主体而存在，更是在一定程度上展现着基层微观社会中的政府形象。因此在日常治理、风险治理取得成效时，应当及时对社区工作者进行充分褒奖，从而在提高其自身荣誉感、自豪感的同时，间接提升政府形象。第二，逐步落实社区工作者工资的待遇水平。受制于各地区宏观经济水平的客观影响，我国东西部、南北部城市社区工作者的工资待遇往往呈现出一定的梯度分化格局。相关部门应当秉持"共同富裕"理念，在对所在地域宏观经济予以合理考量的基础上，逐渐根据工作量、成效等指标提高部分社区工作者的收入水平，从而在增强其获得感的同时营造一定的良性竞争空间。

二、培养居民风险感知意识以提升社区家庭基本自救能力

在社区领导者积极引导的基础上，社区风险的有效治理仍离不开社区内居民群体的积极配合，以及该群体之间的相互联动、救治。为达成这一期冀，居民及其家庭应当具备一定的风险自救、互救以及集体行动能力。然而从近年来诸多案例材料来看，我国城市社区居民或是由于警惕意识不足而屡遭风险冲击，或是缺失应急能力而只得被动接受救援，在造成巨大社会损失的同时提升了治理成本。"最怕的就是居民自己不当回事，这几年的郑州大雨、杭州大雨其实都是这样，官方一条条通知都发了，社区也发了，居民觉得下雨也不是什么大事，结果就是百年一遇的雨夺走了几百个人的性命，太亏了呀。"[①]正如 2021 年郑州"7·20"特大暴雨事件中，河南省应急指挥中心、气象厅等相关部门曾多次于暴雨来临前发布橙色、红色预警以警示大众积极防灾。即便如此，仍有大量居民未能及时作出充足准备，大量地下车库及车辆遭受内涝影响。因此，亟须面向社区居民家庭展开风险治理能力培

① 2021 年 8 月 15 日 D 社区实地访谈。访谈对象戴某，D 社区居委会副主任，男，34 岁。

育，具体路径可分为以下三个方向。

首先，强化居民风险感知意识。在风险社会理论的视野中，社会风险是客观存在与主观认知的结合产物。如PX项目等环境工程的引入，之所以能够激起当地社会情绪，与社会成员的风险意识水平、本体安全观念的提升不无关系。由此可见，当社会风险得到充足、科学的感知与认知时，将对风险事件的预测与应对工作起到积极的治理效用，这便意味着对大众给予科学性的风险意识培育至关重要。因此在社区日常治理工作中，一方面，政府及相关职能部门对官方媒体、自媒体等信息予以充分运用，进行风险事件防范领域的日常化风险科普实践。或是借鉴日本等国家的防灾建设经验，组织相关专家编写有关灾害预防知识的宣传手册、救灾窍门等普及性文本材料，并随之交由街道办事处下达至辖区内各社区以落实好宣传工作。另一方面，社区居委会、社区组织应帮助居民进一步清晰了解政府所发布的应急信号等风险信息，比如通过举办知识竞赛、文化节，以居民喜闻乐见的方式传递风险信息的解读方法，增强其政策理解能力与风险感知意识。

其次，对居民风险认知偏差予以纠正。社区居民若对风险因素保持过度警惕并产生误识、夸大其消极社会后果，将可能在风险到来前便自乱阵脚，不但会传播恐慌情绪、激发社会躁动，甚至会打乱既有社区预警机制的运作节奏。比如在近年来诸多重大突发公共事件发生初期，社会风险尚未完全形成时，部分大众由于对风险认知不足而陷入过度焦虑与恐慌氛围之中，不实信息甚嚣尘上，甚至形成了巨大的负面舆论能量，倒逼地方政府作出回应与处理，对地方政府、社区的风险防控工作产生了一定的阻力。因此有关部门及社区居委会在培育居民风险意识的同时，需要注意矫正居民的非理性风险认识思维，倡导人们以理性思维审视非理性集群活动，避免因进入集群极化氛围以及集体无意识的消极情境而难以自我摆脱，进入群体性失范行为的序列。

最后，增强居民家庭应急救助能力。于社区安全而言，每个居民家庭对于自身安全的有效照料，能够在一定程度上保障社区免遭风险冲击。因此相关职能部门应当邀请专家学者前往社区举办灾害教育讲座，向大众分享面临疫情、自然灾害时所应具备的防护知识、求生方法以及家用应急物资，并纠正社区居民的错误认知，鼓励社区居民采取正确的自救措施。此外，还应当在学校、公司等机构内组织灾害知识学习活动，定期举行灾害模拟演习，强化其安全观念、危机意识，以及交互协助的风险应对能力。

三、强化职业化应急理念以推进物业风险防控精细化

物业公司作为社区治理中的市场力量，主要遵循利益交换逻辑展开工作。面向物业公司的应急能力强化，关键在于增强其职业化观念与推进其风险防控的精细化。

首先，以制度约束、主体监督增强物业公司的职业性服务。在常态情境下，部分物业公司尚能够提供良好公共服务。然而当风险发生时，一些物业公司在地方监管部门下达命令、文件前，较少主动与社区居委会等组织进行协作，或是对社区风险因素进行选择性处理，从而未能较好地履行业主与物业间的商业契约。因此有关部门一方面应当致力于完善制度规范建设，以法治力量矫正部分物业公司的不当举措，培育其履行合约的道德观念与理性精神。另一方面，相关职能部门应当引导业委会等监督主体，强化其对物业公司日常服务尤其是应急治理中的监督力度，进而对物业公司风险治理的职业观念进行合理规训。

其次，加强基层政府、社会组织与物业公司的风险治理联动，推进物业公司风险防控精细化。在城市社区中，除部分老旧小区缺乏完善的物业服务外，大量商品房小区中的物业公司往往具备充足的摄像头等数字化设备。然而一些物业公司却仍然在风险治理中纰漏频出，形成了数字设备增多而效果提升缓慢的内卷化现象。究其根本，在于物业公司风险防控实践中存在组织管理不善、问题处置随意等问题。因此，一方面需要运用基层政府的力量动员、引导物业公司进行精细化治理转型，向其输出社会治理现代化、精细化的成功经验，并有机地运用于社区风险治理之中。另一方面，由基层

政府及职能部门牵头，增强专业化智库等社会组织与物业公司的合作，协助其改善数字治理中的操作误区，强化其风险治理效能。

第三节　构筑风险共治结构与增强社区应急动员能力

韧性理论视野下的风险治理，往往更多地倡导社区内多元主体通过有机结合与积极互动以共同抵御风险，正如前文所言的引领式动员、协同式动员、横向式动员皆是致力于建构社区内生互动韧性的逻辑构想。然而在现实操作层面，部分城市社区仍然存在明显的自主性弱、激励不足、联动机制缺位等问题，导致社区应急动员缓慢甚至是失灵，多元化的风险共治格局更是难以达成。

在此基础上，社区领导者及有关职能单位应当致力于团结居民以营造创新型的多元共治结构，在稳固党和政府主导角色的同时广泛吸纳社区力量、培育社区应急治理的自组织力量，从而在多元主体的默契交互下有效应对风险。正如习近平总书记强调的那样，“基层党组织和广大党员要发挥战斗堡垒作用和先锋模范作用，广泛动员群众、组织群众、凝聚群众，全面落实联防联控措施，构筑群防群治的严密防线”。而风险共治结构的具体建构与改善路径，主要表现在党建引领、动员机制、激励制度以及资源下沉与分配四个维度上。

一、完善党建引领下的应急思维与风险共治逻辑

居民参与应急治理的自主意识不足，是社区风险共治结构难以形成的重要原因之一。面对这一困境，以党建引领促成社区共治氛围，则是一条适合我国社区风险治理发展实情的道路。其中的具体策略主要表现为完善党建引领应急思维与发挥社区党员带头作用两个方面。

首先，深刻解读党的领导制度，完善党建引领的应急思维。党的领导制度，是我国的根本领导制度。党的十九届四中全会指出："中国特色社会主义制度是一个严密完整的科学制度体系，具有统领地位的是党的领导制度。"在这一理念下，党的领导制度同样是我国城市社区实现有效风险治理、达成社区韧性的制度核心与政治保障。然而中国共产党成立100周年、中华人民共和国成立70余年来，党和国家发展、进步的历史实践经验无时无刻不提醒着我们，我国制度的优越性并不会自动呈现。因此，欲解决转型进程中的治理困惑，唯有深入地发掘、解读与运用党的领导制度背后的"深层密码"，将潜在的制度优势转化为充足、显在的治理效能。因此应当将成功经验进行解读与总结，并推动党建引领社区风险治理的制度化进程：从宏观上看，需要系统提出、完善党领导下的应急治理体系，一方面坚持党的领导，在风险治理实践中发扬党的精神、彰显坚韧作风，将无私、奉献的党性思维深刻、广泛融入社区应急治理思维之中；另一方面，需要坚持党的群众路线，在日常党建活动中积极动员大众参与，在风险情境下注重党建力量下沉与社区组织、居民的融合效果，稳固党组织在社区中的积极形象与领导地位。

其次，运用社区党员力量进行应急动员。实现党建引领下的风险治理模式，需要对社区内广泛的党员力量进行整合与运用。随着党员队伍的扩大与党组织关系管理模式的更迭，当前我国城市社区内的党员数量与日俱增，除作为普通居民的年轻党员外，退伍军人、离休国企央企党员皆构成了社区党员的重要补充力量。然而在风险治理中，党员力量却往往未能被有效整合进应急队伍中。比如年轻党员可能由于缺乏有效管理、自我约束力不足，而未能主动投身于社区治理之中，以至于风险治理中的党员力量往往仅包括社区党委会成员以及老党员志愿者。有鉴于此，一方面，社区党组织及各级党组织需要强化社区党的建设、加强党性思维建设，并辅以一定的党性约束机制，保障社区党员参与应急治理的积极性与稳定性，从而确保社区党员能够发挥先锋模范作用。另一方面，强化对社区兴趣小组、物业公司、业委会等社区机构、自组织内党员力量的教育与动员，推动其积极参与风险救援，并带动其他社区自组织、机构成员与社区居民参与其中，形成社区风险治理的多元合力。

二、赋予多主体参与权能以建立多阶段应急动员机制

在应急治理结构议题中，传统政府主导模式与多中心治理模式构成了两种主要的应急思维，并深刻影响着社区应急动员效果。其中多中心治理模式的主要优势在于能够在风险发生初期运用自组织进行灵活、迅速的反应与处置，传统政府主导模式则往往擅长在风险治理过程中规范、有序、稳定地调配多元主体以开展后续工作，因此如何将二者予以有机结合便显得尤为重要。在此基础上，应当创建一种具备韧性思维的多阶段应急动员机制，将多中心、政府主导思维有效地融入社区风险治理的前、中、后期之中，增强社区应急动员的现实效能。

首先，构建多中心应急动员模式以增强风险防控能力。风险未发生以及发生初期时，一些细微、复杂的风险因素往往难以通过规范化、制度化的风险预警机制予以清晰捕捉。相较之下，位于生活界面之中的居民及社区自组织，可能得以通过日常生活实践深切地感受到社区风险。而与此同时，由于沟通不畅、风险筛查失灵等因素的限制，既有的官方应急防控机制并未对其进行迅速、有效的管控。“应急治理最重要的还是人，不管是预警机制还是应急制度，都不如老百姓实在的感觉重要。眼看就要火烧眉毛了谁不知道要出事了呢，但是2019年年底的时候武汉应急那块(应急指挥中心)不就没有及时处理这个，实际上那个时候一些人的武汉亲戚都和家里人说最近不要来武汉。”[①]由此可见，在社区风险治理中，运用多元主体风险感知能力、培育多中心应急反应模式具有一定的优越性。然而不容忽视的是，多中心治理结构作为一种舶来思维，与我国的制度逻辑存在一定内在张力，因此在其本土化过程中仍旧需要与我国当前治理体系取得一种平衡以达成优势

① 2021年4月2日D社区实地访谈。访谈对象裴某，D社区党支部书记，男，51岁。

互补。在具体的实践过程中，一方面，应当坚持党的领导，致力于形成党建引领下的社区共建、共治、共享局面；另一方面，地方政府应当积极推进基层的还权赋能、分权共治工作，敢于在社区日常治理、风险治理中充分信任业主委员会、社区院落自治委员会、社区议事会等自治组织，启用多中心治理思维，引导居民及自治组织敢于公开意见并积极作出应急反应，从而激活、运用其自主性以提升风险情境下社区应急工作的敏捷性与缓冲能力。

其次，形成政府主导下的协同治理模式以增强风险处置与社区恢复能力。在风险发生后的应对与重建阶段，秉持科层制逻辑的政府组织往往能够以其强大的动员能力、资源整合能力、任务执行能力来科学、理性地处置风险，有条不紊地开展恢复工作。相比之下，多中心模式中的多元主体则往往可能由于集中管理缺位，而陷入资源充足、统筹失灵的应急怪圈。“2 月份的时候其实资源就慢慢多起来了，当时大家都通过各种渠道给社会组织、医院、社区捐物资或者当志愿者。当时大家的心是好的，但还是需要一个领头人来管理、分配物资，不然堆在那里也没人敢用、没人用得好，所以还是离不开政府来牵头。”[①]因此在这一阶段，应当形成一种政府主导的协同治理模式，一方面坚持政府主导，以规范化、制度化的方式将多元主体所能够获取的广泛社会支持予以有机整合与科学管理，避免管理缺位与资源错配；另一方面，地方各级政府应当将市场、社会等主体纳入风险治理体系，积极鼓励社区内、外多元主体配合参与社区风险治理。通过充分动员社区党员、居民骨干、楼道长、普通居民等社区成员，社区议事会、兴趣小组、业委会等社区自组织以及智库等社会组织或企业组织，增强社区风险处置的共治能力。

三、规范动员激励及保障机制以吸纳多类型社区居民

除推进共治格局构建、建立多阶段应急机制外，社区如何充分激励社区

① 2021 年 3 月 5 日 J 社区实地访谈。访谈对象童某，J 社区居委会副主任，女，35 岁。

内多元主体、将其吸纳为社区志愿者，确保其能够在风险治理中保持连续性与稳定性，是社区风险共治结构得以维持、社区韧性得以呈现的重要支撑。诚然，当前我国城市社区中不乏以志愿工作换取社区服务、积累落户积分的志愿者招募机制，以不尽相同的激励方式为志愿者参与社区动员、风险治理提供回报与保障。然而在面临当前类型各异、复杂化程度日益加深的复合性风险时，部分社区动员机制建设无法与其有效匹配并进行较好的对接。因此，亟须对社区应急动员的激励与保障机制进行适应性调整。

首先，设置规范化、透明化激励机制，鼓励社区居民广泛参与社区动员。欲增强社区居民在风险防控中的优势效用，保证其风险共治的连续性与积极性，需要确立相对规范、透明的激励机制作为制度依托。一方面，设计覆盖社区风险治理全过程的考核式激励机制。在面对复合性风险时，相应的社区风险治理往往需要经历风险预防、应急治理以及后续的重建恢复等多阶段，这对于不具备专业能力、职业心态的居民志愿者而言具有一定考验。部分社区激励机制难以稳定发挥作用，其关键问题便在于难以对志愿者进行长效的鼓励与监督。因此，社区动员激励机制的设计，需要注重审视风险治理的全过程，划定防控表现、应急效果、经验总结、工作态度等多个指标，对社区居民、自组织进行综合考察与评定。根据各阶段中居民、自组织的参与成绩进行合适、及时的嘉奖，并将其树立为模范标兵等榜样角色加以宣扬、产生示范效应。与此同时，对于部分不配合治理工作、无法融入社区风险治理的志愿者，进行再教育与心态矫正，从而在实践中优化居民参与模式。另一方面，保证激励机制的公开透明。社区动员中激励机制的不规范、奖励分配不公正，往往成为阻碍居民积极参与治理、减损居委会公信力与社区相互间信任的关键因素。因此，居委会应当在确保公平、公正原则的基础上，结合社区自身实情，根据不同风险类型、居民参与程度，设置合理化、规范化、透明化的激励机制，及时、全面地对奖励情况进行公示，避免主体间相对剥夺感引发的利益冲突。

其次，完善志愿者自身及其家庭后续保障。较之日常工作中的社区动员，风险治理中的应急动员往往具备一定的风险性，从而较大限制了居民参与的积极性。欲全面提升社区动员优势，其核心逻辑便在于要妥善地做好对志愿者及其家庭成员的后方保障工作。一方面，对响应社区动员的志愿者给予充足培训。为保证参与人员的人身安全，社区、地方政府及相关职能部门要在工作开始前对志愿者进行基本的知识技能培训。在此基础上，同样需要对志愿者的人身安全作出一定的制度性保障，如通过引入商业保险等方式为其免去后顾之忧。当这一系列临时举措不断获得成功并得到居民认可时，便得以逐步形成常态化机制与社区传统，从而持久地助力于社区韧性的形成。另一方面，为志愿者家庭成员提供及时关照。为保住社区风险治理效果，志愿者往往需要以作为社会中坚力量的年轻人、中年人为主，而核心成员从家庭内抽身后，将可能导致其他家庭成员的照料缺乏或生活水平降低。因此在制定激励机制的同时，应考虑部分志愿者家庭成员的生活需求。

四、推动治理资源下沉以注入新内生性社区动员能量

为达成提升社区动员效果、社区韧性水平的目标，需要从建设多元共建格局、多阶段应急机制、激励保障机制等多个方面进行考量。然而值得注意的是，此类举措更多地依赖于对社区内部力量的培育，对于中国等后发展国家而言，其产生社区的现代化建设水平难以达到部分西方国家的发达程度，故而可能难以依靠自身力量、动员居民群体来发起有效动员或显著地提高韧性。在此基础上，英国纽卡斯尔大学罗威（Lowe）等人提出“新内生性发展”（Neo-Endogenous Development）概念，以综合地观照社区内部、外部的协调发展。他们认为社区建设应当强调对社区内外部资源的平衡与结合，既要注重社区自身能力建设，也要对社区所依附的地方政府、国家等外部性角色进行充分认识。在强化社区内部区域改造、促进政治协商的同时，需要国家、政府履行相应的责任并提供保障。与这一逻辑相似的是，党和国家在应对疫情等重大突发公共事件时，正是通过广泛、有力的社会动员，将社区

外部资源予以统合并有效营救社区，因此新内生性思维与我国政治动员具有一定程度上的契合性。因此应当在既有的政治动员机制基础上，进一步完善社区外部支持工作，具体建设内容主要集中在以下两个方面。

首先，广泛动员社区外部主体，设置常态化的资源下沉机制。在我国风险治理中，频繁的政治动员、运动式治理方式在取得显著成效的同时，往往对科层制造成一定影响。为避免负面效应，应当在日常治理中促成常态化、制度化资源下沉机制，从而在风险事件发生时能够顺畅、及时触发外部支持模式。第一，强化政府组织的支援效能。我国社区所属的街道办事处等各级地方政府，需要设置一系列资源下沉举措以增强外部支持。比如扩大街道层面应急管理部门的资源储备能力与权能范畴，并不局限于将其视作信息沟通部门，而是逐步扩大其风险治理的实操能力，为辖区内社区提供专业性帮助、输送常用物资。第二，强化社会组织的风险治理效果。具备较强志愿意愿的社会组织虽然往往能够积极主动加入风险治理序列，然而往往可能由于专业应急能力缺失，以及相应的衔接机制、管理模式混乱而无法有序参与救援以发挥作用，陷入无事可做、无处可去的尴尬境地。因此相关职能部门一方面需要有意识地推动专业应急组织的建设，并帮助其迅速成长、扩大规模；另一方面，推进面向社会组织的应急管理机制建设，避免协调失灵造成社会组织资源错配与浪费。第三，激励市场组织参与风险治理。地方政府应当从更为微观的居民生命安全、生活保障层面出发，借鉴部分国际经验引入巨额保险等商业保险制度。相关赔付制度的设计、推行与政策引导工作，需要政府与私营保险机构的共同努力。一方面，可以根据不同灾种设置险种、根据社区灾害承受能力设置风险保障等级以收取费用；另一方面，政府可以将保险费用与按揭贷款、住房物业费用相挂钩，提升居民购买商业保险的积极性。当个人保险覆盖面积达到一定水平时，居民与市场组织间将会呈现出双赢收益格局，政府风险治理的工作压力便得到一定程度的消减，从而能够主动地形成一层循环于“市场—社会—政府”间的静态风险保护屏障。

其次，强化对下沉人力等资源的统筹分配与监督工作。充足的下沉资源仅是实现社区外部支持的前提，有效的风险治理仍需要一系列有力的统筹、分配与监督工作加以支撑。一方面，地方政府需要加大对下沉至社区的党员干部的监督力度。通过发挥地方人大的监督作用，设置常态化、严格化监督机制，从下沉效果、积极程度等方面对党员下沉的成效进行考量，严惩下沉干部的不作为与乱作为，避免形式主义、官僚主义对社区风险治理造成消极后果。此外，也应当积极发挥社会公众、自媒体的监督作用，通过社会舆论对懒政官员形成约束，但同时应当注重舆论监督的权责边界以避免舆论暴力滋生。另一方面，相关部门应当切实完善下沉资源的统筹分配工作。地方政府部门需要与社区一同根据风险程度、社区自身资源禀赋等情况，制定详细、系统、科学的资源管理方法，设立并引导专业人员对资源进行及时、合理分配。

第四节　树立系统化风险应对规划与建构规范化治理制度体系

除通过改善设施以夯实物质基础、推进能力建设以增强处置效力、倡导治理结构革新以强化动员效能之外，社区韧性的增强离不开制度性建设，这是社区行动保持规范化、社区韧性水平得以持久存续的核心。

自2006年国务院颁布《国家突发公共事件总体应急预案》以强调应急管理体制构建的重要性以来，社区应急治理能力、制度建设近年来得到不断推进。虽然我国社会现代化水平日益提升，但是社区风险治理的制度建设却尚处于起步阶段，主体权责边界不清晰、应急制度转换不畅以及风险识别机制缺位等现象，皆是社区制度缺位、法治化建设不足的显著表现。因此，亟须对社区风险治理的法治制度体系加以完善。而具体的改进路径，主要在于明确治理责任、重视弹性化运作以及更新韧性评估体系三个方面。

一、依法明确风险治理属地责任以打破唯科层制治理体系

从制度设计角度来看，欲确立系统化的社区风险应对规划以增强城市社区韧性，首要的便是通过法律制度明晰社区主体开展风险治理的权责边界，将社区风险治理的权力、责任、能力，从地方政府手中逐步交还于社区主体。然而在当前发展阶段，我国应急治理体系往往是参照科层制组织体系来进行设定的，因此社区风险治理工作同样受到地方政府科层体制的限制。随着近年来应急治理体制的改革不断推进，科层制对于风险治理所造成的体系运作不畅、信息沟通滞后等负面后果得到了一定程度的缓解。然而与此同时，由于社区行政化水平不断加深，社区愈发显著地扮演着行政结构末梢的角色，所承担的政府行政任务日益增多，因此社区风险治理仍然会在一段时间内受制于科层体制，主要呈现为"层级间应急预案同质化、预案质量评估体系难以建立、属地管理难以实现"[①]。在此现实基础上，为提升社区应对风险的抗逆能力，规避社区风险治理的动员失灵、功能失效等窘境，应当致力于加强社区制度韧性建设，以规范化制度对权责边界进行明晰，对应急处置的混乱格局予以约束。

首先，需要立足于顶层设计的完善，推动国家应急法治建设以明确社区风险治理的主体地位、权责边界。一方面，需要贯彻、完善以总体国家安全观为顶层设计。在当前发展阶段，对风险治理体系、体制、机制的法治建设，需要以国家顶层建设为依托，对总体国家安全观、"枫桥经验"等治理观念予以深入地贯彻与落实，从而紧跟时代发展潮流，实现法治政策及其正向功能的持续更迭与发展，从而稳固地提升社区风险治理的风险治理能力与处置规范程度。总体国家安全观主要包括"以民为本、良法善治、公私相济"三大价值导向，这构成了我国应急治理体系法治建设得到有效推进的路标[②]，也

---

① 张再生，孙雪松. 基层应急管理：现实绩效、制度困境与优化路径[J]. 南京社会科学，2019(10)：83－90.

② 杨海坤，马迅. 总体国家安全观下的应急法治新视野：以社会安全事件为视角[J]. 行政法学研究，2014(4)：121－130.

为社区风险治理的持续发展指引了方向。另一方面，确立社区在风险治理中的主体地位。在国家治理重心下沉背景下，社区成为新时代风险治理的基础单元。与此同时，现代风险社会中的风险具备隐匿性、突变性、叠加性等特征，并可能呈现为复合性风险，并极大地威胁到社会公共安全与社区秩序的稳定。因此应当在《中华人民共和国突发事件应对法》的制度框架基础上，进一步清晰地强调城市社区在国家应急管理体系、社会风险治理中的主体位置，划定其所具备的权力、所承担的责任范畴，为社区工作者等执行主体赋予一定的自由裁量权，避免风险处置迟滞造成的风险扩散。同时，需要明确规范社区风险治理过程中的法律边界，防止僭越法理权威的不规范治理行为滋生。

其次，将分级领导、属地领导责任制予以清晰化、制度化。当前我国政府纵向层级结构中产生于计划经济时代的"职责同构"模式仍旧持久存在，不但影响政府部门行政效率，更是时常引发条块矛盾的紧张局面。因此，为减少"借属地管理推卸责任"等问题的发生，需要确立清晰的属地管理规则，保障有效的分级领导与分级监管。在坚持党委统一领导的基础上，应当清楚界定应急治理实践中社区应急治理工作负责主体与上级政府及职能部门的分工结构与领导关系，实现属地责任制的有效贯彻与落实，从而避免监督失灵、权责模糊等乱象，有效增强社区在风险治理中的主体性与自主权，增强社区韧性。

二、践行全周期风险治理机制以保障社区制度弹性化运作

从制度维度看，风险治理的韧性思维相较于传统应急治理逻辑而言最为显著的不同，便在于面向风险事件发生全周期的制度性建设。在过往的风险治理实践中，封闭式管理、刚性制度把控成为部分地方政府有效抑制风险因素堆叠、风险规模扩散的必要手段。然而与此同时，一些地方政府及职能部门未能随时根据事态严峻程度放缓而迅速调整风险防控策略，导致社会、社区运作秩序未能迅速恢复常态。因此，亟须在社区风险治理中置入一

种兼顾刚性防控与柔性治理的韧性思维，从而能够促进社区应急制度的弹性化运作，随风险走势进行动态调适与有效治理。而全周期风险治理机制便是一种兼顾静态闭环式治理与动态循环式治理的优势思维，该机制强调在社区风险发生全过程的风险评估、预警、处置、恢复等环节中，一方面在风险发生前中期以严格规范来对风险因素进行精准研判、抑制以防范风险扩散，另一方面在风险得到充分认知后迅速推动风险治理的常态化运作以消解刚性制度的负面效应，从而实现社区风险的系统治理、综合治理、法治治理的有机结合。为有效践行这一制度设计，需要从以下两个方面进行推进。

首先，构建系统化、合理化的全周期治理制度。为形成具备弹性化作用效果的社区制度韧性，在构建全周期治理制度时需要对专业性科学知识与地方性日常经验进行兼顾。一方面，应当邀请应急治理、风险治理领域专业工作者、专家学者以及第三方市场组织，共同就城市社区近年来频繁遭受的风险类型及社会损失进行系统评估。其中，专家学者可以从学理层面对时代背景下的社区主体作用、居民需求、治理逻辑更迭进行分析，第三方市场机构则能够结合专家论断以构建高效率的风险评估、监测研判以及预警机制，或是按照社区内人口结构、空间布局等资源禀赋以形成风险防控地图，以大数据等数字治理方式实行“吹哨人”等预控策略。而政府组织及职能部门则需要在动员社区居民、社区组织以及社会组织共同参与应急响应的基础上营造“风险治理工作网络”，根据风险不同走势、影响程度作出灵活性决策，从而在制度层面划定社区风险治理中“政府—社会—市场”的三方责任范畴，进一步保障协同治理模式的运作。另一方面，推动社区内多元主体共同参与设计。诚然，专家学者、专业工作者以及第三方等专业机构能够以技术主义视角迅速切入社区中环境风险要素，然而却无法以经久的周期性、系统性考察来细致观察社区日常治理样态以及微观的居民需求，从而可能造成制度设计与制度事实的脱节。因此在制定该制度时，需要以居民代表、骨干、党员参与的形式强化居民意见或建议的反馈效果，收集居民于全周期风险治理中的切实感受与需求，从而更为有效地组织、动员居民在风险防控中履行通报信息、帮扶贫弱、集体参与等工作职责。

其次，对全周期治理制度的运作进行有力约束。在上海、广州等近年来大力推行韧性社区、安全社区建设的特大城市中，实则不乏社区投入大量资金、人力物力以增强制度韧性，然而在治理实践中或是由于基层政府之制度惯性的存在而限制新型治理思维出场，或是因为相关制度的运作受到不同主体的限制而难以推行，以至于社区制度的韧性难以形成。因此，一方面应当加强制度规范的法治建设，限制地方政府对层层加码思维的依赖，增强社区居委会等组织的灵活处置效果。另一方面，需要鼓励社区居民参与到全周期制度的践行过程之中，提供有效合理的诉求反馈通道，避免理想的制度设计沦为部分地方政府“自娱自乐”、缺乏实际效用的表面工程。

三、更新社区韧性评估体系以稳固整体性风险治理水平

在过往提升社区风险治理水平、社区韧性的诸多制度性实践中，往往是以定期推行应急演练、审核社区应急器具储备等为主要内容。近年来随着社会治理现代化进程、治理重心下移理念的推进，相关部门开始逐步鼓励社区单位评定“综合减灾示范社区”“安全社区”等称号，在提升社区声誉、打造社区品牌的正向激励中，增强社区主体能动性，促使社区各主体参与到风险治理中来。其间，为有效测评社区安全指数、防灾能力而建构的评估体系，构成了测量社区韧性的科学方式。既有评估体系往往从 CCRAM、CART、CAS 等西方理论出发，梳理出诸多囊括物理设施、经济能力、社会资本、应急能力等多方位的韧性评估体系，为我国社区风险治理提供了关键性的理论基础。然而从经验现实上看，我国现存的万余个综合减灾示范社区虽不断经受、通过了韧性考核，保留了这一头衔，却仍然在郑州“7・20”特大暴雨等类似事件中不断经受严重冲击。究其根本，一方面在于部分地区中的既有韧性评估体系的行政考核意义强于效果考核意义，导致韧性评估流于表面。另一方面，韧性评估往往是以即时性考核为主，忽视了成长性、动态性能力监测，以至于在测量社区韧性的实际水平时可能造成一定的认知偏差。因

此，相应优化路径主要可以分为以下两个维度。

首先，对社区韧性的测量主体范围进行扩充。综合减灾示范社区、安全社区等头衔，是由我国国家减灾委员会所授予的荣誉称号，旨在彰显社区组织的基层治理水平，并激励社区主体参与社区风险治理，其具体考核、评定工作由地方减灾委员会等职能部门负责。然而在社区视角中，在繁重的社区工作压力下，该项目却仅仅沦为增添社区知名度、荣誉感的名片之一，以至于综合减灾示范社区等项目的评比甚至凸显出较强的形式化色彩，作为该称号内核的风险治理能力的重要性可能遭受忽视。在此现实基础上，一方面相关评定工作应当对审核对象进行逐步转变，比如通过向社区居民、物业、自组织等主体发放问卷的形式进行细致调研，从风险应对意识、处置能力、共治效果等多方面入手考察社区应急能力，而非仅面向工作任务繁重的社区居委会进行片面的、走马观花式的考察。另一方面，有关部门应当重视市场力量参与社区韧性建设、测评社区韧性水平的关键作用，可以通过政府购买服务的方式动员智库等第三方民营商业组织对社区韧性水平、防灾能力进行系统化考核，避免风险评估沦为一项社区难以应对的日常行政工作。

其次，对社区韧性的评估体系予以优化。建构起科学、系统的社区韧性评估体系，既是社区有效应对外部干扰的核心环节，又是实现社区可持续发展、促进城市社会长治久安的关键所在。然而当前韧性评估体系的内容往往仅关注经济水平、物理设施等被动、静态的防灾能力，对于社区居民与自组织等多元主体的互动效果、对社区成员彼此的信任及依恋程度等心理因素的测量则是少之又少。因此，社区韧性的评估内容亟须从以下几个方面进行：一是关注社区成员所表现的社会心态，比如通过问卷、量表等形式对居民的社区生活幸福感、依恋感、归属感、信任感等心态进行资料整合，重点关注社区孤寡老人、残障人士等弱势群体以及独居青年的心态变化，避免社区主体存在较大的心理脆弱性；二是重视社区多元主体的合作效能，在应急演习、大型活动的举办过程中考察社区多主体间相互协作、理解的团结效果，并对于其间的矛盾点、不和谐因素予以分析、解决；三是重点观测社区与外部力量的合作能力，以及其所依附的地方政府的治理能力。在当前我国社区难以独自应对外部冲击、依赖社会资源注入的现实背景下，一方面需要评估社区能否在特定情景下，迅速、有效与外部保持联系、协作以恢复至常态。另一方面亟须系统地对社区所属街道等职能部门的治理能力、抗逆效果进行测量，指明社区及地方治理体系的进步方向。

最后，完善社区韧性的评估方法。从理论层次上看，既有的韧性评估方式主要分为定性、定量两种路径。其中前者主要是通过深度访谈等方式对社区是否具备某种韧性能力进行测量，该方式往往能够细致地发掘主体意愿、情绪、心态等因素，呈现出数据调查所难以体现的微观内容。后者则是以问卷、量表等方式，迅速收集基础信息以形成考核成绩。诚然，当前诸多重视定量测量的实证主义式理论模型，在国内外学界皆得到广泛认可并投入运用，但在风险评估时往往也面临着数据获取困难、数据计算不规范等问题，难以具备较强的普遍适用性。因此需要地方政府积极推动智库、互联网企业、政府职能部门等多元社会主体，依据我国社区风险治理经验与脆弱性，摸索、建构出一套融合定量、定性测量优点的韧性评估体系。

第五节　夯实社区文化韧性根基与强化主体心理支撑

面向社区文化韧性的积极塑造，同样是社区韧性得以提升的关键环节。不同于其他维度的韧性建构，社区文化韧性难以在推进、建设后立竿见影地发挥显著作用，而是往往需要在经验积累中经久沉淀，并在危机情境下厚积薄发。面向社区文化韧性的建构，旨在增强社区居民个体、自组织等多元主体的公共性文化惯习，从而形成集体意识、社会团结，并能够在风险来临时自动兑换为具备抗逆效果的精神动力与情感能量。然而在近年来社会流动、原子化程度加剧等宏观背景下，社区居民难以在社会联结式微、社会信任消解的陌生化生存模式中维持传统时代中守望相助的、团结的社区文化氛围，以至于形成了城市社区愈发达、文化韧性愈发难以形成的困境。当风险事件发生时，社区内诸多主体可能因社会信任薄弱、地方依恋感弱化、抗逆信念缺失，抛弃对所处社区甚至是所处地方政府的认同感，从而陷入悲怆、质疑等消极情绪中，形成极化舆论以污化社区、政府，或是“逃离”社区、城市以规避风险，诸如此类的举动皆在不同程度上消解着社区韧性的有效形成。因此，亟须针对文化韧性水平较弱的社区展开文化建设，相应的优化路径主要体现在构建社区承诺机制、社区团结机制以及社区学习机制三大领域。

一、促进党建文化扎根以打造社区承诺机制

在打造社区文化韧性的诸多路径中，建立社区承诺机制便是一个合适的选项。社区承诺机制来源于组织承诺理论，该理论注重通过培育组织内社会资本、社会团结以及公共意识，来加强组织成员对组织价值观的认同感与归属感。[①] 社区承诺机制对于良好社区文化氛围的形成、社区凝聚力的提升有着关键作用。

社区承诺机制的稳固建设，可以借助推进社区党建文化扎根基层这一方式来完成。不同于西方语境中的多中心式社区治理，我国社区文化、经济等建设需要以党和国家作为引导者。然而在日常社区治理中，作为国家行政工作基层触手的社区往往承载着过多科层压力，有关社区营造、文化建设的实践内容难以得到妥善落实。相较之下，以党建引领的方式推进党建文化下沉、营造韧性文化环境，则具有一定的优越性，这在常态治理与非常态治理中皆有所呈现。一方面，在日常治理实践中，社区领导者可以通过增强

① Meyer J P, Irving P G, Allen N J. Examination of the combined effects of work values and early work experiences on organizational commitment[J]. Journal of Organizational Behavior, 1998, 19(1): 203-207.

社区党建，来推进党的文化扎根、渗透至社区。比如在社区党史文化生活、社区公共事务宣传、社区集体活动中发起党性、党史学习教育，以党的积极形象、不屈精神教育社区党员、居民骨干并辐射至社区家庭，培养社区成员不屈不挠、敢为人先、热衷奉献的可贵品质，使广大群众对党领导下的社区产生深厚的情感基础与群体认同。另一方面，在社区非常态治理中，需要社区领导者动员党员力量身先士卒地投入应急实践，从而对往常所宣传的社区承诺、组织信念进行兑现。在彰显党组织及党员不屈、强韧、无私的抗逆力品质的同时，社区成员的焦虑情绪将得到较大的缓解，其参与风险共治的顽强信念也能够得到一定的激活，继而可能反向地朝向社区组织回馈其公共性能量，维系社区秩序的稳固与团结。

二、搭建社区强韧联结网络以激活风险共担意识

从本质上看，社区本身应当以血缘、地缘、精神等为纽带而存在，以守望相助的共同体姿态存在于人类社会。然而在工业化、市场化等现代性动力机制的作用下，社会与个体、社区与个体、个体与个体之间的社会联结不断受到削弱，社会信任、社会团结的淡化也深刻制约着社区动员、风险治理的实践效果。因此，亟须从社区文化建设入手，增强城市社区居民的价值共识与情感认同，促成社区共同体以激活社区治理的风险共担意识。这一社区愿景可以从以下两个方面出发予以绘制。

首先，坚持创新思维，打造喜闻乐见的社区大众文化品牌。在社会流动加剧的背景下，城市社区的构成主体往往具备较强的异质性，以致限制着社区治理的有序进行。为应对这一困境，诸多社区着力于打造精品文化品牌，在提升社区知名度的同时吸纳居民参与其中。如上海、杭州等城市的一些社区与街道近年来不断在街道层面创建新时代文明治理中心等红色文化体验场所，持续地吸引大众的积极参与。在这一过程中，居民虽然能够在健身房、游戏室、图书室等文娱实践中提升幸福感，却可能是以原子化姿态参与社区活动，难以在其中增强彼此间的信任感与包容感，或是单方面依赖、沉

浸于文化娱乐，并未对街道、社区的党组织产生较强认同感，因此亟须在以下几个方面进行推进：一是需要继续坚持既有的创新性思维，在推动文娱中心建设的同时重视合作式、多人共同参与式项目的筹办，鼓励社区居民在日常文娱体验中产生频繁互动以增强联结；二是应当增强党建文化的渗透效果，通过微信、微博等线上渠道或宣传栏、宣传手册等线下实物提升居民对党建文化产品的认知度，增强党组织与居民的关联；三是注重依托于社区大型公共事务、党建文化活动，面向社区青少年、青年、中老年群体开发出大众喜闻乐见的文化形式，强化居民对党组织、对社区成员彼此的情感认同与集体意识。

其次，推进三社联动式的专业化文化创建，激活居民公共精神。近年来上海、广州、成都等特大城市的一些社区以社区营造的方式促进社区居民、志愿者共同挖掘社区文化、参与公共生活，实现了社区环境的更新。与社区自身创建的文化活动不同，社区营造主张以社会工作者等专业团队力量引导社区开展分门别类的公共文化活动，从而构建起独属于社区自身的文化符号，进而树立社区精神、彰显社区文化特色，继而从文化层面入手营造社区共同体。居民则能够在社区营造的共同参与中增强自身文化能力、提升综合素养，增进对社区、党组织的认同感以及居民自身的公共精神。[①] 持久的社区自组织培育、社区文化挖掘，能够有效凝聚社区意识、增强社区归属感、提升社区能动性，并在风险共治中展现出强大的文化韧性、社区韧性。

三、建立风险治理学习机制以实现应急理念动态调适

具备较强韧性水平的城市社区，往往在风险冲击后拥有迅速适应、自我调适的能力。这种能力的获取，不但依赖于社区自身物质条件、制度架构等客观要素，更是得益于社区的自我学习机制。基于风险治理的学习机制，产

① 江维.城市社区可持续总体营造的实施路径：以四川省成都市青羊区为例[J].社会治理，2019(2)：42-50.

生对风险治理的经验、教训的归纳、总结与提炼，从而能够将既有的治理知识进行吸收与转化，为抵御未知的不确定性风险积蓄能量。从具体建设层面上看，社区风险治理学习机制的践行需要从学习制度、学习主体以及学习内容三个方面入手。

首先，在学习制度上，应当推进科学、系统的机制建设。有关部门需要充分吸收全周期风险治理思维，树立起覆盖风险预控、应急处置、灾后重建的多阶段、立体化学习机制。在此期间，应当致力于促进应急部门的专业化知识与技能辐射到社会多元力量，推进传统科层式预案体系由封闭式决策结构走向社会共同参与的开放式共治格局。

其次，在学习主体上，要兼顾对社区党组织内部成员与社区多元力量的能力强化。一方面，加强社区党组织内部的组织学习。社区党支部书记、社区党员不但应当就风险自身进行反思，更应当秉持中国共产党为国家、社会、群众负责的忧患意识，深刻地对社区风险得以迅速扩散的复杂结构性成因进行思考。因此在根据风险治理提炼出一般性经验的同时，需要将此类知识融入我国国家治理现代化体系、制度优势的知识架构之中进行理解，从而在推进国家治理的制度优势向风险治理的现实效能进行转化的同时，反向增强社区党组织、党员为党和国家负责、为人民群众服务的责任意识。另一方面，社区及地方政府职能部门应当认识到社区内力量与社会多元力量对政府主导式应急模式之局限性所发挥的重要补充作用，在推动公共部门主动发起风险知识学习的前提下，积极与社会工作者等专业力量、社区内自组织等志愿力量、企事业单位等市场力量等诸多相关主体进行有效联结，从而促进社会多元主体间的资源共享与信息互通，以综合性、系统性视野对风险治理加以审视、对应急演习工作加以重视。

最后，学习内容的持续更新。在学习内容维度上，一方面应当集专家、政府、社会组织等多元力量，合力建立动态更新的风险治理案例数据库，从而形成影像资料，或以此创建危机治理的现实体验馆，通过生动案例讲解与情境体验，为社区居民、社区工作者等主体学习风险治理知识提供理论与现实的双重支撑。另一方面，需要摆脱“唯单一灾种”的对焦学习式思维，对近年来特大生产事故、自然灾害、交通事故等灾害实例进行整合与分析，将社区风险治理的学习内容朝向多灾种、复合灾种治理进行扩展，并广泛吸纳多学科、专业知识进行交叉学习。

第八章　结　论

通过上述分析，本书以社区韧性为线索，以 H 市社区的风险防控实践为案例，探究我国城市社区风险治理实践中的多维结构性张力、相应的韧性重塑逻辑以及具体路径。在此基础上，本章主要就本书的结论进行梳理。与此同时，围绕本书主题进行一定的研究展望。

第一节　韧性治理是应对"复合性风险"的契合性思维

"复合性"是理解我国城市社区风险的一个系统思维。既有的社区风险研究，往往依照风险的波及范围、影响程度、出现频次等指标，将社区风险类型划定为包括水灾、火灾、危房、一般疾病等在内的"常态性风险"，以及包含核泄漏等特大工程事故、特大暴雨等极端天气等在内的"非常态性风险"。这种观点的局限性在于，一方面忽视了常态、非常态风险两者间的交互性，如"常态性风险"往往是以次生性风险的样貌,伴生于"非常态性风险"爆发的情境之中;另一方面,这种风险认知往往是一种唯结果论的产物,注重对风险影响的审视,并未对风险产生背后的制度性、文化性因素予以细致追寻,从而造成相应的风险治理策略浮于表象之中。因此,对于社区风险的既有判读与理解,难以对充斥复杂因素、具备连锁效应的现代风险进行有机解读与系统应对。相较之下,"复合性"则是一个理解我国当前社区风险的契合思维。当前我国城市社区风险具有浓厚的"复合性"特征,具体表现在风险演进态势的不确定性、对于风险认知的模糊性、风险生成机理的复杂性、风险出现与扩散的突发性,以及风险类型的次生性上。在这一启示下,我们能够对社区风险予以更为全面、丰富的认识,并为相应的治理思维研究提供创新性空间。

社区韧性治理是应对当前阶段城市社区风险的恰适思维。从计划经济时期的社会管理,到改革开放后社区建设阶段的应急管理,以及近年来治理重心下移语境中的社区应急治理,我国社区风险治理的相关思维在历史变迁中迅速迭代。与之相对应的"综合减灾示范社区""安全社区"等实际建设理念,也随着地方制度性实践而逐步落实,并取得一定的防灾减灾效果。在这一过程中,社区自身的风险治理主角色彩被不断加深。然而值得注意的是,居委会等社区组织在当前社区风险治理中仍旧欠缺主体性。诚然,党的十八大以来基层社会治理的优势效用得到党和国家的高度重视,并在《中共中央 国务院关于推进防灾减灾救灾体制机制改革的意见》等制度推进下,初步形成了扁平化的应急智慧组织体系。然而囿于地方政府维稳思维以及向上负责制的政治环境限制,社区组织依然以一种从属姿态被动地参与到社区风险治理中去,不但造成社区风险的应对滞缓,更是限制着社会韧性、城市韧性的整体效果。在此基础上,韧性思维的植入,则为新时代社区风险治理注入了崭新生机与创新契机。当前语境下的社区韧性,指的是遭遇风险冲击时,社区通过整合既有资源禀赋、动员多元主体以抵御风险,从而避免社区功能失效或秩序解组,并迅速恢复至常态水平的能力。较之过往治理范式，社区韧性更多地强调了社区自身在风险治理中的能动性作用，摒弃了过往的单向度服从姿态。但是社区韧性的实现，并不意味着对政府力量的排斥或抵抗。与之相反，社区韧性能力的形成，依然有赖于地方政府组织的有效参与。风险情境下，地方政府在基础保障供应、社会力量培育等方面所发挥的风险治理效能，仍然无法被市场、社会力量所替代。因此，社区韧性的达成，需要“国家—社会”二元结构的双向互动与有机融合，保证“强国家”与“强社会”的共时性建构。在坚持国家政治引导、不断优化顶层设计的前提下，同样要致力于增强基层社会风险治理能力、推进社区风险治理力量的稳固培育，避免国家行政力量对基层社会力量的发育空间形成挤压。

在此基础上，对于社区韧性的分析框架，不应如过往研究一般，仅将视野局限于社区内部，而是需要对社区内部环境，以及社区所处的地方治理体系予以综合审视。在此逻辑路向下，社区韧性的构成及相应的测量体系，主要分为以下三个方面：一是社区内部的资源配置水平，即社区能否通过既定物质资源、人员储备、制度设计以及主体能力，对风险产生的冲击进行抵抗与缓释，并为后续的风险治理与外部救援争取机会；二是社区内部互动治理水平，即社区居委会、物业公司、业委会、居民等多元主体，能否在默契协作下共担社区风险，从而避免风险规模扩大与影响程度的深化，保障社区功能的正常运行并迅速恢复至常态水平；三是社区外部联动治理水平，指的是社区在所处的地方治理体系中，“国家—市场—社会”等主体在风险治理实践中，是否具备良性、融洽的联动效果，在保障外部资源有效输入社区、消解风险的同时，能够将成功的治理经验制度化为稳定的合作机制，从而有效地维系社区风险治理效能。

较之既有分析框架而言，这一社区韧性测量体系的形成，更多的是出自社会学视角的考量。一方面，该体系能够从结构性思维出发，重点考察社区应对风险的系统能力。另一方面，注重对过往研究所忽视的相关主体的行动逻辑、社区群体的情感能量以及风险治理的文化意蕴进行重点观测，从而致力于还原风险治理实践中的生动互动图景，以及可能存在的协作困境。

本书基于该解释框架，对 H 市四个社区的风险治理实践进行测量，发掘阻碍社区韧性形成的结构性张力，并由此揭示社区韧性重构的科学逻辑与具体实践路径。

第二节　结构性张力深刻限制着社区韧性的形成

我国部分城市社区韧性难以有效形成的根源，不应当被简单地归结为资源下沉不足、大众参与有限，以及政府领导不力等直接性因素。在社会治理重心下移、社会治理现代化程度不断加深的背景下，潜藏于社区资源配置结构、内部互动结构、外部联动结构中的内在张力，构成了城市社区韧性无法有效显现的核心要素。

一、社区行政化背景下的基础资源错配

常态情境下，充足、丰富的基础资源储备，意味着社区具备充足的冗余性，能够在风险冲击下迅速调用既定的人力、物力等资源，有效挽回不确定性损失。然而，由于社区行政化程度的不断深化，社区不断呈现为受街道办事处所指挥的“下级单位”。作为其结果，社区在物资储备、人员配备、制度设计、能力培育等维度的韧性培育中，存在着“重行政治理—轻风险治理”的结构性失衡，深刻限制着社区韧性的形成。

首先，物质资源维度上的结构张力，呈现为物资储备的单一化与指向泛化。所谓单一化，指的是部分社区在应急资源储备上，呈现出了数量有限、类型单一的窘境，无法满足风险治理要求。诚然，宏观上看，“复合性”风险的频繁涌现对于城市社区的物质资源储备、硬件设施更新等工作提出了更高的要求。然而当我们具体到某一个社区时，会发现社区领导者的风险治理思维往往来源于日常需求与行政要求两方面的影响。从日常需求上看，

对于 H 市这一降水丰沛的城市而言，储备防洪器具、有效应对洪涝灾害，是社区风险治理的重要议程。从行政要求上看，社区作为名义上的国家行政体系末端，却并不具备食品、药品等物资的储备权限。即便是在风险事件发生后，在上级授意、政令下沉之前，社区仅能被动地等候指示。指向泛化，即一些社区虽然具备丰富的物质资源，却仍然难以在近年来公共卫生事件等风险发生后抵御冲击。这种常态冗余的韧性能力建设，之所以未能有效转化为充足的治理效能，主要在于物质资源配置的瞄向失准。在这些社区中，“省级标准化示范社区”“全国综合减灾示范社区”等注重韧性能力培育、风险治理效果的制度性实践，往往被视作换取社区名誉、效益的“一般等价物”。因此其申请该称号的行动重心，便在于通过分门别类的物资储备以换取“牌子”，而非在这一过程中切实增强社区韧性效果。此外，由于“综合减灾示范社区”侧重于防范自然灾害，以至于相关社区并不具备抗击特大疫情等新型风险的能力，严重阻碍了社区韧性的形成。作为其结果，社区物资资源的储备单一化与指向泛化，都在不同程度上影响了社区风险治理效能，并亟须置入一种创新机制，实现社区资源的充足储备与有效整合。

其次，人力资源维度上的结构张力，呈现为社区人员结构的配置失衡，具体表现在居委会人员、应急志愿者两个方面。居委会工作者方面，“上级单位”频繁的人员借调增加了居委会的工作难度。行政化背景下，社区居委会愈发成为街道办事处的工作“触角”。为满足街道办事处及职能部门的日常行政需求，居委会需要持续抽调出 1～3 名工作人员到街道工作以缓解其压力。常态情境下，人员吃紧的居委会尚可能通过延长工作时间、吸纳志愿者分担高压工作。非常态情境下，居委会的风险治理效能便可能捉襟见肘。应急志愿者方面，社区志愿者人员结构的老龄化与年轻居民的选择性参与，限制着应急志愿活动的开展。为满足社区日常行政需求，居委会往往通过多样的活动以争取社区大众参与社区工作。与此同时，社区老龄人口为实现社会价值、避免身份边缘化，而可能对社区活动的号召欣然接受，在提供公共服务、日常治理方面呈现出优势作用。因此当前社区自组织、志愿者队伍往往以老龄人口为主。然而当风险事件发生时,囿于老人救援能力、意愿的有限性,社区内部志愿者、自组织力量往往难以保证稳定的参与度。除此之外,年轻群体有限的社区参与,同样限制着社区内部人力资源所发挥的抗击风险作用。年轻居民群体作为社区的中坚力量,本应成为风险情境下维护社区安定、安抚家庭情绪的关键角色。然而,从生存逻辑上看,现代社会的原子化态势,不断消减着其公共参与意识。从自身需求上看,传统社区公共生活难以满足其精神需求,政务软件等智能化治理平台的出现,也降低了其参与社区生活的必要性。从时间成本上看,匮乏的闲暇时间更是从根本上消减了年轻人融入社区公共生活、参与社区治理的动力。因此,如何缓解居委会的人员吃紧、消解志愿者力量失衡的窘境,是提升社区韧性的关键要素。

再次,社区制度维度的结构张力,表现在应急预案冗杂与风险处置冲突两个方面。一方面,多条线应急预案存在内在矛盾。随着近年来《中华人民共和国突发事件应对法》《中共中央 国务院关于推进防灾减灾救灾体制机制改革的意见》等政策出台,应急治理的"属地管理"原则、重心下移理念不断凸显,基层组织的风险防范能力得到不断提升。正如我们看到的那样,一些基层政府与社区组织,陆续颁布、张贴社区应急方案与治理流程,致力于增强社区主体的应急效果。然而从风险防控实践来看,地方政府对于应急制度的设计、应急流程的安排,往往产生于封闭性决议,欠缺社区主体的决策参与。因此当风险事件发生时,诸多社区仍旧在制度实践上表现出显著的风险处置滞后性与较强的向上依附性。与此同时,值得注意的是,即便部分社区具备《防汛管理预案》《安全生产管理预案》等多种类型的应急预案,其风险治理仍然不具备稳定性。由于应急制度安排过于冗杂,无法准确判定、选取突发风险所对应的处置流程,以至于当风险发生时,社区领导者或是被动顺应上级指示而错失防控机遇,或是以"人治"僭越"法治"造成风险治理的规范性缺失。另一方面,风险处置中"上级需求—社区需求"存在内在逻辑冲突。由于社区处于行政体系末端,无论是风险事件发生时的应急预案启动，抑或风险消退后的常态秩序恢复，社区居委会往往需要通过“层层上报”以请示街道办事处等“上级”。然而这种科层处置逻辑，有可能显著地增加时间成本，造成治理成本的提升。此外，秉持“向上负责”思维的居委会，可能缺乏随风险走势调整治理策略的灵活性，从而在“一刀切”“层层加码”的限制下，以“维稳”替代社区实际所需的治理目标。即便风险逐步消散，社区领导者依然坚守刚性风险防控姿态，挤压社区正常的活动空间、阻碍社区日常功能的有效发挥。

最后，抗逆能力维度的结构张力，呈现为过度行政化对社区风险治理能力培育空间的挤压，这体现在经济、时间两个维度之中。从经济维度上看，多条线的行政任务显著压缩着社区对风险治理技能培训的经济投入。社区行政化导致多条线行政任务的共时性下沉，为满足日常行政需求，居委会往往需要将有限的经济资源投入到培育居委会成员行政能力的领域之中。即便部分社区领导者具备培养风险治理能力的前沿意识，仍需要以吸纳社区公益款项的方式支付培育抗逆能力的费用。从时间维度上看，在风险发生的前、中、后期，行政任务往往全时段地侵占着社区工作者应急能力培育的机会空间。居委会成员需要在应对社区风险的同时，兼顾日常行政任务的处置，因而缺乏系统的时间投入到抗逆能力的培训。由此可见，培育社区抗逆能力所需的高昂经济成本、时间成本，共同造成了风险治理的失能化。

二、包办主义治理引致的社区内部多元主体避责

相较于传统时期唯政府主导的风险治理模式，面向“复合性风险”的治理，则有赖于“国家—社会—市场”等多元力量的共同参与。然而从风险防控上看，部分社区中居委会、物业公司、业委会以及居民的行动逻辑之间往往存在较大的思维冲突，可能导致风险共担的失灵以及风险规模的扩大。这种困境主要来自公共服务下沉背景下，街道及居委会为切实履行上级治理要求、扩大公共服务的供给效度与范围，而可能造成一种“包办主义”的工作环境。在此背景下，居民等主体的权益诉求、生活需求可能随之水涨船

高，不但可能逾越社区自身的诉求处置能力、民意吸附限度，更将孕育出一种本位主义的避责式思维。作为其结果，风险事件发生后，社区内部多元主体可能由于对风险治理责任的逃避，加大居委会等组织的风险治理负荷，引致更深层次的风险冲击。

从风险治理的定位上看，角色、职能的异质性因素，消解了不同社区主体之间形成治理共识的可能性。作为党政下沉载体的社区居委会（社区党委会），一方面肩负着各级地方政府、相关职能部门下沉至基层的行政任务，另一方面推进着党组织意志在基层的延伸与覆盖。因此居委会在提供社保、民政、计生等一系列便民服务的同时，也肩负着维稳、应急等风险治理职责。在此基础上，虽然近年来的社区治理范式中呈现了“政府主导”“社区自治”“市场介入”“专家参与”等多种类型，丰富了既有的治理逻辑，然而在风险事件发生时，除政府主导外的其他治理模式，往往由于欠缺实践经验、理论支撑而流于表面，作为党政组织延伸的居委会便成为社区风险治理的唯一问责对象。与此同时，相较于居委会，居民、物业公司、业委会并不具备与之类似的“使命”与任务。风险事件发生后，这些主体需要按照市场交易逻辑，或相关的制度性规范，行使权利，履行相应的职责。因此，在部分物业、居民、业委会参与有限的社区中，居委会承载着逾越其能力限度的超额治理任务，超负荷地应对常规任务与非常规任务，继而可能造成治理失灵、风险外溢的隐患。

正如我们看到的那样，重大突发公共事件发生后，居委会成员在任务、政治高压下，往往采取向上依附式治理消极应对，照搬上级政令造成风险治理的效果偏差。或是秉持日常抗争式的婉转思维，借故抵制上级要求、推卸职责。社区居民在“包办主义”的环境下丧失主体性，以至于灾民意识迅速弥散，在“等、靠、要”的诉求倒逼下，加剧居委会等主体的治理压力。物业公司、业委会则是依照相关制度规范要求，以责任有限逻辑或摇摆性的治理思维参与到风险治理之中。作为其结果，“复合性”风险将可能在多元主体的共时性避责互动之下扩张规模，实现规模的扩张与影响程度的深化。当作为“兜底者”的居委会无法应对风险时，外溢的社区风险将可能导致社区内全体成员被动地分摊风险、感受焦虑，并可能以网络舆论失范甚至是现实冲突的方式施压于相关治理者，造成社区居委会超载运行与治理失灵，引致外部风险的社区再生产。

三、“常态治理—非常态治理”的结构失衡造成运动式治理的路径依赖

从韧性思维上看，社区韧性的建构，不但关涉到社区自身规避风险、恢复至常态水平的“回弹”速度，更需要以城市韧性、社会韧性的有效实现作为其最终目标。因此除社区内部静态资源分布、动态互动结构外，社区所依附的地方治理体系，同样应当成为观测社区韧性整体水平的重要阵地。然而当前阶段，“常态治理—非常态治理”的转换失灵，往往限制着基层治理体系对社区的有效援助，以及社区韧性的形成。

首先，常态治理的碎片化限制着非常态治理模式的有效转换。自 2018 年我国应急管理部成立后，自上而下的“应急管理部—省应急管理厅—市应急管理局—区应急管理局—街道应急管理相关部门”纵向应急管理体系逐步形成。横向上看，在政府组织的有序主导、顶层设计的制度支撑完善下，社会组织、市场组织等多元主体也陆续加入了基层社会风险治理的序列之中。纵向、横向的社会风险治理体系，成为社区风险治理的主要外部结构。然而在当前发展阶段，我国应急管理体系方兴未艾，各层级应急管理部门尚存在较大的发展空间，如基层应急管理机构往往欠缺实际职权与相应资源，仅能承担风险信息通报角色，具体的社区风险治理则依赖于地方政府组织、职能部门的参与。地方政府开展社区风险治理工作时，秉持不同诉求的职能部门间往往囿于利益分化而难以形成合力。除政府组织外，街道、社区辖区内的社会组织面临着内部发育滞缓、外部支撑不足的窘境，相关企业则由于风险治理的市场化程度不足而难以具备充足的市场动机。因此一旦风险事件发生，社区所依附的地方治理结构可能难以发挥理想的联动作用，风险治理责任往往回落至地方政府自身。

其次，非常态治理的政治动员化，导致基层治理体系对于运动式治理的路径依赖。当重大突发公共事件出现后，党和国家迅速叫停了包括应急治理体系在内的常规性治理模式，继而以政治动员的运动式治理取而代之。在党政力量、市场力量、社会力量等多维政治动员之下，地方政府及职能部门间的结构张力与联动梗阻得到逐步缓释，市场组织、社会组织在政策激励与制度保障下，增添了参与风险治理的能动性与参与度，社区风险在外部物资、人力、权力、制度等多维度资源的下沉实践中得到了较大程度的缓解。然而不容忽视的是，运动式治理在打破常规社会动员困境的同时，也可能对常态科层体制的运行，以及市场组织、社会组织的社区治理参与产生负面效应。正如我们看到的那样，风险态势趋于平稳、政治动员退场后，基层政府组织及职能部门间的内部张力出现反弹，甚至是运作秩序的紊乱。市场组织、社会组织等主体也存在不同程度的路径依赖，政治动员缺位后依旧难以形成健康的社区治理参与模式。而充当社区风险治理"兜底"角色的居委会，也可能在内部治理压力过载与外部资源支撑退场后形成"内忧外患"的风险治理窘境。

第三节　结构张力环境下的社区韧性重构逻辑

H 市社区风险治理的实践经验表明，其在基础资源结构、互动治理结构及外部联动结构中，皆呈现了不同程度的内在张力，制约着社区韧性的有效形成。在此基础上，需要从"基础配置韧性""内生互动韧性""外部支持韧性"三个方面出发，对社区韧性的建构逻辑予以重构，致力于实现社区在"复合性"风险的周期性扰动下持续地发挥出自我调适、学习的可持续发展效能。

基础配置韧性，需要从应急设施、抗逆能力、制度设置、文化惯习四个方面进行推进。多样化的应急设施，由食品、药品、应急器具等物质资源，充足的社区工作者、志愿者、自组织等人力资源，兼具人文性与实用性功能的公共空间所构成。多元性的抗逆能力，囊括了社区领导力、应急处置力以及反思、提炼经验教训的成长学习力等能力，从而能够使社区快速适应风险激扰。全周期性制度设置，指向了风险初期的识别机制、风险中期的处置机制以及风险中后期的权变式处置机制，继而能够在风险冲击的全过程中保持社区风险治理实践的规范性。公共性文化惯习，指的是以增强社区归属感、信任感为目标，通过社区文化建设、公共精神惯习培育，来维持风险情境下的良性社会心态，避免居民产生过度焦虑等消极情绪，降低社区风险治理成本。

内生互动韧性，则是着眼于社区居委会、物业公司、业委会、居民等主体，致力于营造风险情境下多元主体间的良性互动结构，并主要注重建设社区动员、协同治理以及互惠共赢三种机制。引领式社区动员，强调的是常态情境下的日常动员与非常态情境下应急动员的共时性建构，从而在社区公共活动、风险治理等动员实践中，交互提升社区社会动员效能。协同性治理结构，即在保持政府主导的风险治理共识的基础上，重点关注物业、自组织、居民等主体作用，将其作为弥补政府治理有限之处的关键角色，从而提升社区风险治理的灵活性，降低居委会等主体的治理成本。横向互惠共赢机制，强调的是当国家力量缺位时，社区自组织间能够在利益共享、情感互惠的支撑下，形成互助型风险共治模式。

外部支持韧性，强调的是一种“社区—社会”的韧性共生思维，旨在促进社区韧性、社会韧性的共同培育，并主要围绕“资源输入—经验输出”的双重逻辑进行建构。一方面，外部资源输入机制，指的是社区能够在风险事件发生时，及时、顺畅地获取到地方政府在人力、物资、政策等资源维度上的稳定支撑，而非必须将政治动员视作唯一应对策略，避免运动式治理对常规科层体系产生扰动。另一方面，内部经验输出机制，注重在部分社区的韧性能力建构、培育充足后，构筑起“社区韧性—城市韧性—社会韧性”间的联动桥梁，稳固提升其他社区以及地方治理体系的韧性水平。

第四节　建设城市社区韧性的多维度路径

理论维度上，社区韧性的实现来源于社区静态资源与动态内部互动、外部联动三个方面的机制建构。在具体实操上，社区韧性建设的实践路径，并非机械地与理论构想一一对应，而是从物理环境、主体能力、组织结构、制度体系、文化环境五个板块出发，推进社区韧性能力的落地。

物理环境上，需要从韧性空间规划、应急配套设施、数字化治理转型入手，增强社区自身的内固性，营造具有稳健性的社区生活模式与社区功能体系。主体能力上，应当以赋权增能来提升社区工作者能动性、积极性，规避其弱势阶层认知与工作动能消退的治理窘境。以风险感知意识的培育，强化家庭维度的抗逆能力。以增强职业化理念，来推进物业等主体的精细化风险防控实践。组织结构上，亟须以完善党建引领、推进权能赋予、增强激励保障、促进资源下沉，作为创新风险共治结构的抓手，在吸纳多元主体、强化内生能力的基础上，强化社区应急动员效能。制度体系上，明确属地责任、建设全周期风险处置机制、更新社区韧性评估体系，是增强社区风险处置弹性效果、规避刚性治理短板的制度性保障。文化环境上，依托党建文化的建设来打造社区承诺机制，以社区联结的培育来激活风险共担意识，依靠学习机制的建立来保障风险治理观念的更新，是夯实社区文化韧性根基的主要策略。

参考文献

一、专著

[1] 蔡禾.社区概论[M].北京：高等教育出版社，2005.

[2] 吴晓林.理解中国社区治理：国家、社会与家庭的关联[M].北京：中国社会科学出版社，2020.

[3] 杨雪冬，等.风险社会与秩序重建[M].北京：社会科学文献出版社，2006.

[4] 张康之，石国亮.国外社区治理自治与合作[M].北京：中国言实出版社，2012.

[5] 张永理.社区治理[M].北京：北京大学出版社，2014.

[6] 芭芭拉·亚当，乌尔里希·贝克，约斯特·房·龙.风险社会及其超越：社会理论的关键议题[M].赵延东，马缨，等译，北京：北京出版社，2005.

[7] 斐迪南·滕尼斯.共同体与社会：纯粹社会学的基本概念[M].林荣远，译.北京：商务印书馆 1999.

[8] 乌尔里希·贝克.风险社会[M].何博闻,译,南京:译林出版社,2004.

二、期刊、报纸

[1] 陈容,崔鹏.社区灾害风险管理现状与展望[J].灾害学,2013,28(1):133-138.

[2] 崔鹏,李德智,陈红霞,等.社区韧性研究述评与展望:概念、维度和评价[J].现代城市研究,2018,33(11):119-125.

[3] 樊佩佩.社区韧性:赋权赋能的"平战结合"[J].决策,2020(7):63-65.

[4] 冯必扬.社会风险:视角、内涵与成因[J].天津社会科学,2004(2):73-77.

[5] 蓝煜昕,张雪.社区韧性及其实现路径:基于治理体系现代化的视角[J].行政管理改革,2020(7):73-82.

[6] 芦恒.以内生优势化解外部风险:"社区抗逆力"与衰落单位社区重建[J].社会科学,2017(6):71-80.

[7] 芦恒.时间性与适应性:城市棚户区治理中的"单位管理逻辑"与社区抗逆力[J].广东社会科学,2019(5):180-188,256.

[8] 刘玉兰,彭华民.社区抗逆力培育:流动人口聚居区治理的社会工作策略研究[J].人文杂志,2019(8):114-122.

[9] 刘佳燕,沈毓颖.面向风险治理的社区韧性研究[J].城市发展研究,2017,24(12):83-91.

[10] 马超,运迎霞,马小淞.城市防灾减灾规划中提升社区韧性的方法研究[J].城市规划,2020,44(6):65-72.

[11] 宋林飞.社会风险指标体系与社会波动机制[J].社会学研究,1995,10(6):90-95.

[12] 彭翀,郭祖源,彭仲仁.国外社区韧性的理论与实践进展[J].国际城市规划,2017,32(4):60-66.

［13］ 唐明凤，吴亚芳. 基于创新生态系统视角的韧性社区建设与治理研究［J］. 湖南社会科学，2021(1)：96－103.

［14］ 王世福，黎子铭. 强化应急治理能力的韧性社区营造策略：新型冠状病毒肺炎疫情的启示［J］. 规划师，2020，36(6)：112－115.

［15］ 乌尔里希·贝克，郗卫东. 风险社会再思考［J］. 马克思主义与现实，2002(4)：46－51.

［16］ 吴晓林，谢伊云. 基于城市公共安全的韧性社区研究［J］. 天津社会科学，2018(3)：87－92.

［17］ 夏玉珍. 论现代化发展的社会风险与代价：基于风险社会视角的分析［J］. 广东社会科学，2009(1)：161－167.

［18］ 熊光清. 当前中国社会风险形成的原因及其基本对策［J］. 教学与研究，2006(7)：17－22.

［19］ 周霞，毕添宇，丁锐，等. 雄安新区韧性社区建设策略：基于复杂适应系统理论的研究［J］. 城市发展研究，2019，26(3)：108－115.

［20］ 郑雨婷，朱华桂. 利益相关者理论视角下的社区抗逆力提升路径探索［J］. 天津行政学院学报，2019，21(6)：87－95.

［21］ 赵宝静，奚文沁，吴秋晴，等. 塑造韧性社区共同体：生活圈的规划思考与策略［J］. 上海城市规划，2020(2)：14－19.

［22］ 朱华桂. 论风险社会中的社区抗逆力问题［J］. 南京大学学报(哲学·人文科学·社会科学版)，2012，49(5)：47－53，159.

［23］ 朱华桂. 论社区抗逆力的构成要素和指标体系［J］. 南京大学学报(哲学·人文科学·社会科学版)，2013，50(5)：68－74，159.

［24］ BROWN D，KULIG J C. The concept of resiliency：theoretical lessons from community research［J］. Health and Canadian Society，1996，4：29－52.

［25］ CUTTER S L，AHEARN J A，AMADEI B，et al. Disaster resilience：a national imperative［J］. Environment：Science and

Policy for Sustainable Development，2013，55(2)：25－29.

[26] COLES E，BUCKLE P. Developing community resilience as a foundation for effective disaster recovery[J]. Australian Journal of Emergency Management，2004，19(4)：6－15.

[27] BRETON M. Neighborhood resiliency[J]. Journal of Community Practice，2001，9(1)：21－36.

[28] GEIS D E. By Design：the disaster resistant and quality of life community[J]. Natural Hazards Review，2000，1(3)：151－160.

[29] LEYKIN D，LAHAD M，COHEN O，et al. Conjoint community resiliency assessment measure-28/10 items (CCRAM28 and CCRAM10)：a self-report tool for assessing community resilience [J]. American Journal of community psychology，2013，52(3/4)：313－323.

[30] BRUNEAU M，CHANG S E，EGUCHI R T，et al. A framework to quantitatively assess and enhance the seismic resilience of communities[J]. Earthquake Spectra，2003，19(4)：733－752.

[31] COHEN O，LEYKIN D，LAHAD M，et al. The conjoint community resiliency assessment measure as a baseline for profiling and predicting community resilience for emergencies [J]. Technological Forecasting and Social Change，2013，80(9)：1732－1741.

[32] PFEFFERBAUM B J，REISSMAN D B，PFEFFERBAUM R L，et al. Building resilience to mass trauma events[M]//Handbook of injury and violence prevention. Boston，MA：Springer US，2007：347－358.

[33] KIMHI S，SHAMAI M. Community resilience and the impact of stress：adult response to Israel's withdraw from Lebanon [J].

Journal of Community Psychology, 2004,32(4): 439 - 451.

[34] CUTTER S L, BORUFF B J, SHIRLEY W L, et al. Social vulnerability to environmental hazards[J]. Social Science Quarterly, 2003, 84(2): 242 - 261.

附　录

城市社区风险治理访谈提纲

访谈编号：

一、基本情况

1. 年龄：

2. 性别：

3. 所属社区或工作部门：

二、访谈内容

（一）对象：社区居委会（党组织）工作者

1. 社区的常住人口、户籍人口、党员数量是多少？

2. 有否储备应急物资，类型有哪些？防疫物资的来源、储备、使用情况如何？

3. 社区里现在的志愿者构成情况如何？疫情防控期间志愿者作用如何？

4. 社区是否有完整的应急预案？疫情防控时遵循的应急制度的来源是什么？

5. 疫情防控期间社区工作者的应急水平如何？平时是否有专门的培训计划、资金投入？

6. 您认为社区工作者在平时以及疫情防控期间的职责是什么？

7. 您觉得自己的收入水平如何？自己属于什么阶层？

8. 您觉得自己的工作有没有价值？如何看待自己的职业前景？

9. 您在日常工作或疫情防控期间的困难主要有哪些？您克服困难的方式是什么？

10. 您认为一个社区如何在平时以及疫情防控期间达到理想的运行状态？其核心要素是什么？

11. 日常生活里以及疫情防控期间，导致社区出现治理困境的核心问题是什么？为什么？

12. 疫情防控期间，以及过往出现突发事件时，使社区迅速摆脱困境、恢复常态的核心因素是什么？

13. 如何使社区具备可持续发展的能力，需要哪些要素？

14. 日常生活、疫情防控期间，居委会与居民、物业公司、自组织等人或组织的关系是什么样的？

15. 是否有“综合减灾示范社区”等防灾领域相关荣誉？该称号对于社区的影响、改变是什么样的？

16. 社区平时应对的灾害类型有哪些？

17. 社区外的组织、机构对社区防灾、防疫的帮助是什么？存在哪些问题？有哪些需要改进的地方？

18. 居委会是如何对居民、物业公司、业委会以及其他社区组织进行防疫动员的？实际效果如何？

（二）对象：社区物业公司职员

1. 疫情发生的前期、中期、后期，物业公司的主要职责、工作内容是什么？

2. 日常应急工作中以及疫情防控期间，物业公司在社区中分别扮演着什么样的角色？

3. 与居委会等其他社区组织相比，物业公司有什么样的特殊性？

4. 物业公司是否与其他主体有角色重叠？

5. 物业在防疫以及日常应急工作中是否存在显著的难题，又是如何克服的？

6. 在日常工作中，社区想要达到理想的运行状态，需要哪些方面的努力？又需要哪些人、组织的合作？

7. 在疫情防控期间物业需要做到哪些工作才能保障社区的正常秩序与活力？

8. 除物业外的其他组织、人员需要做到哪些方面以及哪些具体工作才能增强社区的秩序与活力？

（三）对象：社区业委会成员

1. 业委会与居民、物业、居委会的关系是什么样的？

2. 日常生活中，居委会在社区中担任了什么样的角色？

3. 物业公司、业委会等其他组织又发挥了什么样的作用？

4. 居委会、物业公司、业委会当前还有哪些需要改进的地方，需要哪些单位来配合？

5. 在平时或疫情防控期间，社区想要达到理想运行状态，需要哪些方面、人员、组织的努力？

6. 在疫情发生的前期、中期、后期，居委会、物业公司、业委会等组织，具体发挥了什么样的作用？

7. 其他社区组织在防疫过程中存在哪些问题，您认为应当如何解决？

（四）对象：社区居民

1. 疫情防控期间以及平时，您与其他居民的关系如何？是否有过相互帮助？

2. 疫情防控期间以及平时，居委会、物业、业委会在您的生活里分别发挥了什么样的作用？

3. 疫情防控期间，您认为居委会、物业、业委会应该做好哪些工作，实际效果如何？

4. 您是否愿意亲自或让自己的家人，与居委会、物业、其他社区机构一起防疫？

5. 疫情防控期间以及疫情后，您和其他居民、居委会、物业、委员会的关系如何？有哪些具体变化？

6. 您与家人是否参与过社区或单位的应急演练？实际作用如何？

（五）对象：街道办事处及职能部门工作者

1. 您认为社区如果想在疫情等灾害发生后迅速恢复至常态水平，需要具备哪种核心能力？或是哪些能力？

2. 居委会在社区中的具体功能是什么样的？

3. 居委会在疫情治理中面临的问题是什么？当前或预计的解决办法是什么？

4. 社区防疫工作中，街道扮演着什么样的角色？目前的作用效果如何？有哪些改进的方向？

5. 在疫情防控期间，您所在的单位与其他横向、纵向部门是否有联合行动？效果如何？

6. 现在的社区疫情治理最大的问题是什么？

7. 如何想要增强社区疫情治理能力，需要做出哪些努力？

访谈对象基本情况一览表

访谈对象类别	访谈对象编码	姓氏	性别	年龄	所属单位
社区党组织负责人(A)	A01	郭	女	46	Y社区
	A02	钱	女	48	F社区

续 表

访谈对象类别	访谈对象编码	姓氏	性别	年龄	所 属 单 位
社区党组织负责人(A)	A03	裴	男	51	D社区
	A04	郑	女	46	J社区
社区居委会人员(B)	B01	张	女	35	Y社区
	B02	陈	女	32	Y社区
	B03	曹	女	35	Y社区
	B04	于	女	31	Y社区
	B05	涂	女	51	F社区
	B06	张	女	41	F社区
	B07	戴	男	34	D社区
	B08	王	女	38	D社区
	B09	蒋	女	30	D社区
	B10	童	女	35	J社区
	B11	韩	女	51	J社区
	B12	江	女	34	J社区
社区社会组织、业委会、物业公司代表(C)	C01	陈	男	39	F社区物业
	C02	洪	女	45	D社区物业
	C03	周	女	44	J社区物业
社区居民(D)	D01	李	男	45	Y社区
	D02	唐	女	35	F社区
	D03	魏	男	32	D社区
	D04	胡	男	36	D社区

续 表

访谈对象类别	访谈对象编码	姓氏	性别	年龄	所 属 单 位
社区居民(D)	D05	吴	男	68	J 社区
	D06	方	男	45	J 社区
	D07	王	男	23	J 社区
街道办事处、疾控中心、社区医院、社会组织代表(E)	E1	卫	男	49	N 街道副书记
	E2	倪	男	46	N 街道社发科
	E3	赵	男	43	N 街道城管局
	E4	徐	男	44	N 街道综治办
	E5	张	男	46	N 街道 Y 社区社会组织

后　记

近十年来，在突发公共事件频发的背景下，如何从基层发力、自下而上地维系社会稳定，成为当前我国社会治理、风险治理创新的重要思路。在这一潮流下，社区抗逆力、弹性、韧性等新的风险治理逻辑不断涌现，得到学界的广泛关注，并在一些地域的政策实践中得到较好的展现。伴随着近年来重大突发公共事件频发，有关社区韧性的研究如雨后春笋般地涌入社区风险治理领域，学者们提出的有关社区韧性的解释框架可谓浩如烟海，为当前的社区韧性研究夯实了坚实的基础，形成了丰硕的知识库存。然而不可忽视的是，在这一过程中，社区韧性的分析框架往往呈现数量不断增多、同质化趋强、学术价值增量有限的“内卷化”窘境。为摆脱这一尴尬境地，本书主要从以下三个维度进行创新性的推进。

第一，基于社区韧性思维建构起风险治理的分析框架，还原社区风险治理实践的生动样貌。既有的社区韧性研究，倾向于立足韧性理论，结合我国社会治理现代化趋势以及社区治理与发展的现状，建构起相应的社区韧性框架。诚然，此类研究充分回答了“社区韧性何以可能”的问题。然而在此过程中，当前城市社区治理、风险治理中存在的现实问题往往被束之高阁。显然，这种对社区治理困境避而不谈的韧性建构逻辑，将可能在实际的风险治理实践中沦为无根之木，从而失去一定的解释效力。在此基础上，本书试图摆脱既有研究范式，以具备一定解释效用的社区韧性框架作为审视社区风险治理效果的尺度，细致地追寻部分地域中“社区韧性何以不可能”的答案，进而更好地对“社区韧性何以可能”作出精确、系统的回答。

第二，以结构张力为线索，剖析当前的风险治理困境。近年来，随着治理重心下移议程、社会治理现代化进程的不断推进，社区治理、社区风险治理、社区应急治理逐步成为我国学界的热点议题。在此过程中，不乏学者基于社区既定发展困境，切实地规划出一系列的治理对策。如部分学者在探讨社区矛盾、纠纷、冲突成因时，试图以大量的数据、案例支撑起一个宏大的研究主题，致力于为社区的发展困境作出无所不包的解释。然而，为保持分析框架的系统性、穷尽性，此类研究一方面可能专注于细枝末节而陷入逻辑主线不清晰的误区；另一方面，为强调研究的穷尽性、丰富性，而难以深层次地探讨问题背后的主要逻辑。同样地，在社区韧性的有关研究中，一些学者将阻碍社区韧性形成的原因进行了梳理，却可能仅收集到了引致社区韧性发展困境的表面因素。为避免这一现象，本书通过实地调研与文献分析，选取结构张力作为串联诸多阻碍社区韧性发展因素的线索，将人力、物力、财力、制度、内部互动、社会支持等零散和冗杂的繁复因素，整合为“社区资源的行政化冗余错位—社区内部的主体避责博弈—社区外部的治理体系失衡”三大板块。在维持一种精炼、系统的解释框架的同时，提升对部分地域中“社区韧性何以不可能”问题的解释力。

第三，以风险治理既定经验为基础，分别细致地探讨社区韧性重塑逻辑，及其实践路径。在治理对策上，本书在吸收、反思既有研究成果的基础上，深入地探讨了“社区韧性何以重塑”这一问题。值得注意的是，过往研究往往将社区韧性的建设重心笼统地归结为社区制度、治理结构、文化环境、物理设施等环节，却并未对韧性建构的“逻辑—路径”界限予以明晰，以至于二者时常被混为一谈。在此基础上，本书对韧性重塑逻辑与实践路径的边界进行了厘清：一方面，将社区韧性的重塑逻辑划定为“基础配置韧性—内生互动韧性—外部支持韧性”三个维度，从而系统地回答“社区韧性是什么”的问题；另一方面，将“物理环境—主体抗逆—共治结构—应急制度—文化心态”作为切实提升社区韧性能力的具体路径，致力于充分解答“社区韧性何以可能”的问题。

在此基础上，以下问题也有待进一步探讨：社区韧性在建设过程中可能存在何种意外性后果，社区韧性的现实功用如何进一步完善，如何发掘社区韧性领域中的创新性空间……这都是后续相关研究有待深入探讨的方向。

一是社区韧性理念实践中可能存在的意外性后果。治理重心下移背景下，安全社区、综合减灾示范社区、韧性社区等理念，在近年来社区建设中陆续呈现。这些抽象学术概念或政策性荣誉称号的现实实践，往往需要从基础设施、应急能力等方面予以强化并考核，这些举措都在不同程度上蕴含着对社区韧性能力的建设。然而值得注意的是，纵观新冠疫情防控期间 H 市诸多社区的风险防控实践，一些具备综合减灾示范社区等称号的社区组织同样难以产生较强的韧性能力。这也意味着社会政策的运行不是简单的“制定—执行—产生效果”的线性过程，而是会在不同层次经过不同行动者之间的互动而发生偏离和变异。[①] 社区韧性理念在落实过程中同样可能存在意外性后果。

综合地看，社区韧性强调的不只是现实实践中的客观性抗风险效能，更是在韧性形成的过程中，实现对于社区内多元主体参与意识、能力的激活与培育，从而使得社区的风险治理具备内生性与可持续性。在当前我国社区居民选择性、应急性参与特征明显的现实基础上，理想的社区韧性状态，可能难以在社会治理水平有限的地域中得到实现。然而部分地方政府、社区组织可能在唯绩效论等逻辑的主导下，通过达成碎片化、形式化的考核标

① 刘娟，陆继霞，叶敬忠. 社会保障资源安排中的逻辑与政治：以华北一个村庄为例[J]. 公共管理学报，2012，9(1)：25－32，122－123.

准，尽力争取安全社区等荣誉称号，从而将社区韧性工具化，造成社区场域“被动地”获得韧性能力。其结果便是社区居民、自治组织等多元主体，并未能够有机地嵌入韧性化的社区风险治理体系之中，反而可能在公式化的韧性思维主导下陷入角色定位迷失、治理参与不畅的境况，继而酝酿着更为深刻的社区矛盾与治理风险。

在此基础上，在我国社区韧性的建构中，应当更加注重对风险学习机制这一反思性议程的设置与运用。当外部风险得到有效规避时，潜隐于社区内部的次生性矛盾或许并未得到及时、有效的处置，既有的风险治理模式仍可能存在运行隐患。此时，依托于多元主体共同参与、商讨的学习机制，便应对多样诉求与价值理念予以充分吸纳、整合，从而避免政策推动下韧性能力悬浮于社区场域的尴尬景象，促使社区达至本真的韧性状态。

二是社区韧性议题中的创新性空间。随着近年来我国风险事件的频繁涌现，韧性能力的落实成为当前社区风险治理、应急治理等论域中的重要甚至是首要议题。然而纵观人类科学的历史实践，并不存在一种一劳永逸的理论构想，任何被奉为“真理”“公理”的科学性逻辑，也都是在自我批判、反思、证伪中实现曲折发展与螺旋上升的。同样，有关社区韧性的构想也是在经历工程韧性、生态韧性、演进韧性的流变后，获得了当前发展阶段的最优解。因此，当前的社区韧性建构逻辑，仍需社区治理、公共安全等论域学人的共同推进，相应的创新性空间表现在以下两个方面。

一方面是基于社会学、人类学视角的社区韧性定性研究。环视近年来社区韧性、社区抗逆力相关研究，西方学者聚焦于实证主义逻辑下的定量测量，国内学者则倾向于立足公共管理等视角，思考现实意义上的社区韧性建设路径。而鲜有社会学、人类学等领域学者涉足其中，通过风险社会等其他理论视角，对风险情境下社区内多元主体的生动情感交互、复杂逻辑冲突予以深描，并提出有机的化解策略、韧性构想。诚然，本书在一定程度上对这一既有研究不足进行了弥补，在实地调研中尽力还原了社区风险实践、互动张力的本真样貌。然而在风险类型日渐纷繁复杂、演进方式迅速迭代的风险社会中,有关风险应对策略、社区韧性建构的研究,仍需要基于对不同地域、领域风险的细致探索,形成更为丰富、系统的韧性思维认知,从而维持社区韧性这一解释工具的生命力。

另一方面是有关社区韧性的理论性研究。社区韧性概念自诞生以来,一直被视作一种检验社区风险治理水平的应用工具,而鲜有学者如王思斌教授等人一般,立足社会系统、宏观结构,探讨社会韧性等韧性理念在当前发展阶段的适用性。当学界形成实用主义的学术风尚时,面向社区韧性在社会系统中的嵌入效果、整体功用的理论反思将可能缺失。以至于即便社区韧性得以形成,也可能限制其他类型治理逻辑的顺畅运行,造成次生性的结构性治理问题,反而增加了整体性的社会治理成本。

回望本书时我不禁慨叹,"韧性"既是本书的核心词,更是描绘我求学历程的主色调:疫情威胁、发表压力、父亲离世等风险挑战,让原以为平稳的博士求学路充满不确定性。欣慰的是,在诸位老师的关怀引导下,在家人同学的支持鼓舞中,我自身的回弹能力、韧性水平得到了显著提升,我也坚定了对美好未来的向往。此外,感谢调研中遇到的各位基层工作者,他们的不辞劳苦、默默奉献,让这本书被赋予了特殊意义。